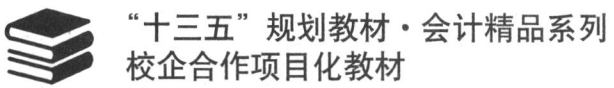 "十三五"规划教材·会计精品系列
校企合作项目化教材

U0753718

成本会计实务

（第二版）

主审◎银祥军

主编◎彭湘华 杨令芝 王朝霞

副主编◎陈晓丹 李香花 李凤 李小花

立信会计出版社
LIXIN ACCOUNTING PUBLISHING HOUSE

图书在版编目(CIP)数据

成本会计实务 / 彭湘华,杨令芝,王朝霞主编. —
2版. —上海:立信会计出版社,2019.8
"十三五"规划教材. 会计精品系列 校企合作项目
化教材
ISBN 978 - 7 - 5429 - 6248 - 5

Ⅰ. ①成… Ⅱ. ①彭… ②杨… ③王… Ⅲ. ①成本会
计—会计实务—高等学校—教材 Ⅳ. ①F234.2

中国版本图书馆 CIP 数据核字(2019)第 175692 号

责任编辑 方士华 孙 勇

成本会计实务(第二版)

出版发行	立信会计出版社	
地 址	上海市中山西路 2230 号	邮政编码 200235
电 话	(021)64411389	传 真 (021)64411325
网 址	www.lixinaph.com	电子邮箱 lixinaph2019@126.com
网上书店	http://lixin.jd.com	http://lxkjcbs.tmall.com
经 销	各地新华书店	
印 刷	上海肖华印务有限公司	
开 本	787 毫米×1092 毫米 1/16	
印 张	16.75	
字 数	387 千字	
版 次	2019 年 8 月第 2 版	
印 次	2019 年 8 月第 1 次	
印 数	1—3100	
书 号	ISBN 978 - 7 - 5429 - 6248 - 5/F	
定 价	35.00 元	

如有印订差错,请与本社联系调换

前　言

　　《成本会计实务（第二版）》是基于市场经济对学生的就业需求情况和职业院校正在进行的课程项目式改革情况而编写的。本书采用仿真型的案例方式演示企业的经济业务核算，全书按照学习目标（知识目标、技能目标）、引导案例、任务描述、相关知识、引导案例分析、认知实习等模块编写。

　　本书具有以下特点。

　　一、项目导向，任务驱动。本书以真实的工作目标设计项目，以完成项目的典型工作过程（环节、方法、步骤）作为任务，以任务引领知识、技能和方法，让学生在完成工作任务中学习知识，训练技能，获得实现目标所需要的职业能力。

　　二、内容适用，突出能力。根据高职毕业生就业岗位的实际情况，以会计岗位的各种业务为主线，以介绍工作流程中的各个程序和操作步骤为主要内容，围绕职业能力培养，注重内容的实用性和针对性，体现职业教育课程的本质特征。

　　三、案例引入，学做合一。每个项目以案例展开并贯穿于整个项目之中，打破教学中长期以来理论与实践二元分离的局面，以任务为核心，配备相应的全真实训教材（《成本会计案例实训》），便于在做中学、学中做，学做合一，实现理论与实践一体化的教学目标。

　　本书由彭湘华（长沙民政职业技术学院）、杨令芝（长沙民政职业技术学院）、王朝霞（长沙财经学校）担任主编；由陈晓丹（湖南生物机电职业技术学院）、李香花（中南大学）、李凤（长沙商贸旅游职业技术学院）、李小花（湖南信息职业技术学院）担任副主编。由何小燕（湖南生物机电职业技术学院）、曾平华（娄底职业技术学院）、肖月华（娄底职业技术学院）、黄毅（山东英才学院）、刘艳华（广州新邦物流有限公司）、蒋雄炎（广州新邦物流有限公司）、黄杏辉（三一重工）、周钦（杭州励骏置业有限公司）、赵昕（天龙大酒店）、周旋（陕西汽车集团长沙环通汽车制造有限公司）、马健（长沙民政职业技术学院）参编。

　　各项目分工如下：项目一（黄毅、李小花、何小燕），项目二（王朝霞），项目三（陈晓丹），项目四（彭湘华、杨令芝、李香花、肖月华），项目五（曾平华、黄毅），项目六（李凤、刘艳华、蒋雄炎、黄杏辉、周钦、赵昕、周璇），项目七（何小燕、马健）。

　　全书由彭湘华总纂并负责最后定稿，由长沙民政职业技术学院银样军担任主审。

　　本书可以作为高等职业院校会计专业学生的教学用书,也可以作为各类企业在职会计人员培训、自学教材,以及各类企业管理人员的参考读物。

　　由于编写时间仓促,书中难免有不足之处,请各位专家、老师和广大读者不吝指正,希望本书的出版能为我国高职会计教育事业的发展和人才培养做出应有的贡献。

　　最后,感谢所有在教材编写过程中给予帮助的领导、同事和朋友们!

　　欢迎广大读者就本书内容提出建议和意见,联系邮箱 270911392@qq.com。

编　者

2019 年 7 月

目　　录

成本会计基础

 学习目标

知识目标：掌握生产费用和产品成本的区别和联系、掌握成本核算的账户设置要求；理解不同成本计算方法的特点及其适用范围；了解成本会计和成本会计岗位的相关内容，了解成本核算的基本要求；熟悉成本会计制度、熟悉成本核算的基本程序。

技能目标：正确划分支出、费用和成本项目；正确区分生产企业费用要素以及产品成本构成项目；善于根据企业生产特点和管理要求选用合理的成本计算方法。

引导案例

(1) 2019 年 6 月杨任和杨泽从长沙民政职业技术学院毕业以后，在长沙合伙开办了一家玩具厂取名任涛宝贝玩具厂，专门生产儿童玩具。根据需要，他们选定厂址后，购置了一批新型的生产设备，招聘了 30 多名技术工人和管理人员。任涛宝贝玩具厂设有一个基本生产车间和两个辅助生产车间。现在任涛宝贝玩具厂准备聘请一名成本会计人员。假如你被聘任，你该如何计算产品成本？产品如何定价？如何制定企业内部的成本核算制度？

(2) 李刚大学刚毕业，就到长沙天华啤酒有限公司从事成本会计核算工作，李刚通过一段时间的学习，归结出该公司啤酒生产工艺流程可以分为制麦工序、糖化工序、发酵工序、包装工序，从而就可以完成整个生产流程。根据掌握的资料，李刚认为，该啤酒生产企业是典型的分步骤生产，因此将其成本核算方法设计为分步法。这种分析设计是否科学合理？是否还有其他方法可供选择？

任务一 认知成本会计

任务描述

（1）完成生产费用和期间费用的计算。

（2）完成要素费用和产品成本的划分，并且完成各个费用要素和产品成本的计算。

（3）根据国家的各种成本会计法规，结合本企业情况，制定出企业成本会计制度。

相关知识

一、生产费用与产品成本

（一）生产费用

生产费用是指企业一定时期内在生产产品（商品）和提供劳务过程中发生的各种耗费。生产费用中不包括期间费用。生产费用和期间费用都是企业生产经营过程中发生的耗费，它们的区别在于生产费用是计入产品成本的耗费；期间费用是不计入产品成本而直接计入当期损益的耗费。在实际工作中，可以将企业的生产费用和期间费用合称为生产经营费用。

（二）产品成本

产品成本是指企业为生产一定种类和数量的产品所发生的各种耗费的总和。

（三）生产费用与产品成本的区别

生产费用与一定会计期间相联系；产品成本与一定种类和数量的产品相联系。从一定会计期间（月度、季度、半年度、年度）来看，一个企业的生产费用总额与其完工产品的成本的总额不一定相等。其关系如图 1-1 所示。

$$生产费用 \begin{cases} 未完工产品成本（在产品成本、自制半成品成本） \\ 已完工产品成本 \begin{cases} 未确认销售收入的产品成本（库存商品） \\ 已确认销售收入的产品成本（营业成本） \end{cases} 存货 \end{cases}$$

图 1-1　生产费用与产品成本的关系示意图

二、成本会计的内容

（一）成本会计的概念

成本会计是会计的一个分支。狭义的成本会计是指进行成本核算与分析的会计；广义的成本会计则指进行成本预测、决策、计划、控制、核算、分析及考核的会计。

（二）成本会计的对象

成本会计的对象是成本会计核算和监督的内容。工业企业成本会计的对象可以概括为：在产品制造过程中所发生的各种生产费用以及所形成的产品生产成本和期间费用。

（三）成本会计的内容

成本会计的主要内容包括费用的汇总核算和产品（或商品）成本计算两个部分。

费用的汇总,首先必须确定成本开支的范围,对于不应该计入成本的费用应予以剔除,然后按照一定的核算程序归集有关费用,按照一定的分配标准在各个成本核算对象间进行分配,以汇总、记录、计算出所耗费的费用总数。

产品成本的计算,就是要按照成本计算对象,把汇总的费用用于分配,计算出各个对象的总成本和单位成本。如某公司,由于生产多种产品,并且月末通常存在着完工产品和未完工的在产品,所以有必要将生产过程中归集的费用在各种产品之间、完工产品和在产品之间进行分配,以求得各种产品的总成本和单位产品成本。

不同企业成本会计包含的内容有所不同。就制造企业而言,成本会计的具体内容主要包括:

(1) 供应过程中材料成本的归集、分配、计算与核算;

(2) 生产过程中生产费用的归集与分配、产品成本的计算与核算;

(3) 销售过程中产品销售成本的计算与核算;

(4) 期间费用的归集与分配;

(5) 成本报表的编制与分析。

由于供应过程中材料成本的核算、销售过程中产品销售成本的核算和期间费用的核算通常被列为财务会计的教学内容,因此,本教材主要阐述产品生产过程中的成本核算以及成本报表的编制及分析问题。

三、成本会计岗位设置

(一) 成本会计岗位

1. 成本会计岗位的内容

成本会计岗位的内容如表 1-1 所示。

表 1-1

成本会计岗位的内容

内　容	概　　念
成本预测	成本预测是指根据与成本有关的各种数据及其各种技术经济因素的变动情况及企业所采取的相应费用节约措施,利用科学方法对未来期间成本水平所进行的预计和核算
成本决策	成本决策是指根据成本预测及其他与成本有关的成本资料,运用一定专门的科学方法选择最佳成本方案所作出的一种决定
成本计划	成本计划是指在成本预测与成本决策的基础上,根据未来生产任务和降低成本的要求等,按照一定的方法所作出的用以反映企业计划期内生产费用和产品成本水平的一种计划
成本控制	成本控制是指在产品成本形成的过程中,通过对成本形成所进行的监督,及时发现成本差异,采取相应措施,节约生产费用,降低产品成本,完成成本计划有关指标的一项管理工作

（续表）

内　容	概　　念
成本核算	成本核算是指对生产费用的发生和产品成本的形成所进行的核算
成本分析	成本分析是指利用成本核算资料及其相关资料，将产品的本期实际成本与目标成本、上期实际成本及国内外同类产品的成本等进行比较，对成本差异情况及其形成差异的原因所进行的分析
成本考核	成本考核是指对成本计划及其有关经济指标的实际完成情况所进行的考核和评价

2. 成本会计岗位的职能

成本会计的职能随着社会经济的发展和管理水平的提高也在不断地扩大。

（1）反映职能：反映职能是成本会计最初、最基本的职能，也叫核算职能。

反映职能就是对企业生产经营过程中发生的一切耗费，运用专门的会计方法进行计量、记录、归集、分配、汇总，计算出各成本对象的总成本和单位成本。通俗地讲，这项职能就是进行实际成本的计算，把生产经营过程的实际消耗如实地反映出来，达到积聚成本的目的，并用积累的成本资料反映企业的实际生产耗费和补偿价值的情况，从而判断企业经营效果的好坏。

（2）计划与预算职能：主要包括全部商品产品的成本计划，主要产品单位成本计划和生产费用预算。

（3）控制职能：包括投产前的成本控制和投产后的成本控制。

（4）分析、评价职能。

3. 成本会计岗位的任务

成本会计岗位的任务是企业进行成本会计工作所要达到的目标。按照成本会计的要求，成本会计的具体任务可以概括为以下三项：

（1）进行成本预测，编制成本计划，为企业有计划地进行成本管理提供基本依据。

（2）及时、正确地进行产品成本和期间费用的核算，为成本管理提供有用的经济信息；审核和控制各项费用支出，节约开支，降低成本，提高企业经济效益。

（3）考核成本计划，开展成本分析，参与企业经营决策。

综上所述，成本会计的任务包括成本的预测、计划、核算、控制、考核及其分析等多项内容，其中成本核算是最基本的任务，也是成本会计工作的中心环节。

4. 成本会计岗位工作的组织

（1）设置成本会计机构。成本会计机构设置应考虑的因素有：企业生产经营规模、业务处理的繁简、企业内部管理机制与管理要求等。成本会计机构设置方法：在会计机构中单设成本会计科、股、组；总会计师领导下直接设置成本会计机构；将成本会计部门与计划部门合并设置等。

成本会计工作的组织形式如表1-2所示。

表 1 - 2

成本会计工作的组织形式

比较内容		集中核算形式	非集中核算形式(分散形式)
含义	厂部工作	由企业厂部的成本会计机构集中负责管理成本会计工作中的核算、分析等各方面工作	厂部成本会计机构负责对各下属成本会计机构和人员进行业务上的指导和监督,并对全厂成本进行综合的核算、分析等工作
	车间工作	车间等其他单位中的成本会计机构或人员只负责登记原始记录和填制原始凭证,对资料进行初步的审核、整理和汇总,为厂部进一步核算提供资料的工作	成本会计工作中的核算、分析等各方面工作分散由车间等其他单位的成本会计机构或人员分别进行的核算形式
优　点		这种形式厂部成本会计机构可以比较及时地掌握企业有关成本的全面信息,便于集中使用电子计算机进行成本数据处理,也有利于减少企业成本核算的层次和人员	与集中核算形式刚好相反
缺　点		不利于车间对成本费用进行控制,不便于从事生产经营活动的各单位和职工及时地掌握单位的成本信息,从而不利于调动他们自我控制成本和费用、提高经济效益的积极性	与集中核算形式刚好相反
适用范围		一般适用于小型企业	一般适用于大、中型企业
备　注		车间等其他单位大多只配备专职或兼职的成本会计或核算人员	—

　　(2) 配备必需的成本会计人员将其分配到各个组,如材料组、工资组、间接费用组等。成本会计人员是指在会计机构或专设成本会计机构中所配备的成本工作人员。对企业日常的成本工作进行处理。成本核算是企业核算工作的核心,成本指标是企业一切工作质量的综合表现,为了保证成本信息质量,对成本会计人员业务素质要求有:① 会计知识面广,有较好的成本理论和实践基础;② 熟悉企业生产经营的流程(工艺流程);③ 刻苦学习,任劳任怨;④ 具有良好的职业道德,敬业、精业、为工作保密。

　　(3) 确定成本会计工作的组织原则。任何工作的组织都必须遵循一定的原则,成本会计工作也不例外,它的组织原则主要有:① 成本核算必须与成本管理相结合;② 成本会计工作必须与技术相结合;③ 成本会计工作必须与经济责任制相结合。

　　(4) 制定成本会计制度。成本会计制度是指对成本会计工作所做的规定。它的内涵与外延随着经济环境的变化在不断发展变化。商品经济条件下,现代企业的成本会计制度要以我国企业会计准则、企业会计制度等有关规定为依据,在成本预测、决策、规划、控制、计算、分析和考核等方面做出有关规定,用来指导成本会计工作的全过程。

具体的成本会计制度有:关于成本预测、决策制度;关于计划(或标准成本)成本编制的制度;关于成本核算制度;关于成本控制制度;关于成本分析,考核制度等。

(二)成本会计人员

在成本管理机构中,配备适当数量思想品德优秀、精通业务的成本会计人员是做好会计工作的关键。就思想品德而言,要求成本会计人员应具备脚踏实地、实事求是、敢于坚持原则的作风和高度的敬业精神;就业务素质而言,要求成本会计人员不仅要具备较为全面的会计知识而且要掌握一定的生产技术和经营管理方面的知识。

为了充分调动和保护会计人员的工作积极性,国家有关的会计法规中对会计人员的职责、权限、任免、奖惩以及会计人员的技术职称等,都做了明确的规定。这些规定对于成本会计人员也是完全适用的。

成本会计机构和成本会计人员应在企业总会计师和会计主管人员的领导下,忠实地履行自己的职责,认真完成成本会计的各项任务,并从降低成本、提高企业经济效益的角度出发,参与制定企业的生产经营决策。为此,成本会计人员应经常深入生产经营的各个环节,结合实际情况,向有关人员和职工宣传、解释国家的有关方针、政策和制度,以及企业在成本管理方面的计划和目标等,并督促他们贯彻执行;深入了解生产经营的实际情况,注意发现成本管理中存在的问题并提出改进的意见和建议,当好企业负责人的参谋。

根据成本会计人员的职责,并赋予他们相应的权限。这些权限主要有:成本会计人员有权要求企业有关单位和人员认真执行成本计划,严格遵守国家的有关法规、制度和财经纪律;有权参与制定企业生产经营计划和各项定额,参加与成本管理有关的生产经营会议;有权督促检查企业各单位对成本计划和有关法规、制度、财经纪律的执行情况。

成本会计工作是一项涉及面广、综合性很强的管理工作,尤其是随着市场经济体制的不断发展和完善、科学技术的不断进步,按照市场经济的要求,靠技术进步降低成本,增强企业竞争能力,提高企业的经济效益,已经成为成本会计工作的重要内容。为此,成本会计人员必须刻苦钻研业务,认真学习有关的业务知识和业务技术,不断充实和更新自己的专业知识提高自己的素质,以适应新形势的要求。

(三)成本核算程序

1. 产品成本核算的一般工作程序

成本核算的工作过程就是将生产过程中发生的原材料、燃料和动力、职工薪酬、折旧等费用,按照成本核算的要求,通过一系列的归集和分配手续,逐步汇总到产品成本中去;月末,将其归集的生产费用在完工产品和在产品之间进行分配,确定产品成本和在产品成本;最后,编制成本报表并进行报表分析。其过程一般如下:

(1)熟悉生产过程。计算产品成本有各种不同的方法,这些方法的产生与运用,在很大程度上取决于企业生产的类型和管理的要求。而产品成本是在生产过程中形成的,不同行业的企业,其生产特点千差万别。所以生产类型不同,采用的成本计算方法也不同。为了正确计算产品成本,满足成本管理的要求,就有必要了解和熟悉企业的生产过程。

(2)生产费用在各个成本计算对象之间进行归集和分配。成本计算对象是指企业承担费用的对象。对于本期发生的应计入产品成本的费用应在各个成本计算对象之间进行归集和分配,计算出各个成本计算对象本期发生的生产费用。生产费用在各个成本计算对象之间进行分配和归集,实际上就是要正确划分各个产品成本的界限,以正确确定本期应计入各个产品(各个成本计算对象)成本的费用。

(3) 生产费用在完工产品与月末在产品之间进行分配。对各成本计算对象所承担的生产费用,如果期末有的产品已完工,有的尚未完工,这时,还应当在完工产品和期末在产品之间进行分配,以确定本期完工产品的实际总成本和单位成本。

生产费用在本期完工产品与月末在产品之间进行分配,也就是正确划分本期完工产品和月末在产品之间的界限。

(4) 完工产品成本的结转。期末,应将本期完工产品成本作为产成品成本结转入库,形成企业库存商品(存货)的价值。

(5) 成本报表的编制与分析。企业运用各种产品成本计算方法对产品成本进行核算后,还要将核算的结果定期编制成本报表,向管理当局报送;同时,还需要对各种成本资料进行分析,总结产品成本管理中的经验,发现其存在的问题与不足,提出改进的意见和建议,并以书面报告的形式提供给企业管理部门,以便决策者及时了解企业产品成本的构成及成本水平,利用成本数据进行各种预测和决策,达到加强成本管理的目的。

产品成本核算的一般工作过程如图1-2所示。

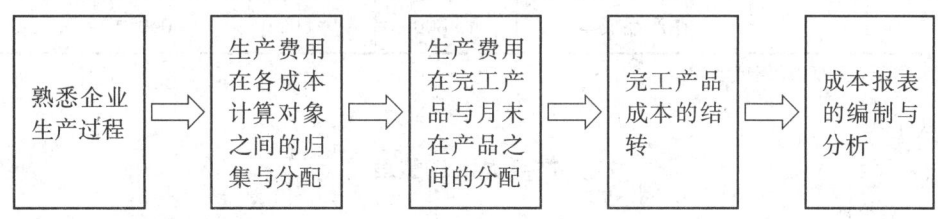

图1-2　产品成本核算的一般工作过程示意图

2. 产品成本核算的账户设置及账务处理程序

在产品成本计算过程中,要将发生的生产费用按一定的产品成本计算对象进行归集与分配,最终确定完工产品成本,就必须设置相应的总分类账户和必要的明细分类账户。

为了进行成本核算,制造企业主要设置"生产成本"与"制造费用"两个账户。如果需要单独核算废品损失,还应设置"废品损失"账户。下面分别加以说明。

(1) "生产成本"账户。"生产成本"账户用来核算企业进行产品生产(包括完工产品、自制半成品和提供劳动服务)、自制材料、自制工具及自制设备等发生的各项生产费用。

为了分别核算基本生产成本和辅助生产成本,还应在该总账科目下,分设"基本生产成本"和"辅助生产成本"两个二级科目。为了减少二级科目,简化会计分录,也可将"生产成本"总账科目分为"基本生产成本"和"辅助生产成本"两个总账科目。本书按分设后的两个总账科目进行讲述。

"基本生产成本"总账科目及其明细账的设置。基本生产是指为完成企业主要生产目的而进行的商品产品生产。"基本生产成本"账户是为了归集进行基本生产活动而发生的各项生产费和计算基本生产产品成本而设立的。借方登记为进行基本生产所发生的各项费用;贷方登记完工入库的产品成本;期末如有余额在借方,为月末在产品成本,即生产过程占用的资金。该科目应按产品品种等成本计算对象分设明细账,一般称为产品成本明细账或产品成本计算单,产品成本明细账或者产品成本计算单式样如表 1-3、表 1-4 所示。

表 1-3

产品成本明细账

产品名称:男西装　　　　　　　　　　（成本计算单）　　　　　　　　　　车间:缝制车间

产品:400 套

2019 年		凭证号码	摘　要	直接材料	直接人工	制造费用	合　计
月	日	（略）					
4	31		在产品成本	19 000	2 000	3 000	24 000
5	31		本月生产费用	60 000	5 200	6 000	71 200
	31		生产费用累计	79 000	7 200	9 000	95 200
	31		完工产品成本	63 200	6 400	8 000	77 600
	31		产成品单位成本	158	16	20	194
	31		在产品成本	15 800	800	1 000	17 600

注:□表示框内数字为红字。

表 1-4

产品成本计算单

产品名称:男西装

产量:400 套　　　　　　　　　　2019 年 5 月 31 日　　　　　　　　　　车间:缝制车间

摘要 / 成本项目	月初在产品成本	本月生产费用	生产费用累计	完工产品成本		月末在产品成本
				总成本	单位成本	
直接材料	19 000	60 000	79 000	63 200	158	15 800
直接人工	2 000	5 200	7 200	6 400	16	800
制造费用	3 000	6 000	9 000	8 000	20	1 000
合　计	24 000	71 200	95 200	77 600	194	17 600

制表:王英

上述两种产品成本明细账(成本计算单),虽然未标明借方、贷方和余额,但其结构不外乎这三个部分:上月末在产品成本即本月初在产品成本,为月初借方余额;本月生产费用为本月借方发生额;本月完工产成品成本为贷方发生额;月末在产品成本为月末借方余额。

在产品种类较多的企业,为了按车间和产品成本项目汇总反映全部产品的总成本,还可设"基本生产成本"科目的二级账,其格式如表 1-5 所示。

表 1-5

基本生产成本二级账

车间：缝制车间　　　　　　　　　　　　　　　　　　　　　　　　　　　　单位：元

2019年		凭证号码（略）	摘　要	直接材料	直接人工	制造费用	合　计
月	日						
4	31		在产品成本	67 060	8 650	10 080	85 790
5	31		本月生产费用	160 000	18 050	25 500	203 550
	31		生产费用累计	227 060	26 700	35 580	289 340
	31		本月完工产品成本	210 000	23 000	20 680	253 680
	31		在产品成本	17 060	3 700	14 900	35 660

在设置基本生产成本二级账的情况下,基本生产成本总账、二级账和明细账应按照平行登记的规则进行登记。二级账作为总账与明细账的中介,还可以配合车间经济核算,为考核和分析各车间产品成本提供资料。

"辅助生产成本"总账科目及其明细账的设置。辅助生产是指为基本生产服务而进行的产品生产和劳务供应。辅助生产提供的产品和劳务,有时也对外销售,但这不是它的主要目的。

"辅助生产成本"科目就是为了归集进行辅助生产所发生的各项费用,计算辅助生产产品和劳务的成本而设立的。其借方登记为进行辅助生产而发生的各项费用;贷方登记完工入库产品的成本和分配转出的劳务费用;期末如有余额在借方,表示辅助生产在产品的成本,即辅助生产在产品占用的资金。该科目应按辅助生产车间和生产的产品、劳务分设明细账,账中按辅助生产的成本费用项目设专栏或专行进行明细账登记。

(2)"制造费用"账户。为了归集和分配车间(或分厂)为生产产品和提供劳务而发生的制造费用,反映制造费用计划的执行情况,核算中应设立"制造费用"账户。该账户的借方登记实际发生的制造费用;贷方登记分配转出的制造费用。除季节性生产企业外,该账户月末应无余额。

"制造费用"账户应按车间、部门设置明细账,账类按需要项目设专栏。如果辅助生产车间规模较小、费用少,为了简化核算工作,也可不单设制造费用明细账,发生的制造费用直接计入"辅助生产成本"科目及其明细账的借方。

为了能够对成本核算程序有一个总括的了解,下面以产品成本核算的"品种法"为例,结合前述的成本核算一般程序和成本核算的主要会计账户,列示成本核算的账务处理程序(如图 1-3 所示)。

(四)成本会计制度

成本会计制度是成本会计工作的规范,是会计法规与制度的重要组成部分。企业应遵循国家有关法律、法规、制度,如会计法、企业财务通则、企业会计准则、企业会计制度等的有关规定,并适应企业生产经营的特点和管理的要求,制定企业内部成本会计制度,作为企业进行成本会计工作具体和直接的依据。

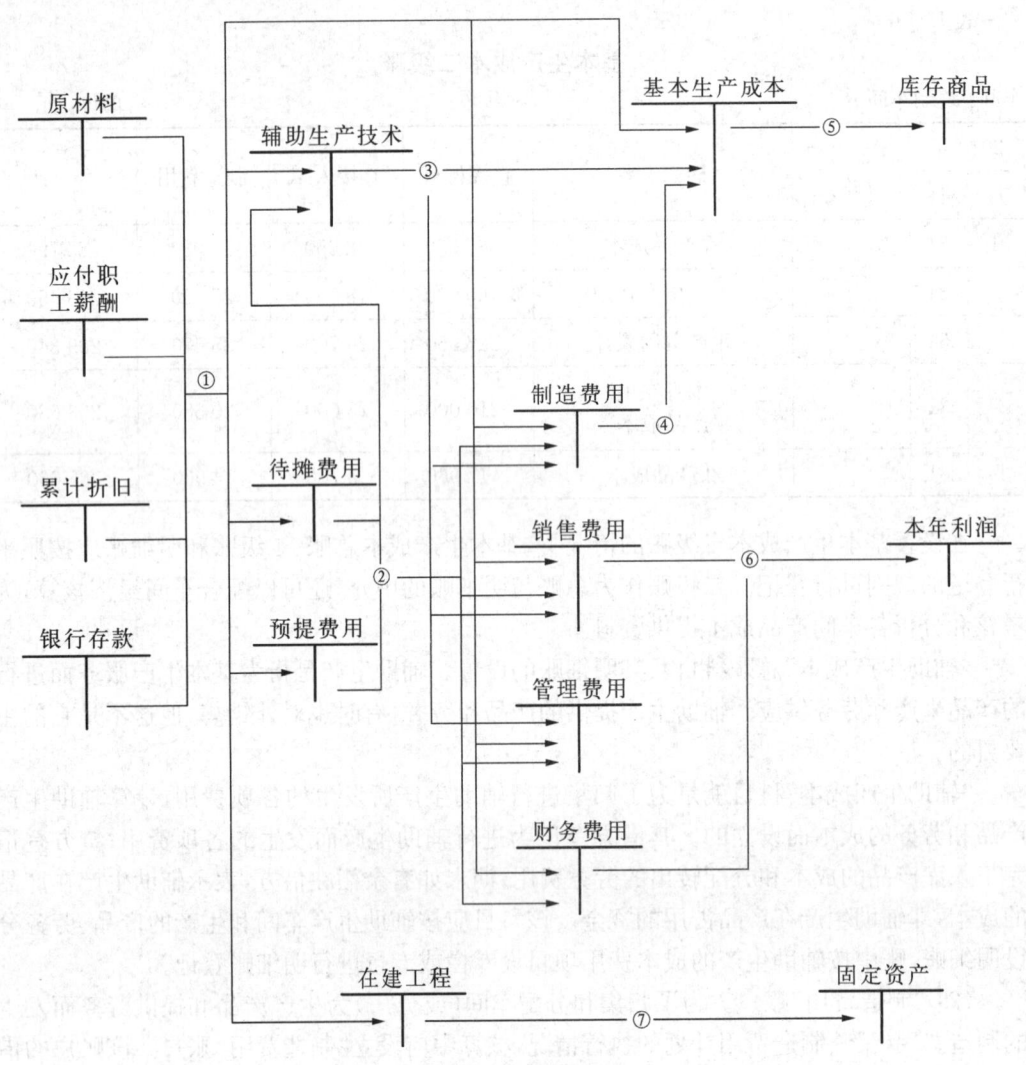

图 1-3　成本核算账务处理程序图

说明：
① 各项费用要素的结转和分配　　② 摊销和预提各项费用
③ 分配辅助生产成本　　　　　　④ 分配制造费用
⑤ 结转完工产品成本　　　　　　⑥ 结转各项期间费用
⑦ 结转应计入固定资产价值的在建工程成本

各行业企业由于生产经营的特点和管理的要求不同，所制定的成本会计制度有所不同，就工业企业来说，成本会计制度一般应包括以下几个方面的内容。

（1）关于成本预测和决策的制度。

（2）关于成本定额的制度和成本计划编制的制度。

（3）关于成本控制的制度。

（4）关于成本核算规程的制度。包括成本计算对象和成本计算方法的确定；成本项目的设置；各项费用分配和归集的程序和方法；完工产品和在产品之间的费用分配方法等。

　　（5）关于责任成本的制度。

　　（6）关于企业内部结算价格和内部结算办法的制度。

　　（7）关于成本报表的制度。

　　（8）其他有关成本会计的制度。

　　成本会计制度是开展成本会计工作的依据和行为规范，其是否科学、合理会直接影响成本会计工作的成效。因此，成本会计制度的规定，是一项复杂而细致的工作。在成本会计制度的制定过程中，有关人员不仅应熟悉国家有关法规、制度的规定，而且应深入基层做广泛、深入的调查和研究工作，在反复试点中，具备充分依据的基础上进行成本会计制度的制定工作。成本会计制度一经确定，就应认真贯彻执行。但随着时间的推移，实际情况往往会发生变化，出现新的情况，这时应根据变化了的情况，对成本会计制度进行修订和完善，以保证成本会计制度的科学性和先进性。

任务二　成本核算的方法

任务描述

　　（1）设置成本核算的常用账户。

　　（2）确定成本核算的基本程序。

　　（3）根据企业产品生产特点和管理要求选择合理的成本计算方法。

相关知识

一、成本核算的基本要求

　　成本核算就是按照国家有关的法规、制度和企业经营管理的要求，对生产经营过程中实际发生的各种劳动耗费进行计算，并进行相应的账务处理，提供真实、有用的成本信息。

　　成本核算不仅是成本会计的基本任务，同时也是企业经营管理的重要组成部分。因此，为了充分发挥成本核算的作用，在成本核算工作中，应贯彻执行以下各项要求。

　　（一）算管结合，算为管用

　　所谓算管结合，算为管用，就是成本核算应当与加强企业经营管理相结合，所提供的成本信息应当满足企业经营管理与决策的需要。为此，成本核算不仅要对各项费用支出进行事后的核算，提供事后的成本信息，而且必须以国家有关的法规、制度和企业成本计划和相应的消耗定额为依据，加强对各项费用支出的事前、事中的审核和控制，并及时进行信息反馈。也就是说，对于合法、合理、有利于发展生产提高经济效益的开支，要积极予以支持，否则就要坚决加以抵制，当时已经无法制止的，要追究责任，采取措施，防止以后再次发生；对于各项费用的发生情况，以及费用脱离定额（或计划）的差异进行日常的计算和分析，及时进行反馈；对于定额或计划不符合实际的情况，要按规定程序予以修正。

同时,在成本计算中,既要防止片面追求简化,以致不能为管理提供所需资料的做法,也要防止为算而算,搞繁琐哲学,脱离管理实际需要的做法。成本核算应该做到分清主次、区别对待、主要从细、次要从简、简而有理、细而有用。

另外,为了满足企业经营管理与决策的需要,成本核算不仅要按国家有关法规、制度计算产品成本和各项期间费用,还应借鉴西方的一些成本概念和成本计算方法,为不同的管理目的提供不同的管理成本信息,如变动成本信息与固定成本信息、可控成本信息与不可控成本信息、作业成本信息等。

(二) 正确划分各种费用界限

为了正确地进行成本核算,正确地计算产品成本和期间费用,必须正确划分以下五个方面的费用界限。

1. 正确划分应否计入产品成本,期间费用的界限

工业企业的经济活动是多方面的,其支出的用途不尽相同。而不同用途的支出,其列支的项目应该不同。例如,企业购建固定资产的支出,应计入固定资产的造价;固定资产盘亏损失、固定资产报废清理净损失等应计入营业外支出。用于产品生产和销售、用于组织和管理生产经营活动,以及为筹集生产经营资金所发生的各种支出,即企业日常生产经营活动中的各种耗费,则应计入产品成本或期间费用。企业应按照国家有关成本开支范围的规定,正确地核算产品成本和期间费用。凡不属于企业日常生产经营方面的支出,均不得计入产品成本或期间费用,不得遗漏。乱挤成本,会减少企业利润和国家财政收入;少计成本,则会虚增利润,是企业成本得不到应有的补偿,从而影响企业生产经营活动的顺利进行。而且无论乱挤还是少计成本,都会造成成本不实,从而不利于企业的成本管理。因此,企业必须正确划分应否计入产品成本、期间费用的界限,防止乱挤成本和少计成本的错误做法。

2. 正确划分生产费用与期间费用的界限

工业企业日常经营中所发生的各项耗费,其用途和计入损益的时间是有所不同的。用于产品生产的费用形成产品成本,并在产品销售后作为产品销售成本计入企业损益;由于当月投产的产品不一定当月完工,当月完工的产品也不一定当月销售,因而当月的生产费用往往不是计入当月产品销售成本。而本月发生的营业费用、管理费用和财务费用,则是作为期间费用,直接计入当月损益。因此,为了正确计算产品成本和期间费用,正确计算企业月份的损益,必须正确地划分产品生产费用和各项期间费用的界限。应当防止混淆产品生产费用与期间费用的界限,借以调节各月产品成本和各月损益的错误做法。

3. 正确划分各月份的费用界限

为了按月分析和考核成本计划的执行情况和结果,正确计算各月损益,还必须正确划分各月份的费用界限。本月发生的费用,都应在本月全部入账,不能将其一部分延至下月入账。更重要的是,应该贯彻权责发生制原则,正确地核算待摊费用和预提费用。本月份支付,但属于本月及以后各月受益的费用,应记作待摊费用,在各月合理分摊计入成本(受益期限超过一年的费用,应计作长期待摊费用,在费用项目的受益期限类,分月摊入成本)。本月虽未支付,但本月已经受益,应由本月负担的费用,应记作预提费用,计入本月

的成本。为了简化核算工作,对于数额较小的应跨期摊销和预提的费用,也可以将其全部计入支付月份的成本,而不作为待摊费用和预提费用处理。正确划分各月份的费用界限,是保证成本核算工作的重要环节,应当防止利用摊销和预提的办法人为地调节各月成本、人为地调节各月损益的错误做法。

4. 正确划分各种产品的费用界限

如果企业生产的产品不止一种,那么,为了正确计算各种产品的成本,正确分析和考核各种产品成本计划或定额成本的执行情况,必须将应计入本月产品成本的生产费用在各种产品之间正确地进行划分。凡属于某种产品单独发生,能够直接计入该种产品的费用,均应直接计入该种产品成本;凡属于几种产品共同发生,不能直接计入某种产品的费用,则应采用适当的分配方法,分配计入这几种产品的成本。应该防止在盈利产品与亏损产品之间、可比产品与不可比产品之间任意转移生产费用,借以掩盖成本超支或以盈补亏的错误做法。

5. 正确划分完工产品与在产品的费用界限

月末计算产品成本时,如果某种产品已全部完工,那么,这种产品的各项生产费用之和就是这种产品的完工产品成本;如果某种产品均未完工,那么,这种产品的各项生产费用之和,就是这种产品的月末在产品成本;如果某种产品既有完工产品,又有在产品,则应将这种产品的各项生产费用,采用适当的分配方法在完工产品与月末在产品之间进行分配,分别计算完工产品成本和月末在产品成本。应该防止任意提高或降低月末在产品成本,人为地调节完工产品成本的错误做法。

上述五个方面费用界限的划分过程,也就是产品成本的计算和各项期间费用的归集过程。在这一过程中,应贯彻受益原则,即何者受益何者负担费用,何时受益何时负担费用;负担费用的多少应与受益程度的大小成正比。

（三）正确确定财产物资的计价和结转方法

工业企业的生产经营过程,同时也是各种劳动的耗费过程。在各种劳动的耗费中,财产物资的耗费(即生产资料价值的转移)占有相当的比重。因此,这些财产物资计价和价值结转方法主要包括:固定资产原值的计算方法、折旧方法、折旧率的选择;固定资产修理费用是否采用待摊和预提方法以及摊提期限的长短;固定资产与低值易耗品的划分标准;材料成本的组成内容、材料按实际成本进行核算时发出材料成本的计算方法、材料按计划成本进行核算时材料成本差异率的种类(个别差异率、分类差异率还是综合差异率,本月差异率还是上月差异率)、采用分类差异率时材料类距的大小等;低值易耗品和包装物价值的摊销方法、摊销率的高低及摊销期限的长短等。为了正确计算成本,对于各种财产物资的计价和价值的转移,都应采用既合理又简便的方法;国家有统一规定的,应按国家统一规定的方法。各种方法一经确定,应保持相对稳定,不能随意改变,以保证成本信息的可比性。

（四）做好成本核算的基础工作

为了加强成本审核、控制,正确、及时地计算成本,企业应做好以下各项基础工作。

1. 做好定额的制定和修订工作

产品的各项消耗定额,既是编制成本计划、分析和考核成本水平的依据,也是审核和控制成本的标准;而且在计算产品成本时,往往要用产品的原材料和工时的定额消耗量或定额费用作为分配实际实际费用的标准。因此,为了加强生产管理和成本管理,企业必须建立和健全定额管理制度,凡是能够制定定额的各种消耗,都应该制定先进、合理、切实可行的消耗定额,并随着生产的发展、技术的进步、劳动生产率的提高,不断修订消耗定额,以充分发挥其应有的作用。

2. 建立和健全材料物资的计量、发放、领退和盘点制度

成本核算是以价值形式来核算企业生产经营管理中的各项费用的。但价值形式的核算是以实物计量为基础的。因此,为了进行成本管理,正确地计算成本,必须建立和健全材料物资的计量、发放、领退和盘点制度。凡是材料物资的收发、领退,在产品、半成品的内部转移,以及产成品的入库等,均应填制相应的凭证,办理审核手续,并严格进行计量和验收。库存的各种材料物资、车间的在产品、产成品均应按规定进行盘点。只有这样,才能保证账实相符,保证成本计算的正确性。

3. 建立和健全原始记录工作

原始记录是反映生产经营活动的原始资料,是进行成本预测、编制成本计划、进行成本核算、分析消耗定额和成本计划执行情况的依据。因此,工业企业对生产过程中材料的领用、动力与工时的耗费、费用的开支、废品的发生、在产品及半成品的内部转移、产品质量检验及产成品入库等,都要有真实的原始记录。成本核算人员要会同企业的计划统计、生产技术、劳动工资、产品物资供销等有关部门,认真制定既符合成本核算需要,又符合各方面管理需要,既科学又简便易行,讲求实效的原始记录制度;还要组织有关职工认真做好各种原始记录的登记、传递、审核和保管工作,以便正确、及时地为成本核算和其他有关方面提供资料和信息。

4. 做好厂内计划价格的制定和修订工作

在计划管理基础较好的企业中,为了分清企业内部各单位的经济责任,便于分析和考核企业内部各单位成本计划的完成情况和管理业绩,以及加速和简化核算工作,应对原材料、半成品、厂内各车间相互提供的劳务(如修理、运输等)制定厂内计划价格,作为企业内部核算和考核的依据。厂内计划价格要尽可能符合实际,保持相对稳定,一般在年度内不变。在制定了厂内计划价格的企业中,各项原材料的耗用、半成品的转移,以及各车间与部门之间相互提供劳务等,都要首先按计划价格计算(这种按实际生产耗用量和计划价格计算的成本,称为计划价格成本)。月末计算产品实际成本时,再在计划价格成本的基础上,采用适当的方法计算各产品应负担的价格差异(如材料成本差异),将产品的计划价格成本调整为实际成本。这样,既可以加速和简化核算工作,又可以分清内部各单位的经济责任。

(五)根据企业的生产特点和管理要求,采取适当的方法计算产品成本

产品成本是在生产过程中形成的,产品的生产工艺过程和生产组织不同,所采用的产品成本计算方法也应该有所不同。计算成品成本是为了加强成本管理,因而还应根据管理要求的不同,采用不同的成品成本计算方法。因此,企业只有按照产品生产特点和管理要求,选用适当的成本计算方法,才能正确、及时地计算产品成本,为成本管理提供有用的成本信息。

二、成本核算的账户设置

（一）"生产成本——基本生产成本"账户

基本生产是指为完成企业主要生产目的而进行的商品生产。"生产成本——基本生产成本"账户的借方登记企业从事基本生产而发生的直接材料费用、直接人工费用，其他直接费用和从"制造费用"账户转入的基本生产单位发生的间接费用；该账户的贷方登记结转的基本生产单位完工入库产品成本和已完成的劳务成本；该账户的期末余额在借方，表示基本生产单位期末尚未加工完成的在产品成本。该账户应按产品品种等成本计算对象分设"基本生产成本"明细账，也称产品成本计算单。账内应按成本项目分设专栏，登记各产品及项目的月初在产品成本、本月发生的生产费用、本月完工产品成本和月末在产品成本。

（二）"生产成本——辅助生产成本"账户

辅助生产是指为基本生产服务而进行的产品生产和劳务供应。"生产成本——辅助生产成本"账户的借方登记企业从事辅助生产活动所发生的各项直接费用和"制造费用"账户转入的辅助生产车间发生的制造费用；该账户的贷方登记结转的辅助生产单位完工入库产品成本和分配给各受益对象的已完成劳务成本；该账户月末一般没有余额，如果有期末借方余额，表示辅助生产单位尚未完工的在产品成本。该账户应按辅助生产车间和生产的产品及劳务分设辅助生产成本明细账。

（三）"制造费用"账户

"制造费用"账户核算企业为生产产品和提供劳务而发生的各项间接费用。该账户借方登记企业为生产产品和提供劳务而发生的各项间接费用；贷方登记期末分配结转转入"生产成本——基本生产成本"账户应由各成本计算对象负担的间接费用；除季节性生产企业外，期末结转以后该账户应无余额。"制造费用"账户应当按照企业生产车间和部门设置明细账，并按费用项目设专栏组织明细核算。

（四）"销售费用"账户

"销售费用"账户核算企业在销售产品和提供劳务等活动中发生的各项费用以及专设销售机构的各项经费。该账户借方登记企业本期发生的各项销售费用；贷方登记期末转入"本年利润"账户的销售费用数额；期末结转后，该账户应无余额。

（五）"管理费用"账户

"管理费用"账户核算企业行政管理部门为组织和管理生产经营活动而发生的各项费用。该账户借方登记企业本期发生的各项管理费用；贷方登记期末转入"本年利润"账户的管理费用数额；期末结转后，该账户应无余额。

（六）"财务费用"账户

"财务费用"账户核算企业为筹集生产经营资金所发生的各项费用。该账户借方登记企业本期发生的各项财务费用；贷方登记期末转入"本年利润"账户的财务费用数额；期末结转以后，该账户应无余额。

三、成本核算的基本程序

（一）确定成本计算对象，设置生产成本明细表

成本核算对象是指企业承担费用的对象。确定了成本计算对象，也就解决了生产费

用应由谁负担,分配给谁,按什么目标来归集等问题。企业发生的生产经营费用,有的应当计入产品成本,有的应当计入期间费用。企业计入产品成本的生产费用,应由各种产品负担。企业的成本核算对象除了产品品种外,还可以是产品批次、产品类别或者生产步骤等。企业应根据生产的类型和成本管理要求来确定归集和分配生产费用的具体对象,设置各种生产成本费用账户。

(二)对生产费用进行确认和计量

企业应当严格遵守国家规定的成本费用开支范围,按照企业内部财务会计制度和成本费用核算办法中规定的费用标准来进行生产费用的确认和计量。只有正确划分各种支出的界限、正确划分各期费用成本的界限、正确划分产品成本和期间费用的界限等,才可以正确确定应计入产品成本和期间费用的费用数额。对生产费用的确认通常遵循配比原则、成本归属原则、权责发生制原则,如图1-4所示。

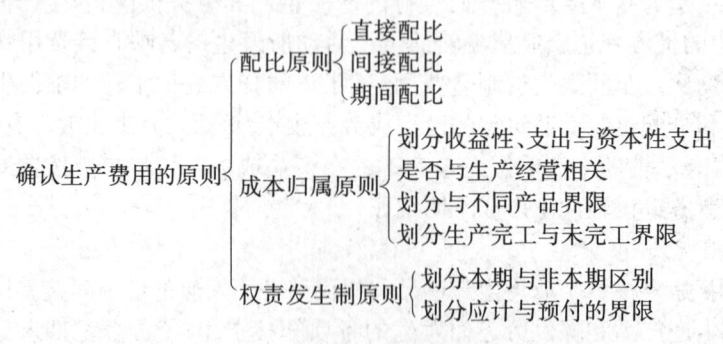

图1-4 生产费用(成本)确认原则

(三)将计入本期产品成本的费用在各种产品之间进行归集和分配

1. 费用分配的基本原则

分配生产费用的基本原则就是"受益原则"。对能直接计入各成本核算对象的生产费用,应当直接计入;不能直接计入的,应当按照受益程度的大小分配计入各成本核算对象。

2. 费用分配的常用方法

(1)分配和归集的生产费用必须按成本项目进行核算。多个成本核算对象共同耗用的直接材料、直接人工和制造费用,在生产过程中发生的情况不同,必须采用不同的分配方法进行分配。

(2)直接材料费用分配方法有重量分配法、定额耗用量分配法、定额费用分配法、实际产量分配法、标准产量分配法等。

(3)直接人工费用的分配方法有生产工时分配法、直接材料成本分配法和系数分配法等。

(4)制造费用的分配方法有生产工人工资分配法、生产工人工时分配法、机器工时分配法和年度计划分配率分配法等。

(5)辅助生产费用的分配方法有直接分配法、交互分配法、计划成本分配法、代数分配法和顺序分配法等。

四、成本计算方法的选择

（一）企业产品的生产特点

产品成本核算是对企业生产经营过程中发生的直接材料、直接人工、制造费用按照一定的对象和标准进行归集与分配，从而计算出各产品的总成本和单位成本。前面已经介绍了产品成本核算的基本程序，为了正确计算产品成本，本节将进一步说明如何根据工业企业生产特点和成本管理要求，选择适当的产品成本计算方法。

工业企业的生产特点是指企业产品生产工艺技术过程的特点和生产组织的特点。

1. 产品生产的工艺特点

生产工艺过程是指产品从投产到完工的产品加工过程。企业的生产按照生产工艺过程的特点可分为单步骤生产和多步骤生产两种类型。

（1）单步骤生产。单步骤生产又称简单生产，是指生产过程在工艺上不能间断，或者不便于分散到几个不同地点进行的单阶段生产。它的生产周期短，生产工艺技术较简单，产品品种单一且稳定，一般由一个企业整体进行，而不能由多个企业或车间协作进行生产，如铸造业、发电业、采掘业等。

（2）多步骤生产。多步骤生产又称复杂生产，是指生产过程在工艺上可以间断，可以分散在不同时间、地点由不同的企业或车间协作完成的生产。它的生产工艺技术较复杂，生产周期较长，产品品种较多且不稳定，一般由一个企业的若干步骤或车间协作进行生产。多步骤生产按其产品加工的方式不同和各个步骤的内在联系，可划分为连续式多步骤生产和装配式多步骤生产。

连续式多步骤生产。连续式多步骤生产是指原材料投入后要依次经过若干步骤的逐步加工制成产成品的生产。这种生产方式要经过若干个连续的加工工序，前一个加工工序所完成的半成品是下一个加工工序的加工对象，直至最后一个生产工序才能加工成产成品。如纺织、冶金、造纸等企业。这种方式生产的流程如图1-5所示。

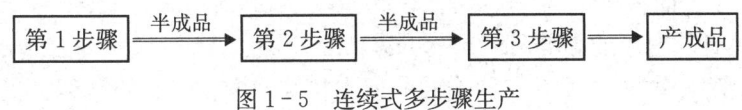

图1-5　连续式多步骤生产

装配式多步骤生产。装配式多步骤生产是指先将各种原材料平行地投入到不同的加工部门制成各种零部件，然后将零部件装配成产成品的生产。这类生产的各个生产步骤具有相对独立性，不存在前后顺序的依存关系。如仪表、造船、自行车等企业。这种方式生产的流程如图1-6所示。

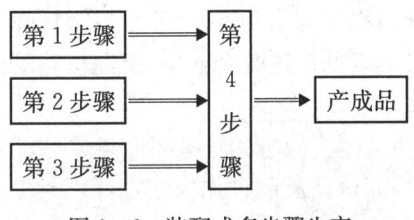

图1-6　装配式多步骤生产

2. 产品生产的组织特点

生产组织是指企业保证生产过程各个环节、各个因素相互协调的生产工作方式,它体现了企业生产专业化和生产过程重复程度的高低。企业生产按生产组织特点可以分为大量生产、成批生产和单件生产三种类型。

(1)大量生产。大量生产是指不断重复制造相同品种产品的生产。这种生产的企业具有产品品种较少、产量大、生产比较稳定、生产重复性高、专业化程度高的特点,如:冶金、发电、酿酒、采掘等行业的生产。

(2)成批生产。成批生产是指按事先规定的数量和规格成批重复进行的生产。这种生产的企业,具有产品品种较多、产量较大、有一定的重复性、专业化程度较高的特点,如服装、食品、鞋帽等行业的生产。成批生产按生产的批量大小又可分为大批生产和小批生产。在大批生产中产品数量较多,往往在一段时期内连续不断地生产相同的产品,因而性质上接近于大量生产;在小批生产中产品数量较少,其特点类似于单件生产。

(3)单件生产。单件生产是指按照客户订单要求,制造个别的、性质特殊的产品生产。这类生产具有品种多、产量少、结构复杂、单件产品制造时间长、一般不重复、专业化程度不高的特点,如船舶、重型机械、专用设备、新产品试制等行业的生产。

综上所述,将生产工艺技术过程的特点与生产组织的特点相结合,可以形成四种基本生产类型:① 大量大批单步骤生产;② 大量大批连续式多步骤生产;③ 大量大批装配式多步骤生产;④ 单件小批装配式多步骤生产。

对一个企业而言,上述各种生产特点和生产组织方式可能兼而有之,例如,企业的产品是装配式的大量生产,但零部件在车间内可以是连续式的成批生产,而企业的辅助生产车间也可能是连续式的成批生产或单件生产等。

(二)生产特点对成本计算方法的影响

不同产品成本计算的具体方法,其主要区别表现在成本计算对象、成本计算期、生产成本在完工产品与在产品之间的分配三个方面。生产特点对产品成本计算方法的影响,也就反映这三个方面。

1. 对成本计算对象的影响

在成本计算工作中,主要有三种不同的成本核算对象:产品的品种、产品的批别、产品的品种及其所经生产步骤。

(1)大量大批单步骤生产方式中,由于生产工艺不能间断,中间没有自制半成品存在,又由于是大量重复生产,无法分批,因而只能以最终产品品种作为成本计算对象来计算产品成本。

(2)大量大批连续式多步骤生产方式中,由于各个步骤相对独立地生产半成品,生产费用可以按产品的生产步骤归集。为明确责任,便于成本计算,因而就可以按各个加工步骤的产品作为成本计算对象。可见在这类企业中,产品核算既要求计算产成品成本,又要计算各步骤的半成品成本。

(3)大量大批装配式多步骤生产方式中,零部件半成品没有独立的经济意义,因此不需要按步骤计算半成品成本,而以产品品种作为成本计算对象。

(4)单件小批装配式多步骤生产方式中,由于生产的产品批量小,产品生产按单件或批别组织,一批产品一般在较短时间内完工。因此,以产品的批别作为成本计算对象。

2. 对成本计算期的影响

成本计算期指的是生产费用计入产品成本所规定的起讫时间。

(1) 大量大批生产方式中,由于生产不间断地进行,不可能在产品全部完工时计算产品成本。在会计分期原则下,只能选择按月定期地计算产品成本。这样,成本计算期与会计报告期一致,与产品生产周期不一致。

(2) 单件小批生产方式中,由于生产是按件或按批组织进行,各批产品的生产周期往往不同,一般要等到一批产品全部完工后才计算成本。因而成本计算是不定期的,通常以产品的生产周期作为成本计算期,与会计报告期不一致。

3. 对生产成本在完工产品与在产品之间分配的影响

(1) 大量大批单步骤生产,由于生产过程不间断,生产周期较短,往往没有月末在产品或在产品数量很少。因此,一般不需要将生产成本在完工产品和月末在产品之间分配。

(2) 大量大批多步骤生产,由于生产不间断地进行,月末一般会有在产品,且数量不稳定。因而就需要采用适当的方法将生产成本在完工产品和月末在产品之间进行分配。

(3) 单件小批多步骤生产,由于成本计算期与产品生产周期一致,产品成本计算要等到产品完工后才进行,一般不存在月末在产品。因此,在计算产品成本时,不需要将生产成本在完工产品和月末在产品之间进行分配。

(三) 成本管理要求对成本计算方法影响

一个企业究竟采用什么方法计算产品成本,除了受生产特点的制约外,还必须根据企业成本管理的要求来选择适合于本企业的成本计算方法。例如,在大量大批多步骤生产的企业,一般以每种产品及其所经过的加工步骤作为成本计算对象,采用分步法来计算产品成本。但是,如果企业规模较小,成本管理上不要求计算产品所经过加工步骤半成品的成本,只要求计算出每种产品的成本,这时,可以产品品种作为成本计算对象,采用品种法计算产品成本。再如,在确定单件小批生产的产品成本计算对象时,可以根据经济、合理的原则组织生产和便于管理的需要,对客户的订单作适当的归并或细分,按重新组织的生产批别作为成本计算对象。

(四) 产品成本计算的方法

不同的生产特点和管理要求对产品成本计算的影响,体现在成本计算对象的确定、成本计算期的确定以及生产成本在完工产品与月末在产品之间的分配三个方面。其中,成本计算对象是区别不同成本计算方法的主要标志,由此形成了工业企业成本计算的各种方法。

1. 产品成本的计算基本方法

根据生产工艺过程和生产组织特点以及企业成本管理要求,工业企业有三种产品成本计算的基本方法,即品种法、分批法和分步法。

(1) 品种法。品种法是以产品品种为成本计算对象,来归集和分配生产费用,计算出各种产品的实际总成本和单位成本。这种方法成本管理不要求分步计算产品成本,一般适用于大量大批单步骤生产,如发电、铸造、采掘等企业;也可用于管理上不需要分步计算成本的大量大批多步骤生产,如水泥生产企业等。企业内部的辅助生产车间也可用品种法计算提供辅助产品或劳务的成本。

（2）分批法。分批法是以产品的品种和产品的批别（订单）为成本计算对象，来归集和分配生产费用，计算出各批产品的实际总成本和单位成本。一般以产品的生产周期为成本计算期。这种方法适用于单件小批生产类型的企业，例如，船舶制造、重型机械制造、专用设备生产、新产品试制等企业。

（3）分步法。分步法是以产品品种和每种产品所经过的生产步骤为成本计算对象，来归集和分配生产费用，计算出各生产步骤和最终产成品的实际总成本和单位成本。这种方法适用于大量大批的多步骤生产，且管理上要求分步骤计算产品成本的复杂生产企业，如冶金、纺织、钢铁生产等企业。分步法按半成品成本是否随半成品实物的转移而结转，分为逐步结转分步法和平行结转分步法。

逐步结转分步法。成本计算对象是各步骤半成品和最后步骤的产成品。各生产步骤都需要计算所产半成品成本。半成品成本随半成品实物的转移而结转，直至最后生产步骤计算出完工产品成本。这种方法一般适用于连续加工式生产。

平行结转分步法。在计算各步骤成本时，只计算本步骤发生的各项生产费用以及这些费用中应计入产成品成本的"份额"，平行地计入最终完工的产成品成本中。这种方法虽然各步骤所生产的半成品实物按一定方式继续加工生产，但其半成品成本并不随成本计算步骤结转，各步骤可以同时平行地进行成本计算。

以上各种产品成本计算方法的总结如表1-6所示。

表1-6

产品成本计算的方法

产品成本计算方法	生产特点	生产工艺过程和成本管理要求	成本计算期	成本计算对象	适用企业
品种法	大量大批简单生产或大量大批装配式多步骤生产	管理上不要求分步也不要求分批计算产品成本	每月末定期计算成本	产品品种	发电、采掘、化肥、水泥、供水、面粉、砖瓦、食糖等
分批法	单件小批单步骤生产或单件小批多步骤生产	管理上不要求分步但要求分批计算产品成本	完工月份计算成本，不定期	产品批别或订单、件别	船舶、重型机械、专用设备、试制新产品、服装、家具、修理作业、塑料制品等
分步法	大量大批连续式多步骤生产	管理上要求分步计算产品成本	每月末定期计算成本	各步骤的半成品和产成品	冶金、纺织、汽车、自行车、造纸、化工、钢铁生产等

2. 产品成本计算的其他方法

在实际工作中，除上述三种产品成本计算的基本方法外，还有为了解决某一个特定问题而产生的其他成本计算方法，也称成本计算的辅助方法。

（1）分类法。在产品品种、规格繁多的企业,先按照一定的分类标准对产品进行分类,然后按照类别归集生产费用和计算产品成本。分类法的成本计算对象是产品的类别,它需要运用品种法等基本方法的原理计算出各类产品的实际总成本,再求得类内各种品种产品的实际总成本和单位成本。这种方法适用于产品品种及规格繁多,且可以按照一定标准将产品划分为若干类别的企业或车间。如电子元件、针织、服装、糖果等行业。

（2）定额法。在定额管理基础工作比较好的企业,可以将成本核算和成本控制结合起来,采用定额法计算产品成本。定额法将符合定额的费用和脱离定额的差异分别核算,以完工产品的定额成本为基础,加上或减去脱离定额差异以及定额变动差异来计算产品的实际成本。这种方法一般适用于产品已经定型、产品品种比较稳定、各项定额比较完整准确、原始记录比较健全的大量大批生产企业。

分类法和定额法不是一种独立的成本计算方法,而是计算产品成本的辅助方法。必须与品种法、分批法、分步法等基本方法结合使用。因为它们各有其优点,所以也是重要的成本计算方法。

在工业企业中,应根据生产特点和成本管理要求选择适当的成本计算方法。但不论采用何种成本计算方法,最终必须按产品品种计算出产品成本,这是产品成本计算最起码的要求。因此,品种法是产品成本计算方法中最基本的方法。

 引导案例分析

（1）引导案例中,要根据任涛玩具厂生产产品的类型采用合适的成本计算方法,产品的定价必须在算出相关玩具的成本后确定,售价必须比成本高,高出多少,要看市场上有没有同类产品,如果有,和同类产品差不多,否则,可以自行定价。要根据企业的实际需要设置或者修订成本核算制度,关键是做好原始资料的收集整理工作。

（2）根据引导案例资料分析,啤酒的生产属于大量大批连续加工式多步骤生产,可以采用分步法计算啤酒生产成本。但是如果啤酒公司不要求提供半成品成本资料,也可以采用品种法进行成本核算。

 认知实习

组织学生到工业企业实地调查,深入生产车间了解企业的基本情况和生产流程,分析企业生产的工艺特点、组织特点以及成本计算的管理要求。要求学生设计企业成本核算的基本流程,制定企业成本核算的具体方法。每个学生提交图文并茂的调查报告。

费用在各种产品之间
进行归集和分配

 **学习目标**

知识目标：掌握材料费用的归集与分配；掌握职工薪酬费用的归集与分配；掌握折旧和其他费用的归集和分配；掌握辅助生产费用的归集和分配；掌握制造费用的归集和分配；熟悉生产损失的归集和分配。

技能目标：能熟练运用合理方法对每项费用在各种产品之间进行归集和分配。

引导案例

康园食品厂生产奶油面包和牛油面包两种产品,2019 年 9 月生产车间和管理部门发生的相关费用如下：生产奶油面包领用奶油 10 000 元,生产牛油面包领用牛油 12 000 元,生产两种产品共同领用面粉 20 000 元；人工费用中：工人的工资 10 000 元,车间管理人员工资 8 000 元；固定资产折旧费：车间设备折旧 8 000 元,厂部设备折旧 5 000 元；水电费中：车间消耗 3 200 元,厂部消耗 1 200 元；利息费用 5 000 元。同学们思考：这些费用在会计中应如何核算？哪些应计入成本项目？哪些不应计入成本项目？应计入成本项目的各项费用是直接计入还是间接计入呢？

任务一　材料费用的归集和分配

 任务描述

(1) 熟悉材料发出的核算。
(2) 掌握材料费用的归集。

（3）掌握材料费用的分配。

 相关知识

一、材料费用的归集和分配

材料是生产过程中的劳动对象,是产品生产中必不可少的物质要素。制造企业生产过程中消耗的各种材料,包括原料及主要材料、辅助材料、燃料、修理用备件及外购半成品等,按其来源,有外购的,还有自行加工、委托加工和投资者投入等。但不论材料的来源渠道怎样,其材料费用核算的方法均相同。

进行材料费用的核算,首先要进行材料发出的核算,其次根据发出材料的具体用途,分配材料费用。

（一）材料发出的核算

在企业,材料发出是根据领料单、限额领料单和领料登记表等发料凭证进行的。物资管理部门和会计部门要对发料凭证所列材料的种类、数量和用途等进行审核,检查所领材料的种类和用途是否符合规定,数量有无超过定额或计划。只有经过审核、签章的发料凭证才能据以发料,并作为发料核算的原始凭证,为了加强对材料费用的控制和核算、节约材料费用,应实行限额领料制度,采用限额领料单。有关领料单、限额领料单、领料登记表如表2-1至表2-3所示。

表2-1

领 料 单

领料部门：　　　　用途：　　　日期：　　　发料仓库：

材料编号	材料类别	名称	规格	计量单位	数　　　量		成　　　本	
					请领	实发	单位	金额

发料人：　　　　　　领料人：　　　　　领料单位负责人：　　　　　　　　主管：

表2-2

限额领料单
年　　月

领料部门：
材料名称：　　　　　发料仓库：
计划产量：　　　　　单位消耗定额：　　　编号：

材料编号	材料名称	规　格	计量单位	单价	领用限额	全月实用	
						数量	金额

领料日期	请领数量	领料人签章	发料人签章	

（续表）

材料编号	材料名称	规　　格	计量单位	单价	领用限额	全 月 实 用	
						数量	金额
合　　计							

供应部门负责人：　　　　　　生产部门负责人：　　　　　　仓库管理员：

表2-3

领料登记表
年　月　日

材料类别：　　　　　　　　　　　　　　　　　　　　　　领料单位：
材料编号：　　　　　　　　　　　　　　　　　　　　　　发料仓库：
材料名称规格：　　　　　　　　　　　　　　　　　　　　计量单位：

日　期	领 用 数 量		发料人	领料人	备　注
	当　日	累　计			
材料单价		合计金额			

生产所剩的材料，应该编制退料单，据以退回仓库。对于车间已领未用，下月需要继续耗用的材料，为了简化核算工作，可以采用"假退料"办法，即实物不动，只是填制一张本月的退料单，表示该项余料已经退库，同时编制一张下月份的领料单，表示该项余料又作为下月份的领料出库。

为进行材料收入、发出和结存的明细核算，企业应按照材料的品种、规格设立明细账。根据收发凭证登记收发材料的数量和金额，以及期初结存材料的数量和金额，计算登记期末结存材料的数量和金额。

材料收入、发出和结存的核算，可以按照材料的实际成本进行，也可以按照材料的计划成本进行。

1. 按实际成本计价的材料发出的核算

在按实际成本计价进行材料日常核算的情况下，材料的总账和明细账均按实际成本登记。登记时，可以根据收、发料凭证在平时直接登记；但为了简化登记总账的工作，一般都是月末根据全部发料凭证汇总编制发料凭证汇总表，然后根据发料凭证汇总表合计登记总账。发出材料的金额，可按先进先出法、加权平均法、移动加权平均法、个别计价法等方法计算登记。各种按实际成本计价发出材料的方法可参阅《企业财务会计》，在此不再赘述。

现举例发出材料凭证汇总表如表2-4所示。

表 2-4

发料凭证汇总表

产品：圆钢　　　　　　　　　　　　2019 年 8 月 31 日　　　　　　　　　　　单位：元

应 借 科 目	应贷科目：原材料——生铁			合 计
	1～10 日	11～20 日	21～30 日	
生产成本——基本生产成本	16 000	22 000	20 000	58 000
生产成本——辅助生产成本	4 466	7 000	5 400	16 866
制造费用	780	1 020	1 000	2 800
管理费用	300	500	400	1 200
合　　　计	21 546	30 520	26 800	78 866

会计主管：李好　　　　　　复核人：曾丽　　　　　　制表：周英

借：生产成本——基本生产成本——圆钢——直接材料　　　　58 000

　　　　　　　——辅助生产成本——圆钢——直接材料　　　　16 866

　　制造费用——材料费　　　　2 800

　　管理费用——材料费　　　　1 200

　　贷：原材料——生铁　　　　78 866

2. 按计划成本计价的材料发出的核算

在按计划成本进行核算的情况下，材料的收发凭证都按企业预先确定的材料计划单位成本计价，材料的总账和明细账根据材料的收发凭证按计划成本登记，月末根据计算求得的材料成本差异，将发出材料的计划成本调整为实际成本。

材料按计划成本核算，除了设置"原材料"等账户用来核算材料收发结存的计划成本外，还应设置"材料采购"和"材料成本差异"总账，用来核算原材料的采购成本和实际成本与计划成本的差异。"材料采购"和"材料成本差异"账户应按材料种类等设置明细账户进行明细核算。

"材料采购"账户的借方登记购入材料的采购成本，贷方登记验收入库材料的计划成本。"材料成本差异"账户借方登记材料实际成本大于计划成本的超支差异以及结转发出材料应负担的节约差异；贷方登记实际成本小于计划成本的节约差异，以及结转发出材料应负担的超支差异；借方余额为结存材料的成本超支额，贷方余额为结存材料的成本节约额。

为了调整发出材料的成本差异，计算发出材料的实际成本，还应根据"原材料"等材料账户登记的月初结存材料和本月收入材料的成本差异，计算成本差异率。其计算公式为：

发出材料实际成本＝发出材料计划成本＋发出材料应分配的差异额

发出材料应分配的差异额＝发出材料计划成本×材料成本差异率

$$材料成本差异率＝\frac{月初结存材料成本差异＋本月收入材料成本差异额}{月初结存材料计划成本＋本月收入材料计划成本}×100\%$$

上述各计算公式中的材料成本差异,是材料实际成本减去计划成本的差额。差额为正,为超支额,在公式中以正数计算;差额为负,为节约额,在公式中以负数计算。相应地,材料成本差异也有正负之分。

【例 2-1】 建宁制造厂原材料石材按计划成本核算。2019 年 9 月月初石材的计划成本为 8 000 元,实际成本为 8 200 元。本月购入石材的计划成本为 40 000 元,实际成本为 38 600元。本月发出石材的计划成本为 36 000 元。请计算发出石材的实际成本。

月初结存材料成本差异额=月初结存材料的实际成本-月初结存材料的计划成本
$$=8\ 200-8\ 000=200(元)(超支额)$$

本月购入材料成本差异额=本月购入材料的实际成本-本月购入材料的计划成本
$$=38\ 600-40\ 000=-1\ 400(元)(节约额)$$

材料成本差异率 $=\dfrac{200+(-1\ 400)}{8\ 000+40\ 000}\times 100\%=-2.5\%$

本月发出材料应负担的差异额 $=36\ 000\times(-2.5\%)=-900(元)$

本月发出材料的实际成本 $=36\ 000-900=35\ 100(元)$

(二)材料费用的归集

企业根据全部领料凭证(如有退料,应根据退料单抵减领料数)汇总编制"材料费用(发出)汇总表"(见表 2-4)归集材料费用。

(三)材料费用的分配

企业某一时期所耗用的材料费用的分配,应按照材料的具体用途进行。将其中用于产品生产的材料费用,计入各种产品相关的成本项目;将用于辅助生产、产品销售以及组织和管理生产经营活动等方面的各种材料费用,分别计入"生产成本——辅助生产成本"、"制造费用"、"销售费用"和"管理费用"有关成本项目或费用项目;将用于建造固定资产的材料费用,计入"在建工程",等等。

生产产品领用的原材料,如果是直接为生产某种产品发生的,应根据领料凭证直接计入该产品成本;如果是为生产多种产品共同发生的,就需要分配计入各成本计算对象。直接材料费用在选择分配方法时,要遵循合理、简便的原则。一般可以选用重量(体积、产量、产值)进行分配,也可以按产品的材料定额消耗量的比例或材料定额费用的比例进行分配。

1. 重量分配法

重量分配法是以各种产品的重量为标准来分配材料费用的方法。如果企业生产的几种产品共同耗用同一种材料,而耗用量的多少又与产品重量有直接关系,可采用重量分配法。与重量分配法类似的还有产品产量分配法、产品体积分配法等。重量分配法的计算公式如下:

费用分配率=各种产品共同耗用的直接材料费用÷各种产品的重量之和

【例 2-2】 建宁制造厂 2019 年 9 月生产 RH-1、RH-2、RH-3 三种零件共同耗用原材料石材 12 000 元。本月三种产品的重量分别为 7 000 千克、2 000 千克、1 000 千克。按重量分配法编制的"原材料费用分配表"如表 2-5 所示。

表2－5

原材料费用分配表

2019年8月31日

产　品　名　称	产品重量(千克)	分配率(元/千克)	分配金额(元)
RH－1零件	7 000	1.20	8 400
RH－2零件	2 000	1.20	2 400
RH－3零件	1 000	1.20	1 200
合　　计	10 000		12 000

制表:李英

2. 定额消耗量比例分配法

定额消耗量比例分配法是按照产品的材料定额消耗量比例分配材料费用的方法。定额消耗量是指一定数量产品按照消耗定额计算的可以消耗的数量。其计算公式为:

某种产品的材料定额消耗量＝该种产品的实际产量×单位产品的材料定额

$$材料消耗量分配率＝\frac{材料实际消耗量总额}{各种产品的原材料定额消耗量之和}$$

某产品应分配的材料数量＝该种产品的材料定额消耗量×材料消耗量分配率

某产品应分配的材料费用＝该种产品应分配的材料数量×材料单价

上述分配计算的程序是:先按材料定额消耗量分配计算各种产品的材料实际消耗量,再乘以材料的单价,计算出各种产品的实际材料费用。这样分配的好处是,可以考核材料消耗定额的执行情况,有利于进行材料消耗的实物管理,但不足之处是分配计算的工作量大。

【例2－3】　飞龙工厂2019年8月生产HT－1、HT－2两种零件,材料生铁采用实际成本进行核算。发货凭证汇总情况为:HT－1零件直接耗用材料生铁30 000元,HT－2零件直接耗用材料生铁20 000元,两种零件共同耗用材料8 000元,按定额消耗量分摊;辅助车间供气耗用材料7 914元,修理车间耗用8 952元,基本生产车间耗用材料生铁2 800元,行政管理部门耗用材料生铁1 200元。HT－1、HT－2两种零件该月投产分别为120个和100个,共同耗用的材料生铁HT－1零件单位消耗定额50千克,HT－2零件单位消耗定额40千克。成本会计曾英根据上述资料编制"材料费用分配表"如表2－6所示。成本会计:曾英。

根据"材料费用分配表"编制会计分录:

借:生产成本——基本生产成本——HT－1零件——直接材料　　　　34 800

　　　　　　　　　　　　　——HT－2零件——直接材料　　　　23 200

　　　　　　——辅助生产成本——供气车间——直接材料　　　　7 914

　　　　　　　　　　　　　——修理车间——直接材料　　　　8 952

| | | | | | | | 2 800 |
制造费用——基本生产车间——材料费　　　　　　　　　　　　2 800
管理费用——材料费　　　　　　　　　　　　　　　　　　　1 200
　　贷：原材料——生铁　　　　　　　　　　　　　　　　　78 866

表 2-6

材料费用分配表

2019 年 8 月 31 日

分配对象		成本费用项目	产量(台)	共同消耗材料				直接材料	合计
应借科目		成本费用项目	产量(台)	单位消耗定额(千克)	定额消耗(千克)	分配率	分配金额	直接材料	合计
生产成本	基本生产成本 HT-1零件	直接材料	120	50	6 000		4 800	30 000	34 800
	HT-2零件	直接材料	100	40	4 000		3 200	20 000	23 200
	小 计				10 000	0.80	8 000	50 000	58 000
	辅助生产成本 供 气	直接材料						7 914	7 914
	修 理	直接材料						8 952	8 952
	制造费用	材料费						2 800	2 800
管理费用		材料费						1 200	1 200
合 计							8 000	70 866	78 866

制表:曾英

3. 材料定额费用比例法

材料定额费用比例法是以产品材料定额成本为标准分配材料费用的一种方法。材料费用定额和材料定额费用,就是材料消耗定额和材料定额消耗量的货币表现。其计算公式为:

某种产品某种材料定额费用＝该种产品实际产量×单位产品消耗该种材料费用定额

＝该种产品的实际产量×单位产品消耗该种材料定额数量×该种材料计划单价

$$材料费用分配率＝\frac{各种原材料实际费用总额}{各种产品原材料定额费用之和}$$

某种产品应负担的材料费用＝该种产品材料定额费用之和×材料费用分配率

【例2-4】 飞龙工厂 2019 年 8 月生产轴承、齿轮两种产品,共同领用无缝管(R10)和无缝管(R12)两种材料,合计 13 002 元。8 月生产轴承 50 件,生产齿轮 60 件。轴承材料消耗定额:无缝管(R10)9 根,无缝管(R12)6 根;齿轮材料消耗定额:无缝管

(R10)5根,无缝管(R12)4根。无缝管(R10)单价10元,无缝管(R12)单价8元。计算分配如下:

轴承材料定额费用:

$$无缝管(R10)定额费用=50×9×10=4\,500(元)$$

$$无缝管(R12)定额费用=50×6×8=2\,400(元)$$

轴承材料定额费用合计6 900元。

齿轮材料定额费用:

$$无缝管(R10)定额费用=60×5×10=3\,000(元)$$

$$无缝管(R12)定额费用=60×4×8=1\,920(元)$$

齿轮材料定额费用合计4 920元。

$$材料费用分配率=\frac{13\,002}{6\,900+4\,920}=1.1$$

$$轴承应分配的材料费用=6\,900×1.1=7\,590(元)$$

$$齿轮应分配的材料费用=4\,920×1.1=5\,412(元)$$

(四) 编制材料费用分配表

材料费用的分配,应编制材料费用分配表,它包括材料费用分配明细表和材料费用分配汇总表。材料费用分配明细表是按车间、部门分别编制的。根据材料费用分配明细表,可以登记有关产品成本计算单和有关的费用明细账。

材料费用分配明细表,可以按实际成本或计划成本编制,视企业材料日常核算采用实际成本还是计划成本而定。在采用计划成本计价情况下,表中要分设"计划成本"和"成本差异"两栏,"计划成本"栏根据领料凭证上的计划成本加总填入,然后根据本月各类材料成本差异率分别计算应负担的差异数填入"成本差异"栏。根据材料费用分配明细表可以汇总编制材料费用分配汇总表。此表可与发料汇总表相核对,也可以代替发料汇总表作为记账依据。但应当注意的是,有关材料费用分配的会计分录,只能根据这种凭证中的一种凭证编制。根据何种凭证编制,必须在企业会计制度中明确规定,以免重编或漏编会计分录。

二、燃料费用的归集和分配

燃料实质上也是材料,因而燃料费用分配的程序和方法与上面介绍的原材料分配的程序和方法相同。

如果燃料费用在产品成本中所占比重较大,也可以与动力费用一起专门设立"燃料和动力"成本项目,同时应增设"燃料"会计科目,将燃料费用进行单独核算。直接用于产品生产的燃料,如果是分产品领用,应根据领料凭证直接计入各个产品成本的"燃料和动力"成本项目;如果不是分产品领用,而是几种产品共同耗用的,应采用适当的分配方法,分配计入各有关产品成本的这一成本项目。分配标准一般可按燃料的定额消耗量或定额费用,以及重量、体积、所耗原材料的数量或费用等。

直接用于产品生产的燃料费用、直接用于辅助生产的燃料费用、用于生产车间一般消耗的燃料费用应分别计入"生产成本——基本生产成本""生产成本——辅助生产成本""制造费用"账户;专用于销售机构耗用的燃料费用,以及组织和管理生产经营活动的燃料费用,应分别计入"销售费用"和"管理费用"等账户的借方。已领用的燃料费用总额,应计入"燃料"账户的贷方。

【例 2-5】 飞龙工厂 2019 年 8 月生产轴承、齿轮两种产品所耗燃料动力费用较多,在成本项目中设置"燃料和动力"项目。直接用于轴承、齿轮两种产品生产的燃料费用共 2 847 元,供气车间领用燃料 860 元,修理车间领用燃料 620 元,车间一般消耗燃料 1 100 元,管理部门耗用燃料 543 元。本月轴承、齿轮两种产品分别投产 120 台和 100 台,单位定额费用分别是 19 元和 21 元。采用定额费用比例法分配。

$$轴承燃料定额费用 = 120 \times 19 = 2\,280(元)$$

$$齿轮燃料定额费用 = 100 \times 21 = 2\,100(元)$$

$$燃料费用分配率 = \frac{2\,847}{2\,280 + 2\,100} = 0.65$$

$$轴承燃料费用 = 2\,280 \times 0.65 = 1\,482(元)$$

$$齿轮燃料费用 = 2\,100 \times 0.65 = 1\,365(元)$$

根据有关凭证和上述计算,编制燃料费用分配表(见表 2-7)。

表 2-7

燃料费用分配表

2019 年 8 月 31 日

应借科目		成本费用项目	直接计入	分 配 计 入			合 计
				定额燃料费用	分配率	分配金额	
生产成本	基本生产成本	轴承	燃料和动力		2 280		1 482	1 482
		齿轮	燃料和动力		2 100		1 365	1 365
		小计			4 380	0.65	2 847	2 847
	辅助生产成本	供气	燃料和动力	860				860
		修理	燃料和动力	620				620
制造费用			燃料和动力	1 100				1 100
管理费用			燃料费	543				543
合 计				3 123			2 847	5 970

制表:曾英

三、外购动力费用的归集和分配

（一）外购动力费用的归集

动力可分为自制与外购两种，自制部分是通过辅助生产组织核算，在此不涉及。外购动力一般是根据电表等计量仪器所显示的计量数为准，按一定的计价标准计算确定消耗的动力费用。计算工作是由动力供应单位定期从电表上抄录用户所耗用的动力数量，计价后，开列账单向耗用企业收取费用。因此，企业是将账单上的数额作为外购动力费用支出。

由于外购动力费用支付款项的时间与企业计算费用、成本的时间不一致，支付日所计入的动力费用并不完全是当月动力费用，而是上月付款日到本月付款日的动力费用。若要正确地计算当月动力费用，不仅要计算、扣除上月付款日到上月末的已付动力费用，而且还要分配、补记当月付款日到当月末的应付未付动力费用，核算工作量太大。因此，支付外购动力费用时一般都通过"应付账款"账户核算，即在付款时先作为暂付款处理，借记"应付账款"账户，贷记"银行存款"账户，月末按照外购动力的用途分配费用时再借记各成本、费用账户，贷记"应付账款"账户，冲销原来计入"应付账款"账户借方的暂付款。"应付账款"账户借方所记本月所付动力费用与贷方所记本月应付动力费用往往不相等。如果是借方余额，为本月支付款大于应付款的多付动力费用，可以抵冲下月应付费用；如果是贷方余额，为本月应付款大于支付款的应付未付动力费用，可以在下月支付但如果每月支付动力费用的日期基本固定，而且每月付款日到月末的应付动力费用相差不多，在这种情况下，也可以不通过"应付账款"账户核算，而将每月支付的动力费用作为应付动力费用，在付款时直接借记各有关成本、费用科目，贷记"银行存款"账户。

（二）外购动力费用的分配

外购动力费用的分配通过编制外购动力费用分配表进行。直接用于产品生产，作为生产工艺用电，设有"燃料及动力"成本项目的动力费用，应单独计入"生产成本"总账账户和所属有关的产品成本明细账的借方；直接用于辅助生产的动力费用、用于基本生产和辅助生产但未专设成本项目的动力费用、用于组织和管理生产经营活动的动力费用，则应分别计入"生产成本""制造费用"和"管理费用"总账账户和所属明细账的借方。外购动力费用总额应根据有关转账凭证或付款凭证计入"应付账款"或"银行存款"账户的贷方。

外购动力费用的分配，在有仪表记录的情况下，应根据仪表所示耗用动力的数量以及动力的单价计算；在没有仪表的情况下，可按生产工时比例、机器工时比例、定额耗电量比例分配。分配的方法一般是根据各种产品或各个车间耗用动力数量及耗用动力单位成本计算分配。其分配公式为：

$$耗用动力单位成本 = \frac{某种动力成本月份总额}{该种动力月份耗用总量}$$

$$\begin{array}{l}某成本计算对象 \\ 应分配的动力成本\end{array} = \begin{array}{l}该该成本计算对 \\ 象耗用动力数量\end{array} \times 耗用动力单位成本$$

【例 2－6】　飞龙工厂 2019 年 8 月共用电 18 150 度，共发生电费 16 335 元。其中基本生产车间生产产品用电9 400度,基本生产车间照明用电1 900度,供气车间用电2 750度,修理车间用电1 200度,企业管理部门用电2 400度,销售部门用电400度,福利部门用电100度。该企业采用生产工时比例分配法分配动力费用。基本生产车间生产RH-1、RH-2两种产品,本月两种产品的生产工时分别为4 000工时和2 000工时。

在实际工作中,动力费用分配是通过编制外购动力费用分配表进行的,如表2-8所示。

表2-8

外购动力费用分配表

2019 年 8 月 31 日

应借科目		成本或费用项目	分配费用		电力费用分配	
			生产工时（小时）	分配金额分配率（1.41）	用电度数	分配金额分配率（0.90）
基本生产成本	RH-1	燃料和动力	4 000	5 640		5 640
	RH-2	燃料和动力	2 000	2 820		2 820
	小　计		6 000	8 460	9 400	8 460
辅助生产成本	供气车间	燃料和动力			2 750	2 475
	修理车间	燃料和动力			1 200	1 080
制造费用		水电费			1 900	1 710
管理费用		水电费			2 500	2 250
销售费用		水电费			400	360
合　计					18 150	16 335

制表:曾英

$$电费分配率 = \frac{16\ 335}{18\ 150} = 0.90(元/小时)$$

$$基本生产成本电费分配率 = \frac{8\ 460}{4\ 000 + 2\ 000} = 1.41(元/小时)$$

RH-1产品负担电费 = 4 000 × 1.41 = 5 640

RH-2产品负担电费 = 2 000 × 1.41 = 2 820

根据上列"外购动力费用分配表"编制会计分录如下:

借:生产成本——基本生产成本——RH-1——燃料和动力　　　　　5 640
　　　　　　　　　　　　　——RH-2——燃料和动力　　　　　2 820
　　　　——辅助生产成本——供气车间——燃料和动力　　　　　2 475
　　　　　　　　　　　——修理车间——燃料和动力　　　　　1 080
　　制造费用——燃料和动力　　　　　1 710
　　管理费用——水电费　　　　　2 250
　　销售费用——水电费　　　　　360
　　贷:应付账款——电力局　　　　　16 335

任务二　职工薪酬费用的归集和分配

任务描述

（1）了解工资总额的组成。

（2）掌握工资的计算。

（3）掌握工资费用的归集、分配、核算。

相关知识

一、职工薪酬费用的归集

（一）工资总额的组成

工资总额是指企业在一定时期内直接支付给职工的劳动报酬。我国对工资总额的组成内容作了统一规定，明确划分了工资性质的支出和非工资性质的支出，企业必须按照规定的工资总额的组成内容组织工资核算。

按照1990年1月国家统计局的规定，工资总额由下列8个部分组成：

（1）计时工资、计件工资、资金、津贴和补贴、加班加点工资、特殊情况下支付的工资；

（2）职工福利，职工福利是指企业为职工提供的福利，如为补助职工食堂、生活困难等从成本费用中提取的金额；

（3）社会保险费；

（4）住房公积金；

（5）工会经费和职工教育经费；

（6）非货币性福利；

（7）辞退福利；

（8）股利支付。

（二）工资费用的原始记录

工资费用核算的原始记录，主要有考勤记录、产量记录和工时记录等。为了正确地计算应付给每一职工的工资，各单位应根据本单位生产经营管理工作及工资制度的具体要求，建立健全各项工资计算的原始记录，保证各项工资计算原始记录正确、真实、完整。

（1）工资卡片。工资卡片是反映职工到职、离职、内部调动、职务变动、工资标准等级变动、各种津贴等基本情况的一种卡片。工资卡片由劳动人事部门按人设置，并分部门进行保管。财务部门应根据劳动人事部门职工调入、调出的通知，起发、停发职工工资，并根据工资卡片和其他有关各项记录核定每位职工的工资标准。

（2）考勤记录。考勤记录是反映职工出勤情况的原始记录，是计算职工工资、分析考核职工出勤和工作情况的依据。考勤记录一般可采取考勤簿或考勤卡的方式。月末，考勤人员应将经过有关负责人检查、签章以后的考勤记录送交会计部门审核。经过审核的考勤记录，即可据以计算每一职工的工资。

（3）产量工时记录。产量工时记录是记录职工或生产小组在出勤时间内完成产品的数量、质量和生产产品所用工时数量的原始记录。它不仅是统计产品产量和工时、计算计件工资的原始依据，而且也是监督生产作业计划和工时定额完成情况、考核劳动生产率的重要依据。会计部门应对产量记录进行审核，经过审核的产量记录即可作为计算计件工资的依据。

工资费用的核算，除了依据上述考勤记录、产量和工时记录以外，还需填制一些其他凭证，例如，各种奖金和津贴发放的通知单、代扣款项通知单、废品通知单等，这些原始记录应在月终结算工资之前送交财会部门，以便在工资结算时一并加以考虑。

（三）工资的计算

工资的计算，包括应付工资、实发工资等的计算。计算的基本方法是：

$$应付职工薪酬＝计时工资＋计件工资＋加班加点工资＋奖金＋津贴和补贴$$
$$＋特殊情况下支付的工资$$

$$实发工资＝应付职工薪酬－各种扣款合计$$

在计算工资时，应分别按每个职工和工资项目计算。

1. 计时工资的计算

计时工资的计算，是根据考勤记录登记的每个职工出勤或缺勤天数，按照规定的工资标准计算的。计时工资的计算方法有两种：月薪制和日薪制。

（1）月薪制。月薪制是指按全勤月标准工资扣除缺勤工资来计算应付职工薪酬的一种方法，即减法计算。企业固定职工的计时工资一般按月薪计算。计算公式是：

$$应付某职工计时工资＝月标准工资－应扣缺勤工资$$

$$或计时工资＝月标准工资－（事假天数×日标准工资＋病假天数$$
$$×日标准工资×病假扣款比例）$$

如果全月出满勤，则不论当月实际天数多少，均可得到全月标准工资；如果有缺勤，则必须扣除缺勤天数乘以日工资率计算的缺勤扣款。日工资率，是根据职工月标准工资除以每月天数来计算的。由于年内各月日历天数不尽相同，为简化日工资率的计算，在实际工作中可按下列两种方法之一计算：

第一种方法是每月固定按 30 天平均计算。以某职工的月标准工资除以 30 日，即可计算求得该职工的日工资率。在这种方法下，由于日工资没有扣除节假日，因而出勤期间的节假日，也应与出勤日一样计算发放工资；病事假等缺勤期间的节假日，也应与缺勤日一样扣发工资。

第二种方法是按月平均工作天数计算。即每月固定按年日历日数 365 日减去 104 个双休日（注：虽然每年有 11 天的法定节假日，但国家规定其放假期间照发工资）后除以 12，计算出月平均工作天数为 21.75 天，再以某职工月标准工资除以 21.75 天即可求得该职工的日工资率。在此方法下，由于日工资率的计算已扣除了双休日，故而出勤期间双休日不计算工资，缺勤期间双休日也不扣工资。

计算缺勤应扣工资时，应区别不同情况，按照国家有关规定执行。如对事假和旷工缺勤，按 100% 的比例扣发工资；因工负伤、探亲假、婚丧假、女工产假等缺勤期间应按 100% 全部照发工资；对病假或非因工负伤缺勤，应根据劳保条例的规定,按病假期限和其本人工龄长短扣发一定比例的工资。

【例2-7】 长宁机械厂职工李兵,月标准工资为2 820元。8月31天,其中有8个法定休息日。该职工本月请事假2天,婚假3天,病假4天(包括一个星期六)。其病假工资的扣发比例为20%。按月薪制计算计时工资。

日工资率按30天计算:

日工资率=2 820÷30=94(元/日)

应付计时月工资=2 820-(2×94+4×94×20%)=2 556.80(元)

日工资率按21.75天计算:

日工资率=2 820÷21.75=129.66(元/日)

应付计时月工资=2 820-(2×129.66+3×129.66×20%)=2 482.88(元)

(2) 日薪制。日薪制是按照职工实际出勤天数和标准工资来计算应付计时工资的方法。即加法计算。一般企业的临时职工的计时工资大多按日薪制计算。计算公式是:

应付某职工计时工资=月出勤日数×日工资率+应发缺勤工资

或应付计时工资=月出勤天数×日标准工资+病假天数

×日标准工资×(1-病假扣款比例)

【例2-8】 仍以上例为例,日薪制下计时工资和其他工资(婚假3天视同出勤)的计算方法。

日工资率按30天计算:

应付计时工资=(31-2-4)×94+4×94×80%=2 650.80(元)

日工资率按21.75天计算:

应付计时工资=[31-8-2-(4-1)]×129.66+(4-1)×129.66×80%

=2 645.06(元)

综上所述,由于计时工资的计算有两种方法,而日工资率的计算也有两种方法,故综合起来产生了计算应付计时工资的四种具体方法:第一,按30日计算日工资率,按缺勤日数扣月标准工资;第二,按30日计算日工资率,按出勤日数计算月工资;第三,按21.75天计算日工资率,按缺勤天数扣月标准工资;第四,按21.75天计算日工资率,按出勤天数计算应付职工薪酬。四种方法计算同一职工同一月份的计时工资结果一般不相同,因此,单位可自行选择其中一种方法计算计时工资,一旦确定,不应任意变动。

2. 计件工资的计算

计件工资按照计算对象的不同,可分为个人计件工资和集体计件工资两种。

(1) 个人计件工资的计算。职工的计件工资,应根据产量工时记录中登记的每一职工的产品产量(包括合格品数量和料废数量),乘以规定的计件单价计算。工人本人过失造成的工废产品,不计算支付工资,有的还应由责任人赔偿损失。由于同一工人在月份内可能从事计件单价不同的各种产品的生产,因而计件工资的计算公式是:

$$应付计件工资 = \sum (月内该职工每种产品产量 \times 该种产品的计件单价)$$

式中产品的计件单价是根据职工生产单位产品所需要的工时定额和该级工人的小时工资率计算求得的。

【例 2 - 9】 湘华五金厂加工车间工人李兴 2019 年 8 月加工轴承 500 个,计件单价 0.80 元;加工齿轮 400 个,计件单价 1.20 元。经检验轴承料废 5 个,工废 10 个;齿轮料废 2 个,工废 6 个。其余均为合格品,轴承合格品 485 个,齿轮合格品 392 个。

$$应付李兴计件工资 = (485 + 5) \times 0.80 + (392 + 2) \times 1.20 = 864.80(元)$$

(2) 集体计件工资的计算。按生产小组等集体计件工资的计算方法与个人计件工资计算方法相同。不同之处在于在计算出集体计件工资总额后,还要将集体计件工资在小组内部各成员之间按贡献大小进行分配。由于职工的级别或工资标准一般体现该职工劳动的质量和技术水平,工作时间一般体现劳动数量,因而小组内部一般按每人的工资标准和工作日数的乘积为分配标准进行分配。

其计算可分为三步进行:第一步,先按班组当月完成的合格品产量、料废品数量和计件单价计算出小组应得计件工资总额(其计算方法与个人计件工资的计算相同);第二步,以小组每人小时工资率与实际工时计算的工资额之和为分配标准,计算计件工资分配率;第三步,按计件工资分配率,将小组计件工资总额在小组各成员之间进行分配。计算公式如下:

$$计件工资分配率 = \frac{小组应得计件工资总额}{按小组每小时工资率与实际工时计算的工资额之和}$$

$$某工人应得工资 = 该工人小时工资率与实际工时计算的工资额 \times 计件工资分配率$$

【例 2 - 10】 星城电机厂第三生产小组 4 个工人共同完成某项加工任务,2019 年 8 月共得计件工资 3 689 元,其工资标准和实际工作时间见表中资料。计算该小组的个人应得计件工资如表 2 - 9 所示。

表 2 - 9

小组计件工资分配表

2019 年 8 月 31 日　　　　　　　　　　　　　金额单位:元

姓名	小时工资率	实际工作小时	按小时工资率与实际工时计算的工资	计件工资分配率	应得计件工资
李红	7.00	105	735	1.40	1 029
陈明	6.00	115	650	1.40	966
毛伟	5.00	130	650	1.40	910
文华	4.00	140	560	1.40	784
合计		490	2 635		3 689

制表:黄英

3. 奖金、津贴和补贴以及加班加点工资的计算

奖金分为单项奖和综合奖两种。单项奖按规定的奖励条件和奖金标准及有关原始记

录计算;综合奖由班组、车间或部门评定分配。各种津贴和补贴应根据国家规定的享受范围和标准进行计算。加班加点工资,应依据加班天数和加点时数,以及职工个人的日工资率和小时工资率及国家有关计算加班加点工资的规定计算。

通过上述计算,将求出的应付计时工资、其他工资、应付计件工资、奖金、津贴和补贴及加班加点工资加总起来,就是每月应付职工的工资总额。

4. 工资实发金额的计算

企业实际发给职工的工资数额,不一定是应付职工工资的全部,有些必须由职工个人负担的费用,需要由企业代扣代缴。如企业为职工个人代垫的水电费,由企业代扣代缴的个人所得税等,这时企业处于一种代理人的身份。这些由企业代扣、由职工负担的支出,应从职工应得的工资中扣除。各种代扣款项应根据有关部门转来的"扣款通知单"计算。应付职工的工资总额减去各种代扣款项就是实发工资。

【例 2 - 11】　以[例 2 - 7]资料为例,长宁机械厂 2019 年 8 月李兵的应付计时月工资为 2 556.80 元(日工资率按 30 天计算)。他应享受的物价津贴为 50 元,夜班津贴 68 元,综合奖金 220 元;代扣公积金 164 元。

李兵的应付职工薪酬=2 556.80+50+68+220=2 894.80(元)

李兵的工资实发金额=2 894.80-0-164=2 730.80(元)

(四)工资费用的归集

会计部门应该根据计算的每个职工工资,按车间、部门分别编制工资结算单,单中按照职工类别和姓名分行填列应付每一职工的各种工资、代发款项(如代发交通补贴、冷饮费等)、代扣款项(如代扣住房公积金、养老保险金、失业保险金、医疗保险金、工会费、个人所得税等)和应发金额,作为与职工进行工资结算的依据。

为了掌握整个企业工资结算和支付情况,还应根据各车间、部门的工资计算单等资料编制全厂工资结算单(也称工资结算汇总表),同时据以编制工资费用分配表。在工资结算单中,应付职工薪酬的金额即为归集的应分配计入成本、费用的工资费用。

现列示飞龙工厂 2019 年 8 月的工资结算汇总表见表 2 - 10。

表 2 - 10

工资结算汇总表

2019 年 8 月 31 日　　　　　　　　　　　　　　　　　金额单位:元

车间、部门		应付职工薪酬						代 扣 数 额						实发工资
		基础工资	加班工资	奖金	津贴补贴	缺勤扣款	合计	养老金	公积金	医疗保险	失业保险	个人所得税*	合计	
基本生产	生产工人	35 800		2 200	1 100	40	39 060	2 344	1 953	781	391	121	5 590	33 470
	管理人员	4 200		649	278		5 127	308	256	103	51		718	4 409

（续表）

车间、部门		应付职工薪酬						代 扣 数 额						实发工资
		基础工资	加班工资	奖金	津贴补贴	缺勤扣款	合计	养老金	公积金	医疗保险	失业保险	个人所得税*	合计	
辅助生产	供气车间	4 130		691	257	18	5 060	304	253	101	51		709	4 351
	修理车间	3 240	210	430	240		4 120	247	206	82	41		576	3 544
管理人员		5 600		673	286		6 559	393	328	131	66	141	1 059	5 500
销售人员		3 710		407	184		4 301	258	215	86	43		602	3 699
福利部门		1 100		191	83		1 374	82	69	27	14		192	1 182
合计		5 770	210	5 241	2 428	58	65 601	3 280	3 280	1 311	657	262	9 446	56 155

*：假定表中个人所得税按原税法计算。   制表：曾英

在表 2-10 中，8 月份应付职工薪酬总额 65 601 元，即为归集的 8 月份应分配的工资费用总额。

二、职工薪酬费用的分配

工资费用的大部分应计入产品成本和经营管理费用，但并不是所有的工资总额都计入费用、成本，如生活福利部门人员的工资、在建工程施工人员工资，这些工资费用有其特殊的列支渠道。具体情况如下：基本生产车间产品生产工人的工资，记入"生产成本——基本生产成本"账户借方及所属明细账的"直接人工"成本项目；基本生产车间管理人员的工资，记入"制造费用"账户借方；辅助车间工人、管理人员的工资，如企业分设"生产成本——辅助生产成本"和"制造费用——辅助生产车间"账户核算的，分别计入上述账户借方。如企业辅助生产费用均在"生产成本——辅助生产成本"账户核算，则将辅助车间的工资费用均记入"生产成本——辅助生产成本"账户借方。行政管理人员的工资及长期病假人员的工资，记入"管理费用"账户借方；专职销售人员的工资，记入"销售费用"账户借方；从事基本建设工程的人员工资，记入"在建工程"账户借方；生活福利部门人员的工资，记入"管理费用"借方。已分配的工资总额，应记入"应付职工薪酬"账户的贷方。

如果有未参加劳动保险社会统筹的职工，其离退休工资仍由企业发放，但他们的工资不属于工资总额的范围，不应通过"应付职工薪酬"账户核算，在发放时直接借记"管理费用"账户，贷记"库存现金"或"银行存款"账户。

在分配基本生产车间工人的工资费用时，其计件工资属于直接计入费用，只需直接计入该产品的成本明细账的"直接人工"成本项目；计时工资、奖金、津贴要视情况而定，月份内如果生产加工一种产品，仍可作为直接费用计入所生产产品的成本，如果生产多种产品，则属于间接费用在产品之间进行分配。

如果取得各产品的实际生产工时数据比较困难,而各种产品的单件工时定额比较准确,也可以按产品的定额工时比例分配工资费用。

【例2-12】 表2-10所示基本生产工人应付职工薪酬39 060元属轴承、齿轮产品共同发生的工资费用,按规定,依据产品的生产工时标准进行分配。轴承、齿轮两种产品的生产工时分别是4 000工时和2 000工时。则分配计算如下:

$$间接计入工资费用分配率 = \frac{39\,060}{4\,000 + 2\,000} = 6.51(元/小时)$$

$$轴承间接计入工资费用 = 4\,000 \times 6.51 = 26\,040(元)$$

$$齿轮间接计入工资费用 = 2\,000 \times 6.51 = 13\,020(元)$$

工资费用的分配,应通过编制"工资费用分配表"进行。该表是根据工资结算单或工资结算汇总表进行的。现列示根据表2-10编制的工资费用分配表,见表2-11。

表2-11

工资费用分配表

2019年8月31日　　　　　　　　　　　　　　　　金额单位:元

分配对象			直接计入	工资			工资费用
应借科目		成本费用项目		生产工时	分配率	分配金额	合计
生产成本	基本生产成本	轴承 直接人工		4 000		26 040	26 040
		齿轮 直接人工		2 000		13 020	13 020
		小计		6 000	6.51	39 060	39 060
	制造费用 人工费		5 127				5 127
生产成本	辅助生产成本	供气车间 直接人工	5 060				5 060
		修理车间 直接人工	4 120				4 120
	管理费用 人工费		7 933				7 933
	销售费用 人工费		4 301				4 301
合计			26 541				65 601

制表:曾英

根据上列工资费用分配表,应编制如下工资分配的会计分录:

借:生产成本——基本生产成本——轴承——直接人工　　　　26 040
　　　　　　　　　　　　——齿轮——直接人工　　　　13 020
　　生产成本——辅助生产成本——供气车间——直接人工　　5 060
　　　　　　　　　　　　——修理车间——直接人工　　　4 120
　　制造费用——人工费　　　　　　　　　　　　　　　5 127
　　管理费用——人工费　　　　　　　　　　　　　　　7 933
　　销售费用——人工费　　　　　　　　　　　　　　　4 301
　　贷:应付职工薪酬——工资　　　　　　　　　　　　65 601

三、计提职工福利费的核算

企业除了支付每一职工资以外,还应按工资总额的规定比例(具体比例由企业自主确定)计算、提取职工福利费,作为职工的医药费、职工困难补助、职工医疗室医务费及其他生活福利部门的经费等。计算公式为:

本月应计提职工福利费=本月应付职工薪酬总额×14%(假定计提比例为14%)

计提职工福利费时,应与工资费用核算同步,即工资费用计入什么成本、费用账户,职工福利费也计入该账户。例如,基本生产工人工资计入“生产成本——基本生产成本”账户借方及其明细账户的“直接人工”成本项目,那么按生产工人工资的14%提取的职工福利费也计入“生产成本——基本生产成本”账户借方及其明细账的“直接人工”项目。

现根据表2-11编制飞龙工厂职工福利费计算分配表,见表2-12。

表2-12

福利费用计算分配表

2019 年 8 月 31 日

应借科目	成本或费用项目		工资总额	应提取福利费
生产成本 ——基本生产成本	轴承	直接人工	26 040	3 645.60
	齿轮	直接人工	13 020	1 822.80
	小计		39 060	5 468.40
制造费用	人工费		527	717.78
生产成本 ——辅助生产成本	供气车间——直接人工		5 060	708.40
	修理车间——直接人工		4 120	576.80
	小计		9 180	1 285.20
管理费用	人工费		7 933	1 110.62
销售费用	人工费		4 301	602.14
合计			65 601	9 184.14

制表:曾英

上表中,管理部门提取福利费的工资总额7 933 元,是行政管理部门工资6 559 元与福利部门工资1 374 元之和。企业应根据上述职工福利费计算分配表,编制如下会计分录:

```
借:生产成本——基本生产成本——轴承——直接人工          3 645.60
                          ——齿轮——直接人工          1 822.80
     生产成本——辅助生产成本——供气车间——直接人工        708.40
                              ——修理车间——直接人工        576.80
     制造费用——人工费                                717.78
     管理费用——人工费                              1 110.62
     销售费用——人工费                                602.14
         贷:应付职工薪酬——福利费                            9 184.14
```

任务三 折旧和其他费用的归集和分配

任务描述

（1）掌握折旧费用的归集与分配。
（2）掌握利息等其他费用的归集与分配。

相关知识

一、折旧费用的归集和分配

企业的固定资产在长期的使用过程中，会不断发生损耗，其价值会随着固定资产的损耗而逐渐减少，减少的那部分价值就是固定资产折旧。固定资产的折旧应该在固定资产的有效使用年限内进行分摊，形成折旧费用，分别计入各期的产品成本和管理费用等。固定资产折旧的归集和分配是通过编制"固定资产折旧计算表"进行的。

进行折旧费用的核算，先要计算折旧，然后要分配折旧费用。

（一）折旧的计算

计算折旧，首先要确定每一会计期间的折旧额。这就需要确定计提折旧的范围以及采用适当的折旧计算方法。

1. 应计提折旧的固定资产

房屋和建筑物；在用的机器设备、仪器仪表、运输工具、工具器具；季节性停用、大修理停用的固定资产；融资租入和以经营租赁方式租出的固定资产；已达到预定可使用状态的固定资产，如果尚未办理竣工决算的，应按估计价值暂估入账，并计提折旧，待办理竣工决算手续后，再按照实际价值调整原来的暂估价值，不再调整原已计提的折旧额。

按现行企业会计制度规定：企业一般按月提取折旧，当月增加的固定资产，当月不计提折旧，从下月起计提折旧；当月减少的固定资产，当月照提折旧，从下月起不提折旧。固定资产提足折旧后，不管其能否继续使用，均不再计提折旧；提前报废的固定资产，也不管其折旧是否提足，均不再补提折旧。

2. 不应提折旧的固定资产

以经营租赁方式租入的固定资产；已提足折旧继续使用的固定资产；按规定单独估价作为固定资产入账的土地。

3. 计提折旧的方法

一般企业固定资产折旧的计算方法主要是平均年限法；对于大型单台设备，也可采用工作量法。在某些行业，报经备案后可采用双倍余额递减法或年数总和法。采用不同方法计算的各期折旧费用是不同的，因而直接影响企业某期的成本、费用水平。企业应注意选择适当的折旧计算方法。某项固定资产的折旧方法一经确定，不得随意变更。各种折旧方法的具体内容，可参阅《企业财务会计》中的相关内容，本书不再赘述。

（二）折旧费用的分配

一种产品的生产往往需要使用多种机器设备，而每一种机器设备又可能生产多种产品。因此,机器设备的折旧费用虽然是直接用于产品生产的费用,但将其直接计入所生产的产品成本的分配工作比较复杂。为了简化产品成本的计算工作,没有设立"折旧费用"成本项目,将生产产品用机器设备的折旧费和间接用于产品生产的车间房屋等其他固定资产折旧费用,一起作为制造费用的一个费用项目。就是说,折旧费用应按固定资产使用的车间、部门分别记入"制造费用""生产成本——辅助生产成本"和"管理费用"等总账科目的借方。折旧总额应记入"累计折旧"账户的贷方。

当固定资产折旧的变化不很频繁,为减轻折旧计算的工作量,企业各车间、部门每月计提的折旧额可根据下述公式计算。

$$\text{本月应提折旧额} = \text{上月提取折旧额} + \text{上月增加固定资产应增加折旧额} - \text{上月减少固定资产应减少折旧额}$$

月末,会计部门应根据计算的结果,编制"折旧费用分配表",据以进行折旧的账务处理。现列示飞龙工厂 2019 年 8 月"折旧费用分配表"如表 2-13 所示。

表 2-13

固定资产折旧费用分配表

2019 年 8 月 31 日　　　　　　　　　　　　　　　　　　　　　　单位:元

车间、部门		2019 年 6 月固定资产折旧额	2019 年 7 月份增加固定资产折旧额	2019 年 8 月减少固定资产折旧额	2019 年 8 月固定资产折旧额
基本生产车间		7 240	560	240	7 800
辅助生产	供气车间	2 180	70	250	2 250
	修理车间	1 260	260	430	1 520
	小　计	3 440	330	680	3 770
管理部门		2 050		160	2 050
销售部门		410	230		640
合　计		13 140	1 120	1 080	14 260

制表:曾英

借:制造费用——折旧费　　　　　　　　　　　　　　　　　　　　　　8 040
　　生产成本——辅助生产成本——供气车间——折旧费　　　　　　　　2 500
　　　　　　　　　　　　　　　——修理车间——折旧费　　　　　　　1 950
　　管理费用——折旧费　　　　　　　　　　　　　　　　　　　　　　2 210
　　销售费用——折旧费　　　　　　　　　　　　　　　　　　　　　　640
　　贷:累计折旧　　　　　　　　　　　　　　　　　　　　　　　　　　15 340

二、其他费用的归集和分配

(一)利息费用的核算

利息费用不是产品成本的组成部分,而是财务费用的一个费用项目。

利息费用一般按季结算支付。为了正确划分各个月份的费用界限,季内各月应付的利息费用,应按利息费用的季度分月计算,或者当月应付数额,按月进行预提;季末实际支付时冲减应付利息。实际支付费用与应付利息的差额,调整计入季末月份的财务费用。

【例 2 - 13】　长沙骏业公司短期借款利息采用按月预提、季末支付的办法。2019 年第三季度按计划每月预提 1 500 元,9 月份该企业从银行存款中支付全季度利息费共4 500 元。

则企业于 2019 年 7 月、8 月末,编制预提利息会计分录如下:

借:财务费用——利息　　　　　　　　　　　　　　　　　　　　　　　1 500
　　贷:应付利息　　　　　　　　　　　　　　　　　　　　　　　　　　　　1 500

2019 年 9 月份,预提及支付全季度利息企业应编制会计分录:

借:财务费用——利息　　　　　　　　　　　　　　　　　　　　　　　1 500
　　贷:银行存款　　　　　　　　　　　　　　　　　　　　　　　　　　　　1 500
借:应付利息　　　　　　　　　　　　　　　　　　　　　　　　　　　　3 000
　　贷:银行存款　　　　　　　　　　　　　　　　　　　　　　　　　　　　3 000

利息费用如果数额不大,为了简化核算工作,也可以在季末实际支付时全部计入当月的财务费用。如上例不采用预提的办法,季末实际支付时应作如下分录:

借:财务费用——利息　　　　　　　　　　　　　　　　　　　　　　　4 500
　　贷:银行存款　　　　　　　　　　　　　　　　　　　　　　　　　　　　4 500

(二)税金的核算

企业费用要素中的税金,也不是产品成本的组成部分,而是管理费用的组成部分,如房产税、车船使用税、土地使用税和印花税等。

上述税金中,印花税是企业通过直接交纳现金购买印花税票的,故不存在与税务机关结算问题,所以印花税在支付款项购买税票时作账务处理,借记"管理费用"总账科目和所属明细账"税金"费用项目,贷记"库存现金"或"银行存款"账户,不通过"应交税费"账户。

房产税、车船使用税、土地使用税需要预先计算应交金额,然后交纳,因此存在与税务机关结算问题,所以应该通过"应交税费"总账账户及按税种设立的明细账户核算。企业计算出本期应交纳的房产税等税金时,借记"管理费用"账户和所属的明细账"税金"费用项目,贷记"应交税费"账户;交纳这些税金时,借记"应交税费"账户,贷记"银行存款"账户。

(三)低值易耗品的摊销

低值易耗品是指使用期限不满一年或单位价值不足规定标准,不能作为固定资产核算的各种物品。主要有通用工具、专用工具、替换设备、管理用具、劳保用品和其他用品等。

低值易耗品的日常核算,是通过设置"低值易耗品"账户进行总分类核算的,按照低值易耗品的类别、品种、规格进行明细核算。该账户借方登记购入和其他原因增加的低值易耗品,贷方登记售出、废弃或其他原因减少的低值易耗品,余额表示低值易耗品的实有数。

在领用低值易耗品时,根据价值的高低采用不同的价值摊销方法。低值易耗品的价值摊销方法主要有一次摊销法、分期摊销法和五五摊销法。在领用的低值易耗品单位价值低、领用数量少的情况下,一般采用一次摊销法;在领用的低值易耗品单位价值较高或单位价值虽低但领用数量较大的情况下,采用分期摊销法;介于两者之间的低值易耗品采用五五摊销法。

(1)采用一次摊销法时,领用的低值易耗品成本一次计入当月成本费用,借记"制造费用"或"管理费用"等账户,贷记"周转材料——低值易耗品"账户。

在低值易耗品报废时,应将报废的残料价值或变价收入作为当月低值易耗品摊销的减少,冲减有关的成本、费用,借记"原材料"等账户,贷记"制造费用"或"管理费用"等账户。

(2)采用五五摊销法时,低值易耗品在领用时摊销一半的价值,在报废时再摊销另一半价值。在这种摊销方法下,为了核算在用低值易耗品的价值和低值易耗品的摊余价值,应在"周转材料——低值易耗品"账户下,设置"在用""在库""摊销"三个二级科目。在领用低值易耗品时,应按其全部价值,借记"周转材料——低值易耗品——在用"账户,贷记"周转材料——低值易耗品——在库"账户;同时,按其价值的 50% 进行摊销,借记"制造费用"或"管理费用"等账户,贷记"周转材料——低值易耗品——摊销"账户。在报废低值易耗品时,应按收回残料的价值借记"原材料"等账户,按报废低值易耗品价值的 50% 减去残料的价值借记"制造费用"或"管理费用"等账户,按报废低值易耗品价值的 50%,贷记"周转材料——低值易耗品——摊销"账户;同时注销报废低值易耗品的价值和累计的摊销额,借记"周转材料——低值易耗品——摊销"账户,贷记"周转材料——低值易耗品——在用"账户。

【例 2 - 14】 新强环保公司 2019 年 8 月份领用办公桌 5 张,每张价值 200 元,采用五五摊销法。

领用时。

借:周转材料——低值易耗品——办公桌——在用　　　　　　　　　　　　1 000
　　贷:周转材料——低值易耗品——办公桌——在库　　　　　　　　　　　　1 000

同时摊销一半价值:

借:管理费用——低值易耗品摊销　　　　　　　　　　　　　　　　　　　　500
　　贷:周转材料——低值易耗品——办公桌——摊销　　　　　　　　　　　　500

报废时,摊销剩余价值,同时残料收入 100 元收到现金。

借:库存现金　　　　　　　　　　　　　　　　　　　　　　　　　　　　　100
　　管理费用——低值易耗品摊销　　　　　　　　　　　　　　　　　　　　400
　　贷:周转材料——低值易耗品——办公桌——摊销　　　　　　　　　　　　500

同时,注销低值易耗品明细账,分录如下:

借:周转材料——低值易耗品——办公桌——摊销　　　　　　　　　　　　1 000
　　贷:周转材料——低值易耗品——办公桌——在用　　　　　　　　　　　　1 000

在采用计划成本计价的情况下,低值易耗品摊销采用五五摊销法摊销成本时,领用时不分摊成本差异,在低值易耗品报废时,再按计划成本全额扣除残值后的余额分摊成本差异。

（四）其他费用的核算

企业各种费用要素中的其他费用,是指除了前面所述各要素以外的费用,包括邮电费、租赁费、印刷费、图书资料报刊办公用的订购费、试验检验费、排污费、差旅费、劳动保险费、业务招待费、职工技术培训费等。这些费用有的是产品成本的组成部分,有的则不是。这些费用发生时,根据有关的凭证,按照发生的车间、部门和用途进行归类,分别记入"制造费用""生产成本——辅助生产成本""管理费用""其他业务成本"等账户。

【例 2 – 15】 飞龙工厂 2019 年 8 月根据付款凭证将其他费用汇总,如表 2 – 14 所示。

表 2 – 14

其他费用汇总表

2019 年 8 月 31 日

应　借　科　目			金　额
总账科目	明细科目	成本或费用项目	
制造费用		办公费	532.75
生产成本——辅助生产成本	供气车间	办公费	192.60
	修理车间	办公费	251.20
		小　计	443.80
管理费用		办公费	1 000
		差旅费	1 000
		税　金	2 600
		小　计	4 600
销售费用		办公费	1 400
合　计			6 976.55

制表:曾英

根据上表,编制分录如下:

借:制造费用——办公费 532.75
　　生产成本——辅助生产成本——供气车间——办公费 192.60
　　　　　　　　——修理车间——办公费 251.20
　　管理费用——办公费 1 000
　　　　——差旅费 1 000
　　　　——税金 2 600
　　销售费用——办公费 1 400
　贷:银行存款 6 976.55

任务四　辅助生产费用的归集和分配

 **任务描述**

（1）熟悉辅助生产费用的归集。

（2）掌握辅助生产费用分配的五种方法。

 相关知识

一、辅助生产费用的归集

工业企业的辅助生产，是指为基本生产车间、企业行政管理部门等单位服务而进行的产品生产和劳务供应。其中有的只生产一种产品或提供一种劳务，如供电、供水、供气、运输等辅助生产；有的则生产多种产品或提供多种劳务，如从事工具、模具、修理用备件的制造以及机器设备的修理等辅助生产。辅助生产提供的产品和劳务，有时也对外销售，但不是辅助生产的主要任务。辅助生产的主要任务是为企业内部的生产和管理服务。

辅助生产产品和劳务成本的高低，对于企业产品成本的水平有着较大的影响；同时，也只有在辅助生产产品和劳务成本确定以后，才能计算企业的产品成本。因此，正确及时地组织辅助生产费用的归集和分配，对于节约费用，降低成本，以及正确及时地计算企业产品成本具有十分重要的意义。

辅助生产费用的归集和分配，是通过"生产成本——辅助生产成本"账户进行的。该账户与"生产成本——基本生产成本"账户一样，应按生产车间及其生产的产品、劳务的种类进行明细核算。一般情况下，辅助生产车间发生的直接费用，如直接材料、直接人工等，直接记入"生产成本——辅助生产成本"账户的借方。发生的制造费用，如折旧费、修理费等一般先通过"制造费用——××辅助生产车间"账户借方归集，月末再从"制造费用——××辅助生产车间"账户的贷方转入"生产成本——辅助生产成本"账户的借方。

如果企业的辅助生产车间规模较小，发生的制造费用不多，也不对外销售产品或提供劳务，为了简化核算工作，制造费用可以直接记入"生产成本——辅助生产成本"账户及其明细账的借方，不必单独设置"制造费用"账户归集和分配。本书采用该种方式核算辅助生产费用。

根据前述飞龙工厂的2019年8月发生的经济业务归集分配的费用（见表2-6、表2-7、表2-8、表2-10、表2-11、表2-12、表2-13、表2-14所示）登记入账。辅助生产明细账如表2-15、表2-16所示。

表2-15

辅助生产明细账

车间名称：供气

2019年 月	日	摘　要	直接材料	直接人工	燃料和动力	折旧费	报纸杂志费	办公费	合　计
8	31	原材料费用分配表	7 914						7 914
	31	燃料费用分配表			860				860

（续表）

2019 年		摘　要	直接材料	直接人工	燃料和动力	折旧费	报纸杂志费	办公费	合　计
月	日								
	31	工资费用分配表		5 060					5 060
	31	计提福利费分配表		708.40					708.40
	31	外购动力分配表			2 475				2 475
	31	固定资产折旧计算表				2 250			2 250
	31	其他费用汇总表						192.60	192.60
	31	本月合计	7 914	5 768.40	3 335	2 250		192.60	19 460
	31	分配费用	7 914	5 768.40	3 335	2 250		192.60	19 460

注：□表示框内数字为红字，就是分配费用时转出。

表 2-16

辅助生产明细账

车间名称：修理

2014 年		摘要	直接材料	直接人工	燃料和动力	折旧费	报纸杂志费	办公费	合　计
月	日								
1	31	原材料费用分配表	8 952						8 952
	31	燃料费用分配表			620				620
	31	工资费用分配表		4 120					4 120
	31	计提福利费分配表		576.80					576.80
	31	外购动力分配表			1 080				1 080
	31	固定资产折旧计算表				1 520			1 520
	31	其他费用汇总表						251.20	251.20
	31	本月合计	8 952	4 696.80	1 700	1 520		251.20	17 120
	31	分配费用	8 952	4 696.80	1 700	1 520		251.20	17 120

注：□表示框内数字为红字。

二、辅助生产费用的分配

企业发生的辅助生产费用，归集在"生产成本——辅助生产成本"账户及其明细账的借方，待月末再进行分配。由于辅助生产车间所生产的产品和劳务的种类不同，费用转出、分配的程序也不一样。辅助生产车间生产的工具、模具和修理用备件等产品的生产成本,应在产品完工入库时,从"生产成本——辅助生产成本"账户贷方分别转入"原材料"等账户的借方;辅助生产车间提供的水、电、气、修理和运输等所发生的费用要在各受益单位之间按照标准所耗用数量或其他比例进行分配,从"生产成本——辅助生产成本"账户贷方转入"生产成本——基本生产成本""制造费用""管理费用""销售费用"等账户的借方。

辅助生产车间主要是为基本生产车间和企业行政管理部门提供服务的。但在某些辅助生产车间也有相互提供产品和劳务的情况,如供气车间为修理车间提供蒸气动力,机修车间为供气车间修理设备。这样要计算供气成本就要确定修理成本;为了计算修理成本,就要计算确定供气成本。因此,辅助生产车间之间相互制约,互为条件,交互分配费用就成了辅助生产费用核算与成本计算的一个重要特点。

分配辅助生产费用时,应根据不同的情况,采用不同的方法。辅助生产费用的分配方法主要有:直接分配法、交互分配法、计划成本分配法、代数分配法和顺序分配法。

（一）直接分配法

直接分配法是不考虑各辅助生产车间之间相互提供劳务或产品的情况,而是将各辅助生产费用直接分配给辅助生产车间以外的各受益单位。其基本计算公式为:

$$某辅助生产车间费用分配率 = \frac{该辅助生产车间归集的费用总额}{该辅助车间对外提供劳务数量之和}$$

$$\begin{array}{c}某辅助生产车间对外 \\ 提供劳务数量之和\end{array} = \begin{array}{c}该辅助生产车间 \\ 提供劳务总量\end{array} - \begin{array}{c}对其他辅助生产车间 \\ 提供的劳务量\end{array}$$

$$\begin{array}{c}某辅助生产车间以外的 \\ 受益部门应分配费用\end{array} = \begin{array}{c}该部门受益 \\ 劳务数量\end{array} \times 分配率$$

【例 2-16】飞龙工厂设有供气、修理两个辅助生产车间,根据表 2-15、表 2-16,2019 年 8 月,供气车间待分配的费用为 19 460 元,修理车间待分配的费用 17 120 元。其供应的对象和数量如表 2-17 所示。

表 2-17

供应对象和数量

2019 年 8 月 31 日

受益车间、部门			供气车间（吨）	修理车间（小时）
耗用劳动量	供气车间			300
	修理车间		1 500	
	基本生产车间	轴　承	6 000	
		齿　轮	4 500	
	基本生产车间一般耗用		1 125	1 450
	企业管理部门		1 875	500
	合　　计		15 000	2 250

制表:曾英

根据表 2-17 资料,按照直接分配法编制的辅助生产费用分配表如表 2-18 所示。

表 2-18

辅助生产费用分配表

（直接分配法）

2019 年 8 月 31 日　　　　　　　　　　　单位:元

辅助生产车间名称			供气车间	修理车间	合　计
待分配费用			19 460	17 120	36 580
对外供应劳务数量			13 500	1 950	
费用分配率			1.44	8.78	
基本生产车间	轴承	耗用数量	6 000		
		分配金额	8 640		8 640
	齿轮	耗用数量	4 500		
		分配金额	6 480		6 480
制造费用		耗用数量	1 125	1 450	
		分配金额	1 620	12 731	14 351
企业管理部门		耗用数量	1 875	500	
		分配金额	2 720	4 389	7 109
合　计			19 460	17 120	26 580

制表:曾英

表 2-18 中:

供气车间费用分配率＝19 460/13 500＝1.44(元/吨)

修理车间费用分配率＝17 120/1 950＝8.78(元/小时)

根据上述分配表编制如下会计分录:

借:生产成本——基本生产成本——轴承——辅助生产费用　　　8 640

　　　　　　　　　　　——齿轮——辅助生产费用　　　6 480

　　制造费用——辅助生产费用　　　14 351

　　管理费用——辅助生产费用　　　7 109

　　　贷:生产成本——辅助生产成本——供气车间——直接材料　　　7 914

　　　　　　　　　　　　　　——直接人工　　　5 768.40

　　　　　　　　　　　　　　——燃料和动力　　　3 335

　　　　　　　　　　　　　　——折旧费　　　2 250

　　　　　　　　　　　　　　——办公费　　　192.60

　　　　　　　　　——修理车间——直接材料　　　8 952

　　　　　　　　　　　　　　——直接人工　　　4 696.80

　　　　　　　　　　　　　　——燃料和动力　　　1 700

　　　　　　　　　　　　　　——折旧费　　　1 520

　　　　　　　　　　　　　　——办公费　　　251.20

登记入账,见辅助生产明细账表 2-15、表 2-16。

采用直接分配法,各辅助生产车间的费用只对辅助生产车间以外的受益单位分配一次,计算工作较简单。但是这种方法是假设辅助生产车间生产的产品或劳务全部为基本生产车间和管理等部门所耗用的,当辅助生产车间相互提供产品或劳务量差异较大时,分配结果不够正确。因此,这种方法一般适宜在辅助生产内部相互提供劳务不多、不进行费用的交互分配对辅助生产成本和企业产品成本影响不大的情况下采用。

（二）交互分配法

交互分配法是将辅助生产费用的分配分两次进行。首先,只有各辅助生产车间之间进行一次交互分配费用;然后,将各辅助生产车间交互分配后的实际费用(即交互分配前的费用加上交互分配转入的费用,减去交互分配转出的费用),再按劳务耗用量,在辅助生产车间以外的其他受益单位之间进行分配。

在这种分配方法下,分配分两次进行,第一次交互分配,是在各辅助生产车间之间,根据相互提供的劳务交互分配,计算公式如下:

$$\text{某辅助生产费用交互分配率(单位成本)} = \frac{\text{该辅助生产车间待分配费用总额}}{\text{该辅助生产车间提供的劳务总量}}$$

$$\text{某辅助生产车间分配给其他辅助车间的费用} = \text{该辅助生产车间耗用劳务数量} \times \text{交互分配单位成本}$$

第二次对外分配,首先计算各辅助车间的实际费用,计算公式如下:

$$\text{辅助生产车间实际费用} = \text{该辅助生产车间待分配费用总额} + \text{其他辅助生产车间交互分配转入费用} - \text{该辅助车间交互分配转出费用}$$

然后将实际费用在辅助生产车间以外的受益部门分配:计算公式如下:

$$\text{对外分配率} = \frac{\text{该辅助生产车间实际费用}}{\text{该辅助生产车间对外提供的劳务总量}}$$

$$\text{辅助生产车间以外的受益单位应负担的辅助生产费用} = \text{该受益单位耗用劳务量} \times \text{该辅助生产车间对外分配率}$$

【例2-17】 根据[例2-16]的资料,交互分配法的辅助生产费用分配表如表2-19所示。

表2-19

辅助生产费用分配表

（交互分配法）

2019 年 8 月 31 日 单位:元

项 目	交互分配			对外分配		
辅助生产车间名称	供气	修理	合计	供气	修理	合计
待分配费用	19 460	17 120	36 580	19 796.72	16 783.28	36 580
供应劳务数量	15 000	2 250		13 500	1 950	
费用分配率	1.297 3	7.608 9		1.466 4	8.606 8	

（续表）

项　目			交互分配		对外分配	
辅助车间	供气	耗用数量		300		
		分配金额		2 282.67	2 340	
	修理	耗用数量	1 500			
		分配金额	1 945.95		1 971	
	分配金额小计		1 945.95	2 282.67	4 311	
产品生产	轴承	耗用数量			6 000	
		分配金额			8 798.40	8 798.40
	齿轮	耗用数量			4 500	
		分配金额			6 598.80	6 598.80
	一般耗用	耗用数量			1 125	1 450
		分配金额			1 649.70	12 479.86	14 129.56
	分配金额小计				17 046.90	12 479.86	29 526.76
企业管理部门		耗用数量			1 875	500
		分配金额			2 749.82	4 303.42	7 053.24
分配金额合计					19 776.72	16 783.28	36 580

制表：曾英

表 2-19 中：

供气车间对内分配率＝19 460/15 000＝1.297 3

修理车间对内分配率＝17 120/2 250＝7.608 9

供气车间对外分配的待分配费用＝19 460＋2 282.67－1 945.95＝19 796.72(元)

修理车间对外分配的待分配费用＝17 120＋1 945.95－2 282.67＝16 783.28(元)

供气车间对外分配率＝19 796.72/(15 000－1 500)＝1.466 4

修理车间对外分配率＝16 783.28/(2 250－300)＝8.606 8

根据上述分配表编制会计分录。

(1) 交互分配。

借：生产成本——辅助生产成本——供气车间——辅助生产费用　　　　2 282.67

　　　　　　　　　　　　——修理车间——辅助生产费用　　　　1 945.95

　　贷：生产成本——辅助生产成本——供气车间——辅助生产费用　　　　1 945.95

　　　　　　　　　　　　——修理车间——辅助生产费用　　　　2 282.67

(2) 对外分配。

借：生产成本——基本生产成本——轴承——辅助生产费用　　　　8 798.40

　　　　　　　　　　　　——齿轮——辅助生产费用　　　　6 598.86

　　制造费用——辅助生产费用　　　　14 129.56

　　管理费用——辅助生产费用　　　　7 053.24

　　贷：生产成本——辅助生产成本——供气车间——辅助生产费用　　　　19 796.72

　　　　　　　　　　　　——修理车间——辅助生产费用　　　　16 783.28

　　从上述举例可以看出,交互分配法的特点是克服了直接分配法在辅助生产车间之间不分配费用的缺点,由于辅助生产内部相互提供劳务全都进行交互分配,因而提高了分配结果的正确性,但由于各种辅助生产费用都要计算两个费用分配率,进行两次分配,特别是在辅助生产车间较多的情况下,计算分配的工作量就更大。因此,这种方法一般适宜在企业的辅助生产车间不多的情况下采用。

　　(三)计划成本分配法

　　计划成本分配法是指分配辅助生产车间发生的费用时,先按劳务或产品的实际耗用量和事先确定的计划单位成本分配给各车间、部门(包括受益的其他辅助生产车间),之后再调整辅助生产车间实际发生的费用与按计划单位成本分配的费用的差额。所形成的差额也就是辅助生产车间的成本差异,从理论上讲可以追加分配给辅助生产车间以外的各受益单位,但为简化核算工作,一般全部计入“管理费用”账户。如果是超支差异,应增加管理费用;如果是节约差异,则冲减管理费用。辅助生产车间实际发生的费用的计算公式如下:

$$\begin{array}{l}辅助生产车间\\实际发生的费用\end{array} = \begin{array}{l}该辅助生产车\\间归集的费用\end{array} + \begin{array}{l}其他辅助车间分配\\转来的计划成本\end{array}$$

　　【例 2 - 18】　以［例 2 - 16］的资料为例,编制“辅助生产费用分配表”,如表 2 - 20 所示。

表 2 - 20

辅助生产费用分配表

(计划成本分配法)

2019 年 8 月 31 日

单位:元

辅助生产车间名称			供　气	修　理	合　计
待分配费用			19 460	17 120	36 580
供应劳务数量			15 000	2 250	
计划单位成本			1.40	9	
辅助车间	供　气	耗用数量		300	
		分配金额		2 700	2 700
	修　理	耗用数量	1 500		
		分配金额	2 100		2 100
产品生产	轴　承	耗用数量	6 000		
		分配金额	8 400		8 400
	齿　轮	耗用数量	4 500		
		分配金额	6 300		6 300
	一般耗用	耗用数量	1 125	1 450	
		分配金额	1 575	13 050	14 625

（续表）

辅助生产车间名称		供　气	修　理	合　计
企业管理部门	耗用数量	1 875	500	
	分配金额	2 625	4 500	7 125
按计划成本分配金额合计		21 000	20 250	41 250
辅助生产实际成本		22 160	19 220	41 380
辅助生产成本差异		+1 160	−1 030	130

制表:曾英

表 2-20 中:

$$供气车间的实际成本 = 19\ 460 + 2\ 700 = 22\ 160(元)$$
$$供气车间的成本差异 = 22\ 160 - 21\ 000 = 1\ 160(元)(超支)$$
$$修理车间的实际成本 = 17\ 120 + 2\ 100 = 19\ 220(元)$$
$$修理车间的成本差异 = 19\ 220 - 20\ 250 = 1\ 030(元)(节约)$$

根据上述分配表编制会计分录如下:
（1）借:生产成本——辅助生产成本——供气车间——辅助生产费用　　2 700
　　　　　　　　　　　　　　　　——修理车间——辅助生产费用　　2 100
　　　　　　　　——基本生产成本——轴承——辅助生产费用　　8 400
　　　　　　　　　　　　　　　——齿轮——辅助生产费用　　6 300
　　　　制造费用——辅助生产费用　　14 625
　　　　管理费用——辅助生产费用　　7 125
　　　　贷:生产成本——辅助生产成本——供气车间——辅助生产费用　　21 000
　　　　　　　　　　　　　　　——修理车间——辅助生产费用　　20 250
（2）借:管理费用——辅助生产费用　　1 30
　　　　贷:生产成本——辅助生产成本——供气车间——辅助生产费用　　1 160
　　　　　　　　　　　　　　　——修理车间——辅助生产费用　　1 030

采用计划成本分配法,各种辅助生产费用也只分配一次,而且劳务的计划单位成本是早已确定的,不必单独计算费用分配率,因而简化和加速了分配的计算工作。由于辅助生产的成本差异全部计入管理费用,各受益单位所负担的劳务费用都不包括辅助生产成本差异的因素,因而不便于考核和分析各受益单位的成本,不利于分清内部各单位的经济责任。这种方法适合于辅助生产劳务的计划单位成本比较准确的情况下采用。

（四）代数分配法

代数分配法是根据解联立方程的原理,先计算辅助生产劳务的单位成本,然后再根据各受益单位（包括辅助生产内部和外部各单位）耗用的数量和单位成本分配辅助生产费用。

【例 2-19】 以[例 2-16]的资料为例。

假设 x = 每吨气的成本
　　　y = 每工时修理费的成本

设立二元一次方程组如下：

$$\begin{cases} 19\,460 + 300y = 15\,000x & (1) \\ 17\,120 + 1\,500x = 2\,250y & (2) \end{cases}$$

将(1)式移项得：

$$300y = 15\,000x - 1\,946$$
$$y = 50x - 64.87$$

将 y 代入(2)式：

$$x = 1.469\,2$$

将 x 代入(1)式：

$$y = 8.583\,3$$

根据上述计算结果,编制"辅助生产费用分配表"如表 2 - 21 所示。

表 2 - 21

辅助生产费用分配表
（代数分配法）
2019 年 8 月 31 日

单位:元

辅助生产车间名称			供 气	修 理	合 计
待分配费用			19 460	17 120	36 580
供应劳务数量			15 000	2 250	
计划单位成本			1.469 2	8.588 3	
辅助车间	供气车间	耗用数量		300	
		分配金额		2 576.49	2 576.49
	修理车间	耗用数量	1 500		
		分配金额	2 003.80		2 003.80
产品生产	轴　承	耗用数量	6 000		
		分配金额	8 815.20		8 815.20
	齿　轮	耗用数量	4 500		
		分配金额	6 611.40		6 611.40
	一般耗用	耗用数量	1 125	1 450	
		分配金额	1 652.85	12 453.04	14 105.89
企业管理部门		耗用数量	1 875	500	
		分配金额	2 754.75	4 294.15	7 048.90
分配金额合计			22 038	19 323.68	41 361.68

制表:曾英

根据上述分配表编制会计分录如下：

借：生产成本——辅助生产成本——供气车间——辅助生产费用　　　2 576.49

　　　　　　　　　　　　　　修理车间——辅助生产费用　　　2 003.80

　　　——基本生产成本——轴承——辅助生产费用　　　8 815.20

　　　　　　　　　　　　——齿轮——辅助生产费用　　　6 611.40

　　制造费用——辅助生产费用　　　14 105.89

　　管理费用——辅助生产费用　　　7 048.90

　　贷：生产成本——辅助生产成本——供气车间——辅助生产费用　　22 038

　　　　　　　　　　　——修理车间——辅助生产费用　　19 323.68

采用代数分配法分配辅助生产费用，分配结果最准确。但是，如果辅助生产车间较多，则未知数较多，将使计算工作比较复杂，因而这种方法一般适宜计算工作已经实现电算化的企业采用。

（五）顺序分配法

顺序分配法是指按照各辅助生产车间之间受益多少的顺序排列，受益少的排在前，先将费用分配出去，受益多的排在后，后分配辅助生产费用。这种方法的特点是，排列在前面的辅助生产车间会将费用分配给排在后面的辅助生产车间，但由于耗用其他辅助生产车间的劳务费用最少，可以忽略不计，因此不承担排在后面的辅助生产车间分配的费用。而排列在后面的辅助生产车间受益多，所以要承担前面的辅助生产车间分配的费用。简而言之，前者分配给后者，后者不分配给前者。

【例2-20】　以[例2-16]的资料为例。供气车间和修理车间受益多少的比较见表可知，修理车间受益少(1 500 吨×1.314 元/吨＝1 971 元)排在前，供气车间受益多(300 工时×7.8 元/工时＝2 340 元)排在后。编制"辅助生产费用分配表"，如表2-22所示。

表2-22

辅助生产费用分配表

（顺序分配法）

2019 年 8 月 31 日　　　　　　　　　　　　单位:元

项　　　目		修理车间	供气车间	合　　计
待分配费用	直接发生的费用	17 120	19 460	36 580
	分配转入		2 282.67	2 282.67
	小　　计	17 120	21 742.67	38 862.67
劳务数量		2 250	13 500	
分 配 率		7.608 9	1.610 6	
辅助生产车间	供气车间 耗用数量	300		
	供气车间 分配金额	2 282.67		2 282.67
	修理车间 耗用数量			
	修理车间 分配金额			

（续表）

项　　目			修理车间	供气车间	合　　计
基本车间	轴　承	耗用数量		6 000	
		分配金额		9 663.60	9 663.60
	齿　轮	耗用数量		4 500	
		分配金额		7 247.70	7 247.70
	一般耗用	耗用数量	1 450	1 125	
		分配金额	11 032.91	1 811.93	12 844.84
管理部门		耗用数量	500	1 875	
		分配金额	3 804.42	3 019.44	6 023.86
合　　计			17 120	21 742.67	38 862.67

制表：曾英

表 2-22 中：

$$修理车间费用分配率 = \frac{17\ 120}{2\ 250} = 7.608\ 9$$

$$供气车间费用分配率 = \frac{19\ 460 + 2\ 282.67}{15\ 000 - 1\ 500} = 1.610\ 6$$

上例中，先分配的修理车间分配费用时分配给了供气车间，后分配的供气车间没有分配给修理车间。根据表编制如下会计分录。

借：生产成本——辅助生产成本——供气车间——辅助生产费用　　　　　2 282.67
　　制造费用——辅助生产费用　　　　　　　　　　　　　　　　　11 032.91
　　管理费用——辅助生产费用　　　　　　　　　　　　　　　　　3 804.42
　　贷：生产成本——辅助生产成本——修理车间——辅助生产费用　　　　17 120
借：生产成本——基本生产成本——轴承——辅助生产费用　　　　　　9 663.60
　　　　　　　　　　　　　　——齿轮——辅助生产费用　　　　　7 247.70
　　制造费用——辅助生产费用　　　　　　　　　　　　　　　　　1 811.92
　　管理费用——辅助生产费用　　　　　　　　　　　　　　　　　3 019.44
　　贷：生产成本——辅助生产成本——供气车间——辅助生产费用　　　　21 742.67

采用顺序分配法分配辅助生产费用，各辅助生产费用只分配一次，计算比较简单。辅助生产车间除分配给辅助生产车间以外的受益单位，也分配给排在后面的其他辅助生产车间，因此其分配结果较直接分配法准确。但是，这种方法是按顺序分配费用的，排在后面的辅助生产车间不分配给排在前面的辅助生产车间的费用，因而分配结果的准确性受到一定的影响。这种方法适宜在各辅助生产车间之间相互提供产品和劳务有明显顺序，并且排列在前的辅助生产车间耗用排列在后的辅助生产车间的费用较少的情况下采用。

通过以上各种分配方法的举例，可以看出除直接分配法外其他的各种分配方法的"辅助生产成本"账户的发生额合计数都比原来的待分配费用合计数大,这是由于辅助生产车间之间相互分配转账引起的。但各种方法最后分配到辅助生产车间以外的受益对象的辅助生产费用的合计数,仍然是原来的待分配费用合计数。

任务五　制造费用的归集和分配

任务描述

(1) 熟悉制造费用的归集。
(2) 掌握制造费用分配的各种方法。

相关知识

一、制造费用的归集

制造费用是指企业为生产产品和提供劳务而发生的不能直接计入产品成本的各项间接费用,包括车间管理人员的职工薪酬、折旧费、修理费、机物料消耗、运输费、保险费、水电费、劳动保护费、办公费、租赁(不包括融资租赁)费、试验检验费、低值易耗品摊销以及季节性及修理期间停工损失等。上述项目的具体内容如下。

(1) 职工薪酬:指基本生产车间(或单独设置"制造费用"账户的辅助生产车间)管理人员以及非生产工人等所有人员的工资及按上述工资总额的一定比例提取的职工福利费。如车间管理人员、车间辅助工人、修理工人、搬运工人、工程技术人员及勤杂人员等的职工薪酬。

(2) 折旧费:指生产车间的各项固定资产按照规定计算提取的折旧费。

(3) 修理费:指生产车间所使用的固定资产发生的各种修理费用,包括大修理和日常修理费用。此外,生产车间使用的低值易耗品发生的修理费用也包括在内。

(4) 机物料消耗:指生产车间为维护生产设备等消耗的各种材料,但不包括修理用和劳动保护用材料。

(5) 运输费:指生产应负担的厂内运输部门和厂外运输部门所提供运输劳务的费用。

(6) 保险费:指生产应负担的财产物资保险费。从保险公司取得的赔偿应从本项目中扣除。

(7) 水电费:指生产车间由于消耗水电而支付或应负担的费用,如照明、取暖用电,一般用水等费用。为生产产品所耗用,单设成本项目的水电费,直接计入生产成本账户及其明细账户的专设成本项目,不包括在本项目内。

(8) 劳动保护费:指生产车间为保护职工劳动安全所发生的各项支出,如工作服、手套、劳保眼镜、安全装置、卫生设备、通风设备等支出。作为固定资产核算的安全设施、卫生设备、通风设备等发生的支出,应在固定资产账户核算,不在本项目内。

(9) 办公费:指生产车间耗用的文具、办公用品、印刷、报刊、邮电等办公费用。

(10) 租赁(不包括融资租赁)费:指生产车间租入固定资产和专门工具而发生的租金。

（11）试验检验费：指生产车间为保证产品的工艺或质量要求进行各种试验及产品检验而支出的费用。

（12）低值易耗品摊销：指生产车间为进行产品生产而领用的工具、模具等不列入固定资产的低值易耗品的摊销费用。

（13）季节性及修理期间的停工损失：指从事季节性产品生产的车间在非生产性季节的停工损失，以及机器设备修理期间的停工损失。

制造费用的归集和分配应该通过"制造费用"总账账户进行。该账户应按不同的生产车间、部门设置明细账，账内再按照费用项目设立专栏，分别反映各车间、部门制造费用的发生情况。"制造费用"账户是集合分配账户，借方反映制造费用的实际发生数，贷方反映制造费用的分配数，除按年度计划分配率法分配制造费用的企业外，"制造费用"账户月末应无余额。在归集制造费用时，应根据费用发生的有关凭证和各种费用分配表，借记"制造费用"账户，贷记"原材料""应付职工薪酬""累计折旧"等有关账户。

对于基本生产车间，为了管理和控制制造费用的发生，不管是生产一种产品还是多种产品，都应对制造费用单独核算；而对于辅助生产车间，若生产产品单一和提供劳务较少，则可以不单独设置"制造费用"账户，而将费用直接记入"生产成本——辅助生产成本"账户。飞龙工厂 2019 年 8 月归集的制造费用明细账，见表 2 - 23。

表 2 - 23

制造费用明细账

部门：基本生产部门
车间：制造车间

2019	年	摘 要	材料费	人工费	燃料和动力	折旧费	办公费	合 计
月	日							
8	31	原材料费用分配表	2 800					2 800
	31	燃料费用分配表			1 100			1 100
	31	工资费用分配表		5 127				5 127
	31	计提福利费分配表		717.78				717.78
	31	外购动力分配表			1 710			1 710
	31	固定资产折旧计算表				7 080		8 040
	31	其他费用汇总表					532.75	532.75
	31	本月合计	2 800	5 844.78	2 810	7 080	532.75	19 787.53
	31	分配费用	2 800	5 844.78	2 810	7 080	532.75	19 787.53

注：□ 表示框内数字为红字。

二、制造费用的分配

制造费用，对于只生产一种产品或提供一种劳务的车间，制造费用可以直接计入该种产品的成本，而不需要分配；对于生产多种产品或提供多种劳务的车间，制造费用则应采用适当的分配方法分配计入各种产品或劳务的成本。即记入"生产成本——基本生产成本"账户及其明细账"制造费用"成本项目中。

制造费用的分配方法很多,通常采用的有生产工人工时比例法、生产工人工资比例法、机器工时比例法和年度计划分配率分配法等。

(一)生产工时比例法

这种方法是按照各种产品所耗生产工人实际工作时数的比例分配制造费用的方法,其计算公式如下:

$$制造费用分配率 = \frac{待分配的制造费用总额}{该车间产品生产工时总额}$$

$$某种产品应负担的制造费用 = 该种产品生产工时 \times 制造费用分配率$$

【例2-21】 飞龙工厂基本生产车间生产轴承、齿轮两种产品,2019年8月车间共发生制造费用19 787.53元(见表2-23),该月耗用的生产工时分别为4 000小时和2 000小时,该厂按生产工人工时比例分配制造费用。具体计算如下:

$$制造费用分配率 = \frac{19\ 787.53}{4\ 000 + 2\ 000} = 3.297\ 9(元/小时)$$

$$轴承应负担的制造费用 = 4\ 000 \times 3.297\ 9 = 13\ 191.60(元)$$

$$齿轮应负担的制造费用 = 19\ 787.53 \times 13\ 191.60 = 6\ 595.93(元)$$

根据[例2-20]计算结果,编制制造费用分配表见表2-24。

表2-24

制造费用分配表

2019年8月31日   单位:元

应 借 科 目		生产工时	分配率	分配金额
生产成本 ——基本生产成本	轴承——制造费用	4 000	3.297 9	13 191.60
	齿轮——制造费用	2 000		6 595.53
合　　计		6 000		19 787.53

制表:曾英

根据"制造费用分配表",编制下列会计分录:

借:生产成本——基本生产成本——轴承——制造费用　　　　　13 191.60
　　　　　　　　　　　　　　——齿轮——制造费用　　　　　　6 595.93
　　贷:制造费用——材料费　　　　　　　　　　　　　　　　　2 800
　　　　　　　　——人工费　　　　　　　　　　　　　　　　　5 844.78
　　　　　　　　——燃料和动力　　　　　　　　　　　　　　　2 810
　　　　　　　　——折旧费　　　　　　　　　　　　　　　　　7 080
　　　　　　　　——办公费　　　　　　　　　　　　　　　　　　532.75

按照生产工时比例分配制造费用,是应用较为普遍的一种方法,它将劳动生产率的高低与产品负担费用的多少联系起来,分配结果比较合理。由于生产工时是分配制造费用的常用分配标准之一,因而在企业日常工作中必须做好生产工时的记录和核算工作,以保证生产工时的正确性、可靠性,而且对于分析和考核劳动生产率水平、加强生产管理和劳动管理也有着重要的意义。如果企业的定额管理水平比较高,产品的工时定额比较准确,那么制造费用也可以产品的定额工时为标准进行分配。

（二）生产工人工资比例法

这种方法是以各种产品成本的生产工人工资的比例分配制造费用的方法,其计算公式如下:

$$制造费用分配率=\frac{待分配的制造费用总额}{该车间产品生产工人工资总额}$$

$$某种产品应负担的制造费用=该种产品生产工人工资\times制造费用分配率$$

由于生产工人工资数可以从工资费用分配表上直接取得,因而核算工作很简便。但是因为制造费用中包含着许多与机器设备使用有关的费用,如机器设备的折旧费、修理费、保险费等,如按生产工人工资来分配制造费用,机械化程度低的产品,所用工资费用多分配的制造费用也多;反之,机械化程度高的产品,所用工资费用少分配的制造费用也少,显然不合理,影响了产品成本计算的正确性。因此,这种方法适宜于各种产品生产的机械化程度大致相同的情况。

（三）机器工时比例法

这种方法是以各种产品生产时所用机器设备运转时间的比例来分配制造费用的方法,其计算公式如下:

$$制造费用分配率=\frac{待分配的制造费用额}{该车间产品机器工时总额}$$

$$某种产品应负担的制造费用=该种产品机器工时数\times制造费用分配率$$

在产品生产机械化程度较高的车间,由于制造费用中许多与机器设备使用有关的费用是和机器设备运转时间有直接关系的,如折旧费、动力费、修理费等,产品生产的机械化程度高,这部分费用占制造费用的比重就大,为了取得各种产品生产消耗的机器工时数,就会增加一些统计工作量,特别是在各种产品使用不同类型的机器设备,并且各种不同类型机器设备的折旧费、动力费、修理费相差悬殊的情况下,就会使分配结果不合理。

（四）年度计划分配率法

这种方法是按照年度开始前确定的年度计划分配率分配制造费用的方法,其计算公式如下:

$$制造费用年度计划分配率=\frac{年度某种产品制造费用计划总额}{年度各种产品计划产量的定额工时总数}$$

$$某月某产品的制造费用=该月该产品实际产量的定额工时\times年度计划分配率$$

年末余额为:年度内制造费用实际发生额与计划分配额的差额,一般在年末调整计入产品成本。若为借方余额,表明实际额大于计划额,转入"生产成本——基本生产成本"账户的借方,若为贷方余额,表明实际额小于计划额,用红字冲减,或做相反分录。

这一分配方法的特点是不论各月实际发生的制造费用是多少,每月各种产品成本中的制造费用都按年度计划分配率进行分配。按计划分配率计算分配的制造费用与制造费用实际发生额之间总会存在一定差额,对于这些差额月末不进行追加调整分配,而是逐月累计,待年终时采用一定的办法进行追加调整分配,一次计入 12 月份生产的各种产品的成本。年度内如果发现全年制造费用的实际数和产品的实际产量与计划数发生较大的差额时,应及时调整计划分配率。

【例 2 - 22】　大阳羽绒制品厂全年度制造费用计划数为 52 000 元,全年计划生产羽绒服、羽绒被两种产品的定额总工时为 40 000 小时。2019 年 8 月该车间实际产量的定额工时为:羽绒服 3 000 小时,羽绒被 4 000 小时;该月实际制造费用为 9 300 元。

按年度计划分配率法计算如下:

$$制造费用年度计划分配率=\frac{52\ 000}{40\ 000}=1.3(元/小时)$$

8 月份:羽绒服应负担的制造费用=3 000×1.3=3 900(元)

羽绒被应负担的制造费用=4 000×1.3=5 200(元)

借:生产成本——基本生产成本——羽绒服——制造费用　　　　　　　3 900

　　　　　　　　　　　　　　——羽绒被——制造费用　　　　　　　5 200

　　贷:制造费用　　　　　　　　　　　　　　　　　　　　　　　　9 100

上例中,8 月份该车间实际发生的制造费用为 9 300 元,按年度计划分配率分配转出的制造费用为 9 100 元,两者之间形成的差异 200 元,在年度内不做调整,这就使"制造费用"账户可能有月末余额,而且既可能有借方余额,又可能有贷方余额。在年终时将全年制造费用的实际发生额与计划分配额的差额按已分配数的比例调整,计入 12 月份各种产品的成本。

【例 2 - 23】　以[例 2 - 22]为资料,假定车间年终累计全年制造费用实际发生额为 51 000 元。羽绒服已分配 20 800 元,羽绒被已分配 31 200 元。

调整差异如下:

$$羽绒服应补加=(51\ 000-52\ 000)\times\frac{20\ 800}{52\ 000}=-400(元)$$

$$羽绒被应补加=(51\ 000-52\ 000)\times\frac{31\ 200}{52\ 000}=-600(元)$$

全年实际发生的制造费用小于计划累计分配额,所以应当将其差额 1 000 元(52 000-51 000)减少各种产品成本。

借:生产成本——基本生产成本——羽绒服——制造费用　　　　　　400

　　　　　　　　　　　　　　——羽绒被——制造费用　　　　　　600

　　贷:制造费用　　　　　　　　　　　　　　　　　　　　　　　1 000

经过年末调整,制造费用账户年末无余额。

采用这种分配方法,可以大大简化制造费用的日常分配核算工作,比较适合于季节性生产的企业,有利于均衡地计入产品生产成本。不过,采用该方法的企业,必须有较高的计划定额管理水平,否则年度制造费用的计划数与实际发生数脱离太大,影响成本计算的正确性。

 知识拓展

作 业 成 本 法

一、作业成本法的概念

作业成本法(Activity-Based Costing),是一种通过对所有作业活动进行追踪动态反映,计量作业和成本对象的成本,评价作业业绩和资源的利用情况的成本计算和管理方法。

二、作业成本法的成本计算程序

一般认为,作业成本法是一个以作业为基础的管理信息系统。它以作业为中心,作业的划分从产品设计开始,到物料供应;从工艺流程的各个环节、总装、质检到发运销售全过程,通过对作业及作业成本的确认计量,最终计算出相对准确的产品成本;同时,经过对所有与产品相关联作业的跟踪,为消除不增值作业,优化作业链和价值链,增加需求者价值,提供有用信息,促进最大限度地节约,提高决策、计划、控制能力,以最终达到提高企业竞争力和获利能力,增加企业价值的目的。

在作业成本法下,成本计算程序分为两大阶段六个步骤。第一阶段是将制造费用分配到同质的作业成本库(同一成本),并计算每一个成本库的分配率;第二阶段是利用作业成本库分配率,把制造费用分摊给产品,计算产品成本。其实际操作步骤如下。

(1)定义、识别和选择主要作业。

(2)归集资源费用到同质成本库。这些资源通常可以从企业的总分类账中得到,但总分类账并无执行各项作业所消耗资源的成本。

(3)选择成本动因,计算成本库分配率。从中选择一个成本动因作为计算成本分配率的基准。成本计量要考虑成本动因材料是否易于获得;成本动因和消耗资源之间相关程度越高,现有的成本被歪曲的可能性就会越小。

(4)计算成本库分配率。

(5)把作业库中的费用分配到产品上去;某产品某成本动因成本=某成本库分配率×成本动因数量。

(6)计算产品成本,作业成本计算的目标最终要计算出产品的成本,直接成本可单独作为一个作业成本库处理,将产品分摊的制造费用,加上产品直接成本,为产品成本,某产品成本 $= \sum$ 成本动因成本+直接成本。

作业成本法产生的基础,以及它的促进成本分配的精确化、所能提供成本信息的决策相关性、提供有意义的非财务信息、拓展成本服务的范围等特点,表明与现代企业相适应的成本控制制度,应是建立在作业管理基础上的;它将形成产品的各项作业作为责任和控制中心,从成本发生的根源上展开分析,区分增值作业和非增值作业,建立最优的动态的增值标准,从财务和经营两个方面对作业业绩进行评价,不断改变作业方式,从而达到持续降低成本的目标。为此,作业成本法有较好的应用前景。在一般应用中,应先分析作业成本法应考虑的问题,为顺利实施准备充分的条件,坚持作业成本法与目标成本、改进成本、生命周期成本、限制理论等其他管理会计方法结合。

任务六 生产损失的归集和分配

任务描述

(1) 掌握废品损失的核算。

(2) 熟悉停工损失的核算。

相关知识

一、废品损失的归集和分配

(一) 废品与废品损失的概念

废品是指在生产过程中发生的、质量不符合规定的技术标准、不能按其原定用途使用,或者需要加工修理后才能使用的在产品、半成品和产成品,不论是生产中发现、还是入库后发现,都应包括在内。

废品按修复的可能性和经济性分为可修复废品和不可修复废品两种。可修复废品是指经过修理可以使用,而且所花费的修复费用在经济上合算的废品;不可修复废品,则指不能修复或者所花费的修理费用在经济上不合算的废品。

废品损失包括在生产过程中发现和入库后发现的不可修复废品的生产成本,以及可修复废品的修复费用,扣除回收的废品残料价值和应由过失单位或个人赔款以后的损失。修复费用是指可修复废品在返修过程中所发生的修理用材料、动力、生产工人工资、应负担的制造费用等扣除过失人赔偿后的净支出。

值得注意的是,经检验部门鉴定不需要返修但可以降价出售的不合格品,其成本与合格品相同,其售价低于合格品售价所发生的损失,应在计算销售损益中体现,不作废品损失处理;产品入库后由于保管不善等原因而损坏变质的损失,应作为管理费用处理,不列作废品损失;实行包退、包修、包换的"三包"企业,在产品出售后而发生的三包损失,也列作管理费用,不作废品损失。

质量检验部门发现废品时,应该填制"废品通知单",列明废品的种类、数量、产生废品的原因和过失人等。成本会计人员应该会同检验人员对废品通知单所列废品生产的原因和过失人等项目加强审核。只有经过审核的"废品通知单",才能作为废品损失核算的根据。

（二）废品损失的核算

废品损失的核算是指对废品损失的发生,进行归集、结转和分配。废品损失的核算形式有两种:单独核算废品损失和不单独核算废品损失。

在不单独核算废品损失的企业中,不设立"废品损失"账户和成本项目,只在回收废品残料时,借记"原材料"账户,贷记"生产成本——基本生产成本"账户,并从所属有关产品成本明细账的"直接材料"成本项目中扣除残值。"基本生产成本"账户和所属有关产品成本明细账归集的完工产品总成本,除以扣除废品数量以后的合格品数量,就是合格品的单位成本。

在单独核算废品损失的企业中,可以单独设置"废品损失"总账,也可在"生产成本——基本生产成本"账户下按产品设"废品损失"四级账,再在此四级账下按成本项目设专栏进行核算。"废品损失"账户借方反映可修复废品的修复费用和不可修复废品的已耗实际生产成本及搬运废品的运杂费等其他费用,贷方登记废品残料回收的价值和应收过失人赔偿款。借方发生额大于贷方发生额的差额为废品净损失,月末将从"废品损失"账户的贷方转到"生产成本——基本生产成本"账户借方。"废品损失"账户一般无余额。

下面分别介绍在单独核算废品损失的情况下,不可修复废品损失和可修复废品损失的核算。

1. 不可修复废品损失的归集与分配

进行不可修复废品损失的核算,首先应计算截至报废时已经发生的不可修复废品的生产成本;然后扣除废品残值和应收赔偿款,算出废品损失;最后计入合格产品成本。不可修复废品的生产成本,可按废品所耗实际费用计算,也可按废品所耗定额费用计算。

1）按废品所耗实际费用计算的方法

在采用按废品所耗实际费用计算的方法时,由于废品报废以前发生的各项费用是与合格产品一起计算的,因而要将废品报废以前与合格品计算在一起的各项费用,采用适当的分配方法,在合格品与废品之间进行分配,计算出废品的实际成本,从"生产成本——基本生产成本"账户的贷方转入"废品损失"账户的借方。

【例2-24】 飞龙工厂生产轴承2019年8月投产400件,完工验收入库发现不可修复废品6件;合格品生产工时788小时,废品工时12小时。轴承成本明细账所记合格品和废品的全部费用为:直接材料12 000元,燃料和动力10 800元,直接人工12 600元,制造费用7 200元。原材料是生产开始时一次投入。废品残料废铁入库作价50元,应由责任人李乐赔偿150元。根据以上资料编制废品损失计算表,见表2-25。

表 2-25

废品损失计算表

质量:400 件
废品量:6 件   (按实际费用计算)
产品名称:轴承   2019 年 8 月 31 日   单位:元

项　　目	数量(件)	直接材料	生产工时(小时)	燃料和动力	直接人工	制造费用	成本合计
合格品和废品生产费用	400	12 000	800	10 800	12 600	7 200	42 600
费用分配率		30		13.50	15.75	9	
不可修复废品生产成本	6	180	12	162	189	108	639
减:废品残料		50					50
减:应收赔偿款					150		150
废品报废损失		130		162	39	108	439

制表:曾英

根据表 2-25 及有关凭证,编制会计分录:

(1) 结转不可修复废品成本。

借:废品损失——轴承——直接材料　　　　　　　　　　　　　　　　180
　　　　　　　　　——燃料和动力　　　　　　　　　　　　　　　　162
　　　　　　　　　——直接人工　　　　　　　　　　　　　　　　　189
　　　　　　　　　——制造费用　　　　　　　　　　　　　　　　　108
　　贷:生产成本——基本生产成本——轴承——直接材料　　　　　　　　　180
　　　　　　　　　　　　　　　——轴承——燃料和动力　　　　　　　　162
　　　　　　　　　　　　　　　——轴承——直接人工　　　　　　　　　189
　　　　　　　　　　　　　　　——轴承——制造费用　　　　　　　　　108

(2) 收回废品残料价值。

借:原材料——废铁　　　　　　　　　　　　　　　　　　　　　　50
　　贷:废品损失——轴承——直接材料　　　　　　　　　　　　　　　　50

(3) 应收过失人赔偿。

借:其他应收款——李乐　　　　　　　　　　　　　　　　　　　　150
　　贷:废品损失——轴承——直接人工　　　　　　　　　　　　　　　150

(4) 结转不可修复废品净损失。

借:生产成本——基本生产成本——轴承——废品损失　　　　　　　　　439
　　贷:废品损失——轴承——直接材料　　　　　　　　　　　　　　　130
　　　　　　　　　——燃料和动力　　　　　　　　　　　　　　　162
　　　　　　　　　——直接人工　　　　　　　　　　　　　　　　39
　　　　　　　　　——制造费用　　　　　　　　　　　　　　　　108

如果废品是在完工以后发现的,这时单位废品负担的各项生产费用应与单位合格品完全相同,可按合格品产量和废品的数量比例分配各项生产费用,计算废品的实际成本。按废品的实际费用计算和分配废品损失,符合实际,但核算工作量较大。

2)按废品所耗定额费用计算的方法

在按废品所耗定额费用计算不可修复废品的成本时,废品的生产成本不是按废品实际发生的费用计算而是按废品的数量和各项费用定额计算,通过废品的定额成本扣除废品残料回收价值计算出废品损失。

【例 2-25】 飞龙工厂 2019 年 8 月在齿轮生产过程中发现不可修复废品 8 件,按所耗定额费用计算不可修复废品的生产成本。单件原材料费用定额为 50 元,已完成的定额工时共计 120 小时,每小时的费用定额为:燃料和动力 1.5 元,工资和福利费 2 元,制造费用 1.2 元。不可修复废品的残料作价 90 元以辅助材料入库,应由过失人员刘伟赔偿 30 元。废品净损失由当月同种产品成本负担。根据以上资料编制废品损失计算表,如表 2-26 所示。

表 2-26

废品损失计算表

产品名称:齿轮　　　　　　　　　　　　(按定额成本计算)
废品数量:8 件　　　　　　　　　　　　2019 年 8 月 31 日　　　　　　　　　　单位:元

项　　目	直接材料	定额工时	燃料和动力	直接人工	制造费用	合计
单位产品费用定额成本	50	120	1.50	2	1.20	
废品定额成本	400		180	240	144	964
减:收回残值	90					90
应收赔偿款				30		30
废品损失	310		180	210	144	844

制表:曾英

根据表 2-26 及有关凭证,编制会计分录。

(1)结转废品成本。

```
借:废品损失——齿轮——直接材料                                    400
              ——燃料和动力                                      180
              ——直接人工                                        240
              ——制造费用                                        144
   贷:生产成本——基本生产成本——齿轮——直接材料                 400
                           ——齿轮——燃料和动力                 180
                           ——齿轮——直接人工                   240
                           ——齿轮——制造费用                   144
```

(2)收回废品残料价值。

借：原材料——辅助材料　　　　　　　　　　　　　　　　　　　90
　　　贷：废品损失——齿轮——直接材料　　　　　　　　　　　　　90

（3）应收过失人赔偿。

借：其他应收款——刘伟　　　　　　　　　　　　　　　　　　　30
　　　贷：废品损失——齿轮——直接人工　　　　　　　　　　　　　30

（4）结转废品净损失。

借：生产成本——基本生产成本——齿轮——废品损失　　　　　　844
　　　贷：废品损失——齿轮——直接材料　　　　　　　　　　　　310
　　　　　　　　　　　　——燃料和动力　　　　　　　　　　　　180
　　　　　　　　　　　　——直接人工　　　　　　　　　　　　　210
　　　　　　　　　　　　——制造费用　　　　　　　　　　　　　144

　　按废品的定额费用计算废品的定额成本，由于费用定额事先规定，不仅计算工作比较简便，而且还可以使计入产品成本的废品损失数额不受废品实际费用水平高低的影响。也就是说，废品损失大小只受废品数量差异（量差）的影响，不受废品成本差异（价差）的影响，从而有利于废品损失和产品成本的分析和考核。但是，采用这一方法计算废品生产成本，必须具备准确的消耗定额和费用定额资料。

　　2. 可修复废品损失的归集与分配

　　可修复废品返修发生的各种费用，应根据各种费用分配表，计入"废品损失"账户的借方。其回收的残料价值和应收的赔款，应从"废品损失"账户的贷方转入"原材料"和"其他应收款"账户的借方。废品修复费用减去残料和赔款后的废品净损失，也应从"废品损失"账户的贷方转入"生产成本"科目借方的"废品损失"成本项目中。

　　【例 2 - 26】　飞龙工厂在生产轴承过程中，2019 年 8 月产生 5 件可修复废品。在返修过程中共发生原材料生铁费用 300 元，耗用工时 20 小时，单位小时工资率 4 元，单位小时费用率 2 元。应由责任人李丹赔偿 20 元。根据以上资料编制会计分录。

　　（1）发生修理费用。

$$应付职工薪酬＝20×4＝80（元）$$

$$制造费用＝20×2＝40（元）$$

借：废品损失——轴承——直接材料　　　　　　　　　　　　　　300
　　　　　　　　　　　　——直接人工　　　　　　　　　　　　　80
　　　　　　　　　　　　——制造费用　　　　　　　　　　　　　40
　　　贷：原材料——生铁　　　　　　　　　　　　　　　　　　300
　　　　　应付职工薪酬——工资　　　　　　　　　　　　　　　　80
　　　　　制造费用——废品损失　　　　　　　　　　　　　　　　40

　　（2）应收过失人赔偿。

借：其他应收款——李丹　　　　　　　　　　　　　　　　　　　20
　　　贷：废品损失——轴承——直接人工　　　　　　　　　　　　20

（3）结转废品净损失。

借：生产成本——基本生产成本——轴承——废品损失　　　　　　　400
　　贷：废品损失——轴承——直接材料　　　　　　　　　　　　　　300
　　　　　　　　　　　　——直接人工　　　　　　　　　　　　　　　60
　　　　　　　　　　　　——制造费用　　　　　　　　　　　　　　　40

二、停工损失的归集和分配

1. 停工损失的概念

停工损失是指生产车间或车间内某个班组在停工期间发生的各项费用，包括停工期间发生的原材料费用、工资及福利费和制造费用等。应由过失单位或保险公司负担的赔款，应从停工损失中扣除。

企业发生停工的原因很多，由于自然灾害等引起的非正常停工损失，应计入营业外支出，其余停工损失如固定资产修理期间的停工损失应计入产品成本，若停工损失能取得赔偿，则应该索赔，以冲减损失。季节性生产企业在停工期间的费用，不作为停工损失核算，而在"制造费用"账户中进行核算，由开工期内的生产成本负担。企业停工时间有长有短，短则几分钟，长则超过一个月，范围也有大有小，从某台机器设备、某个生产班组、车间到全厂。为了简化核算工作，对于停工不满一个工作日的，一般不计算停工损失。

辅助生产车间由于规模一般不大，为了简化核算，一般不单独核算停工损失。

2. 停工损失的核算

对于管理上不要求单独核算停工损失的企业，可以不设立"停工损失"账户和该成本项目。停工期间发生的属于停工损失的各项费用，直接记入"制造费用"和"营业外支出"等账户。

单独核算停工损失的企业，在会计科目中应增设"停工损失"账户；在成本项目中应增设"停工损失"项目。"停工损失"账户是为了归集和分配停工损失而设立的。该科目应按车间设立明细账，账内按成本项目分设专栏或专行，进行明细核算。

停工期间发生的应该计入停工损失的各种费用，都应在该科目的借方归集。借记"停工损失"账户，贷记"原材料""应付职工薪酬"和"制造费用"等账户。属于过失单位、过失人或保险公司的赔款，应从该账户贷方转入"其他应收款"等账户的借方。将停工净损失从该科目贷方转出，属于自然灾害的部分转入"营业外支出"账户的借方；应由本月产品成本负担的部分，则转入"基本生产成本"账户的借方。如果停工的车间只生产一种产品，应直接计入该种产品成本明细账的"停工损失"成本项目；如果停工的车间生产多种产品，则应采用适当的分配方法（如采用类似于分配制造费用的方法），分配计入该车间各种产品成本明细账的"停工损失"成本项目。分配结转停工损失后，该账户应无余额。

停工损失的核算应以经审核后的"停工报告单"为依据。在"停工报告单"中应列明停工原因、停工时间、应计工人工资、经济责任单位或人员等。财会部门应根据有关领导审核签章后的"停工报告单"进行账务处理。

【例 2 - 27】　飞龙工厂 2019 年 8 月第一生产车间生产齿轮因机器故障停工 8 天,停工期间发生如下费用:生产工人工资 3 000 元,应提的福利费 560 元,制造费用 1 200 元。经调查,停工系工人张山违规操作造成,由其负责赔偿 1 800 元,其余计入产品成本。根据以上资料,编制会计分录。

(1) 发生停工损失时。

借:停工损失——第一车间——齿轮——直接人工　　　　　　　　　　3 560

　　　　　　　　　　　　　　——制造费用　　　　　　　　　　　　1 200

　　贷:应付职工薪酬——工资　　　　　　　　　　　　　　　　　　3 000

　　　　　　　　　　——福利费　　　　　　　　　　　　　　　　　560

　　　制造费用——停工损失　　　　　　　　　　　　　　　　　　　1 200

(2) 结转应由过失人的赔偿款。

借:其他应收款——张山　　　　　　　　　　　　　　　　　　　　　1 800

　　贷:停工损失——第一车间——齿轮——直接人工　　　　　　　　1 800

(3) 应计入产品成本的停工损失。

借:生产成本——基本生产成本——第一车间——齿轮——停工损失　　2 960

　　贷:停工损失——第一车间——齿轮——直接人工　　　　　　　　1 760

　　　　　　　　　　　　　　　　　　——制造费用　　　　　　　　1 200

引导案例分析

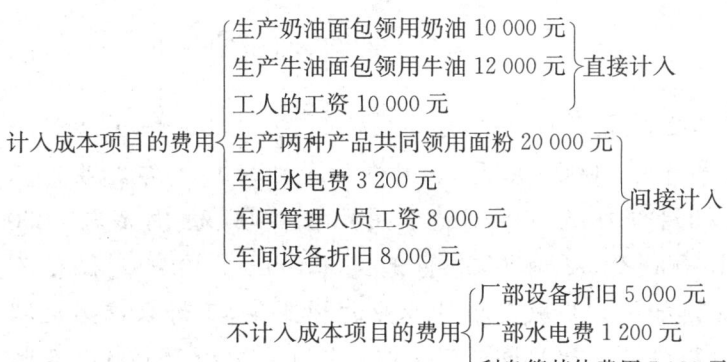

计入成本项目的费用
- 生产奶油面包领用奶油 10 000 元 ⎫
- 生产牛油面包领用牛油 12 000 元 ⎬ 直接计入
- 工人的工资 10 000 元 ⎭
- 生产两种产品共同领用面粉 20 000 元 ⎫
- 车间水电费 3 200 元 ⎬ 间接计入
- 车间管理人员工资 8 000 元 ⎬
- 车间设备折旧 8 000 元 ⎭

不计入成本项目的费用
- 厂部设备折旧 5 000 元
- 厂部水电费 1 200 元
- 利息等其他费用 5 000 元

记入成本项目的费用通过"生产成本"核算,不记入成本项目的费用通过"管理费用""财务费用"等账户核算。

 ### 认知实习

班上同学们分成 5～10 人一组前往学校附近的工业企业调查,对其进行专访,主要访问办公室、生产车间和财务室,了解单位的概况、生产的流程、成本核算的流程,关注生产产品发生的各项费用,分析这些费用是如何计入产品成本的,每组写份图文并茂的调查报告。

生产费用在完工产品与在产品之间的分配

 **学习目标**

知识目标：理解在产品的含义和特点及在产品数量的确定方法；掌握生产费用在完工产品和在产品之间分配的各种方法（特别是约当产量法）。

技能目标：掌握生产费用在完工产品和在产品之间分配的各种方法的计算；能根据企业的实际情况灵活运用各种方法。

引导案例

长沙天剑服饰公司于2019年9月共投产西服20 000套，开工时一次性投入布匹等原材料2 000 000元，该月累计发生加工费（包括生产工人工资和厂房及机器设备折旧等制造费用）1 800 000元。月底，20 000套西服中完工15 000套，还有5 000套未完工西服平均完工程度为50%，转入下月继续加工。赵敏是会计专业的毕业生，正好来这里应聘会计岗位，该公司招聘主管就此资料问小赵：本月完工的15 000套西服的成本是多少？小赵不假思索地脱口而出：(2 000 000＋1 800 000)×15 000/20 000＝2 850 000元。你认为小赵的回答正确吗？为什么？

任务一 在产品数量的核算

 任务描述

(1) 理解在产品与完工产品的含义。

(2) 了解生产费用在完工产品与月末在产品之间分配的原理。

（3）熟悉在产品收发结存的核算。

（4）熟悉在产品的清查。

 相关知识

一、什么是在产品

（一）在产品的含义

在产品包括广义在产品和狭义在产品。广义在产品是指从投产开始至尚未最后完工入库,还不能作为商品销售的产品。它包括期末正在各个生产单位加工中的在制品和已经完成一个或几个生产步骤,尚需继续加工的自制半成品,以及等待验收入库的产品、正在返修或等待返修的返修品等。狭义在产品是就企业某一生产单位(车间、分厂)或某一生产步骤而言的,它只指本生产单位或生产步骤正在加工中的在制品,该生产单位或生产步骤已经完工交出的自制半成品不包括在内。

（二）完工产品的含义

完工产品也有狭义和广义之分。通常我们认为是已经完成全部生产过程并已验收入库,可以作为商品销售的产品,即产成品,这是狭义的完工产品。而广义的完工产品不仅包括产成品,还包括已在某一生产步骤完工,继续交由下步骤加工或交给半成品库的半成品。

二、生产费用在完工产品与月末在产品之间分配的原理

月末在产品与本月完工产品的关系,是指月末在产品与本月完工产品在承担费用(划分产品成本)方面的关系。企业通常需要按月计算产品成本,在产品成本与完工产品成本的计算关系可用以下两个公式表示:

$$\text{月初在产品成本} + \text{本月生产费用} = \text{本月完工产品成本} + \text{月末在产品成本} \tag{1}$$

由公式(1)可知,前两项费用之和,即生产产品所发生的累计生产费用应该由完工产品和月末在产品共同承担,也就是说要将生产费用累计数在完工产品与月末在产品之间进行分配。根据上面公式表示的4个因素之间的关系,分配方法可以有两类:一类是将前两项费用之和在完工产品与月末在产品之间按一定的比例进行分配,同时计算完工产品成本和月末在产品成本;另一类是先确定月末在产品成本,再从前两项费用之和中减去月末在产品成本,计算完工产品成本,这类方法计算公式表示如下。

$$\text{本月完工产品成本} = \text{月初在产品成本} + \text{本月生产费用} - \text{月末在产品成本} \tag{2}$$

由公式(2)可以看出,各月末在产品的数量及成本大小,对完工产品成本有着很大的影响。因此,无论采用哪一类方法,都必须正确组织在产品收发结存的数量核算,以取得在产品动态和结存的数量资料。

不难看出:公式(2)还可以变形为公式:

$$\begin{matrix}\text{月末在} \\ \text{产品成本}\end{matrix} = \begin{matrix}\text{月初在} \\ \text{产品成本}\end{matrix} + \begin{matrix}\text{本月生} \\ \text{产费用}\end{matrix} - \begin{matrix}\text{月末完工} \\ \text{产品成本}\end{matrix} \tag{3}$$

三、在产品的收发结存核算

要做好在产品数量的核算工作,应该建立健全原始记录制度,完善各种交接手续等,这其中设立好在产品台账是很基础和重要的一个环节。

在产品台账亦称在产品数量收发结存明细账,是用来记录各车间、工序在产品数量日常收入、转出和结存情况的账簿。它应当分生产单位(分厂、车间),按产品的品种和零部件的名称来设置,以反映各生产单位各种在产品收入、发出和结存情况。在产品台账还可以结合企业生产工艺特点和内部管理的需要,进一步按照加工工序(生产步骤)来组织在产品数量核算。在产品台账的一般格式如表 3-1 所示。

表 3-1

在产品台账

车间名称:铸造车间　　　　　产品名称:R30-8 零件　　　　　计量单位:件

2019 年		摘要	收　　入		转　　出			结　　存	
月	日		凭证号	数量	凭证号	合格品	废品	已完工	未完工
6	1	结存						80	100
	15	收入	略	200				180	200
	20	发出			略	200	5	15	160
	30	合计		200		200	5	15	160

"在产品台账"根据有关领料凭证、在产品内部转移凭证、产品检验凭证和产品入库单等原始凭证逐笔登记。

四、在产品的清查

为了确定在产品实际结存数量,保证在产品的安全完整,做到账实相符,必须定期地对在产品进行清查和盘点。

在产品清查一般于月末结算前进行,并采用实地盘点法。盘点的结果,应填制"在产品盘点表",并与在产品的台账核对。如有不符,还应填置"在产品盘盈盘亏报告表",并说明发生的盈亏的原因及处理意见等。企业会计人员在认真审核并报经有关部门和领导审批后,对清查的结果进行相应的账务处理,具体处理程序和方法在《财务会计》中有介绍,在此不再重复。

任务二　约当产量法

 **任务描述**

(1)理解约当产量和约当产量法的含义。

（2）熟悉按投料程度分配直接材料费用，按完工程度分配加工费用。
（3）掌握约当产量法的应用。

 相关知识

一、约当产量法的含义

约当产量，也称为在产品约当量。它是将企业（车间）月末在产品的实际数量折合为完工产品的数量。

约当产量法，是指按照本月完工产品的数量和月末在产品的约当量分配生产费用，以确定本月完工产品和月末在产品实际成本的方法。

该方法的基本特点是：将期初结存在产品成本与本期发生的生产费用之和，按完工产品数量与月末在产品约当量的比例进行分配，以计算完工产品成本和月末在产品成本。分配时按成本项目进行。它适应于月末在产品数量较大，各月末在产品数量变化也较大，产品成本中原材料费用和人工及制造费用的比重相差不大的产品。因为，在这种情况下的月末在产品成本，一不能忽略不计，二不能固定不变，三不能只计算原材料费用，而必须按照月末在产品数量，具体、全面计算各成本项目的费用。计算公式如下。

第一步：计算在产品约当产量。

$$在产品约当产量＝月末在产品数量×在产品完工程度（或投料程度）$$

第二步：计算费用分配率。

$$某项费用分配率＝\frac{该项费用总额}{完工产品产量＋在产品约当产量}$$

第三步：计算月末完工产品应负担的生产费用。

$$\frac{完工产品应}{分配该项费用}＝\frac{完工产}{品产量}×\frac{该项费用}{分配率}$$

第四步：计算月末在产品应负担的生产费用。

$$\frac{在产品应分}{配该项费用}＝\frac{在产品}{约当产量}×\frac{该项费用}{分配率}$$

或

$$\frac{在产品应分}{配该项费用}＝\frac{该项费}{用总额}－\frac{完工产品}{该项费用}$$

我们可以看出：采用约当产量比例法分配生产费用，关键在于如何确定月末在产品约当产量。而计算约当产量的关键，又在于在产品完工程度或投料程度的确定。

由于产品生产过程中，材料费用、人工费用和制造费用的发生情况不同，在产品直接材料费用的投料程度，直接人工、制造费用项目完工程度的确认方法也不一样。下面分成本项目加以说明。

二、按投料程度计算约当产量用以分配直接材料费用

分配直接材料费用的在产品约当量一般是按照投料程度计算的。因为，月末在产品

成本中的材料成本与在产品的投料程度关系密切,而与在产品的完工程度没有直接关系。在产品的投料程度是指在产品已投料占完工产品应投料的百分比。在生产过程中,材料投入方式一般有三种,即在生产开始时一次投入,在生产过程中陆续投入以及在生产过程中分阶段批量投入。由于投料方式不同,在产品的投料程度也不一样。

(1) 原材料为生产开始时一次性投入,则在产品和完工产品所耗材料费用相同,因而在产品的投料程度为100%。这样不管产品完工程度多少,在分配材料费用时,直接按在产品和完工产品数量比例分配。

此时,在产品约当产量=在产品实际数量。

(2) 如原材料为随着生产过程陆续投入,则材料的投料程度与生产工时的投入程度基本一致,则分配材料费用的在产品约当量按在产品的完工程度折算。(具体参见完工程度的计算)

(3) 如原材料为分阶段投入,并在每道工序开始时一次投入,则月末在产品的投料程度按下列公式计算:

$$\text{某工序投料程度}(\%)=\frac{\substack{\text{在产品上道工序累计}\\\text{投入材料费用(或数量)}}+\substack{\text{在产品在本工序}\\\text{投入材料费用(或数量)}}}{\text{完工产品应投材料费用(或数量)}}\times100\%$$

注:上述公式中的材料费用或数量可以是实际数也可以是定额数。

【例3-1】 新华机械厂2019年8月生产的R10-3零件经三道工序加工完成,原材料分三道工序在每道工序开始时一次投入,投量分别为1 000千克、600千克、400千克,各工序在产品数量分别为100件、200件、300件。成本会计:张英。则每道工序的在产品投料程度及约当量计算如下:

$$\text{第一道工序在产品投料程度}=\frac{1\,000}{1\,000+600+400}\times100\%=50\%$$

$$\text{第二道工序在产品投料程度}=\frac{1\,000+600}{1\,000+600+400}\times100\%=80\%$$

$$\text{第三道工序在产品投料程度}=\frac{1\,000+600+400}{1\,000+600+400}\times100\%=100\%$$

$$\begin{aligned}\text{在产品约当产量}&=100\times50\%+200\times80\%+300\times100\%\\&=50+160+300\\&=510(\text{件})\end{aligned}$$

三、按完工程度计算约当产量分配加工费用

对于直接材料费用以外的其他成本项目在产品约当量计算,通常按完工程度进行。产品完工程度是指某产品已消耗工时占生产该产品所需全部工时的比率。因为人工费用和制造费用及燃料和动力等费用的发生与完工程度关系密切,它们随着工艺过程的进行而逐渐投入耗费,产品完工程度越高,该产品应负担的这部分费用也越多。完工程度的计算,可分为以下两种情况。

(1) 若产品生产为单步骤均衡生产,则完工程度不特指通常为50%。

月末在产品约当产量＝月末在产品数量×在产品完工程度(一般为50％)

(2)若生产为多步骤连续生产的产品,由于各工序所耗工时不一定相同,因而各道工序的月末在产品的完工程度也不同,各工序月末在产品完工程度和月末在产品约当产量可按下列公式计算:

$$某工序在产品完工程度＝\frac{单位在产品前面各道工序工时定额之和＋单位在产品本工序工时定额×在产品在该工序的完工程度}{完工产品工时定额}×100\%$$

注:在产品在该工序的完工程度在不特指的情况下均为50％。

【例3-2】 新华机械厂2019年8月生产的H18-2零件经过三道工序加工而成,第一道工序工时定额为60小时,第二道工序工时定额为30小时,第三道工序工时定额为10小时。在产品在各道工序的数量分别为200件、400件、600件。试求在产品在各道工序的完工程度及约当产量。

$$第一道工序在产品完工程度＝\frac{60×50\%}{60＋30＋10}×100\%＝30\%$$

$$第二道工序在产品完工程度＝\frac{60＋30×50\%}{60＋30＋10}×100\%＝75\%$$

$$第三道工序在产品完工程度＝\frac{60＋30＋10×50\%}{60＋30＋10}×100\%＝95\%$$

$$在产品约当产量＝200×30\%＋400×75\%＋600×95\%$$
$$＝60＋300＋570$$
$$＝930(件)$$

根据本例计算结果编制H18-2零件"月末在产品完工程度及约当产量计算表"如表3-2所示。

表3-2

月末在产品完工程度及约当产量计算表

产品:H18-2零件　　　　　　　　2019年8月31日　　　　　　　　单位:件

工 序	工时定额	完工程度	在产品数量	在产品约当产量
1	60	30％	200	60
2	30	75％	400	300
3	10	95％	600	570
合　计	100		1 200	930

制表:张英

【例3-3】 新华机械厂2019年8月生产L13-5零件要经过二道工序加工完成,完工产品产量为200件,月末在产品800件,其中第一道工序300件,第二道工序500件,第一道工序工时定额60小时,第二道工序工时定额40小时,原材料在生产开始时一次投入。本月月初在产品成本为：材料 20 000 元,人工费用4 150元,制造费用8 300元;本月发生的生产成本中材料为 60 000 元,人工费用 20 000 元,制造费用 40 000 元。

根据上述资料,具体计算程序如下。

(1) 直接材料费用的分配。由于材料为生产开始时一次投入,也就是说在产品投料程度为 100%,因而在产品负担的材料费用与完工产品负担的材料费用应该一样,在产品的约当产量就是在产品实际数量,则材料费用在完工产品与在产品之间分配如下:

$$直接材料费用分配率 = \frac{20\,000 + 60\,000}{200 + 800} = 80 \text{(元/件)}$$

$$完工产品应分担材料费用 = 80 \times 200 = 16\,000\text{(元)}$$

$$月末在产品应分摊材料费用 = 80 \times 800 = 64\,000\text{(元)}$$

(2) 其他费用分配。由于各道工序单位在产品工时定额不同,那么先要计算每道工序在产品完工程度,继而要求再计算在产品约当产量,最后才能将直接工资和制造费用分配给完工产品和在产品。

$$第一道工序在产品完工程度 = \frac{60 \times 50\%}{60 + 40} \times 100\% = 30\%$$

$$第二道工序在产品完工程度 = \frac{60 + 40 \times 50\%}{60 + 40} \times 100\% = 80\%$$

$$在产品约当产量 = 300 \times 30\% + 500 \times 80\% = 90 + 400 = 490\text{(件)}$$

所以

$$直接工资费用分配率 = \frac{20\,000 + 4\,150}{200 + 490} = 35$$

$$制造费用分配率 = \frac{40\,000 + 8\,300}{200 + 490} = 70$$

$$完工产品应分担的直接工资费用 = 35 \times 200 = 7\,000\text{(元)}$$

$$在产品应分担的直接工资费用 = 35 \times 490 = 17\,150\text{(元)}$$

$$完工产品应分担的制造费用 = 70 \times 200 = 14\,000\text{(元)}$$

$$在产品应分担的制造费用 = 70 \times 490 = 34\,300\text{(元)}$$

根据上述计算归集的 L13-5 零件完工产品成本和月末在产品成本分别为:

$$完工产品成本 = 16\,000 + 7\,000 + 14\,000 = 37\,000\text{(元)}$$

$$月末在产品成本 = 64\,000 + 17\,150 + 34\,300 = 115\,450\text{(元)}$$

上述成本计算结果,在 L13-5 零件"产品成本计算单"中的登记如表 3-3 所示。

表 3 - 3

产品成本计算单

产品：L13 - 5 零件　　产量：200 件　　2019 年 8 月 31 日　　　　　　　　　　金额单位：元

摘　要 ＼ 成本项目	直接材料	直接人工	制造费用	合　计
月初在产品成本	20 000	4 150	8 300	32 450
本月生产费用	60 000	20 000	40 000	120 000
生产费用合计	80 000	24 150	48 300	152 450
本月完工产品数量	200	200	200	200
月末在产品约当量	800	490	490	
生产量合计	1 000	690	690	
费用分配率（完工产品单位成本）	80	35	70	185
本月完工产品总成本	16 000	7 000	14 000	37 000
月末在产品成本	64 000	17 150	34 300	115 450

制表：张英

据此编制完工产品入库的会计分录为：

借：库存商品——L13 - 5 零件　　　　　　　　　　　　　　　　　　　37 000
　　贷：生产成本——基本生产成本——L13 - 5 零件——直接材料　　　　16 000
　　　　　　　　　　　　　　　　　　　　　——直接人工　　　　　　7 000
　　　　　　　　　　　　　　　　　　　　　——制造费用　　　　　14 000

任务三　扣除法分配完工产品和在产品成本

任务描述

（1）熟悉不计算在产品成本法。
（2）熟悉在产品成本按年初固定数计算法。
（3）掌握在产品成本按所耗原材料费用计算法。
（4）掌握在产品成本按定额成本计算法。
（5）熟悉在产品成本按完工产品成本计算法。

相关知识

一、不计算在产品成本法

某些企业所生产的产品，月末虽然有在产品，但由于数量较少，且各月变动不大，为了简化成本计算工作,也可以不计算在产品成本。

该方法的基本特点是：基本生产成本明细账中归集的产品成本,全部由本月完工产品负担,月末在产品不分担。它适应于各月在产品很少的产品。

采用这种方法,本月完工产品的总成本等于当月该种产品发生的(应负担的)全部生产费用,并且账面上没有期末在产品成本。用计算公式表示为：

$$本月完工产品成本＝本月发生生产费用$$

二、在产品成本按年初固定数计算法

某些企业所生产的产品,月末在产品数量较大,但各月在产品数量大致稳定。这时,各月末在产品成本可以按上年末计算确定的在产品成本计算,即固定月末在产品成本。

该方法的基本特点是：每年只在年末计算 12 月末的在产品成本,在次年 1～11 月份,不论在产品数量是否发生变化,都以固定的成本作为各月在产品成本。年内各月在产品成本都按上年末在产品成本计算,固定不变。它适用于各月末之间在产品数量变化不大的产品。由此可见,在这种分配方法下,每月发生的生产费用就是该月份完工产品的成本。

用计算公式表示为：

$$本月完工\atop 产品成本 = {月初在产品成本\atop (固定年初数额)} + {本月发生\atop 生产费用} - {月末在产品成本\atop (固定年初数额)} = {本月发生\atop 生产费用}$$

三、在产品成本按所耗原材料费用计算法

某些企业所生产的产品,直接材料费用在产品成本中所占比重较大。例如,酿酒、造纸等行业的产品,直接材料费用占产品成本总额的 70% 以上。基于该种特征,这些产品的月末在产品可以只计算材料成本,直接人工和制造费用全部由本月完工产品成本负担。这种方法适用于各月末在产品数量较大、各月在产品数量变化也较大以及原材料费用在产品成本中所占比重也较大的产品。采用这种方法,本月完工产品成本等于月初在产品材料成本加上当月发生的全部生产费用,再减去月末在产品材料成本。

用计算公式表示为(假定原材料在生产开始时一次投入)：

$$某产品单位\atop 材料成本 = {原材料费用总额\over 完工产品数量 ＋ 月末在产品数量}$$

$$月末在\atop 产品成本 = {月末在\atop 产品数量} × {该产品单位\atop 材料成本}$$

$$本月完工\atop 产品成本 = {月初在\atop 产品成本} + {本月生\atop 产费用} - {月末在\atop 产品成本}$$

采用此方法,当月在产品成本即为材料成本,完工产品总成本中包含着月末在产品的人工费用与制造费用。

【例 3 - 4】 天山酒厂生产的天山牌白酒月末在产品成本只计算原材料费用,原材料在生产开始时一次投入,2019 年 8 月份有关产量及费用资料如表3 - 4所示。成本会计:马英。

表 3-4

产量及费用表

产品名称：天山牌白酒   2019 年 8 月 31 日   金额单位：元

项　　目	月初在产品		本月发生		月末在产品数量	
	数　量	成　本	数　量	生产费用	完　工	在产品
直接材料		80 000		320 000		
直接人工				8 000		
制造费用				12 000		
合　　计	200	80 000	800	340 000	600	400

制表：马英

根据上述资料，完工产品成本与月末在产品成本计算如下：

$$单位产品直接材料成本 = \frac{80\,000 + 320\,000}{600 + 400} = 400（元/件）$$

$$月末在产品成本 = 400 \times 400 = 160\,000（元）$$

$$完工产品成本 = 80\,000 + 340\,000 - 160\,000 = 260\,000（元）$$

$$或 = 600 \times 400 + 8\,000 + 12\,000 = 260\,000（元）$$

四、在产品成本按定额成本计算法

在产品按定额成本计算法，是指根据月末在产品数量和单位定额成本计算月末在产品成本，倒挤确定完工产品成本的方法。

这种方法简化了生产费用在月末在产品和本月完工产品之间的分配，但由于它将实际生产费用脱离定额的差异全部计入了当月完工产品成本，因此，只适应于各项消费定额和费用定额比较准确、稳定，定额管理基础工作较好，并且各月在产品数量也比较稳定的产品。否则，将影响本月完工产品成本计算的准确性，不利于产品成本的分析和考核。

采用这种方法，月末完工产品成本计算公式为：

$$\begin{array}{l}某产品完工 \\ 产品总成本\end{array} = \begin{array}{l}该产品本月 \\ 生产费用合计\end{array} - \begin{array}{l}该产品月末 \\ 在产品定额成本\end{array}$$

从上可以看出，采用此方法的关键在于计算确定月末在产品的定额成本。月末在产品定额成本的计算一般是分成本项目进行。其中直接材料项目可根据在产品数量和单位在产品材料成本定额计算，其他成本项目根据在产品累计工时定额和每一定额工时的费用额来计算。对多工序产品来说，其计算步骤如下。

（一）确定月末在产品定额材料成本

月末在产品定额材料成本的确定，由于材料的投料方式不同，计算方法也不一样。

（1）原材料为生产开始时一次投入，则月末在产品定额材料成本计算方法为：

$$月末在产品定额材料成本 = \sum（每道工序在产品数量 \times 材料成本定额）$$

(2) 原材料为随生产进度陆续投入,则月末在产品定额材料成本计算方法为:

$$月末在产品定额材料成本 = \sum \left(\begin{matrix} 某工序累计 \\ 材料成本定额 \end{matrix} \times \begin{matrix} 该工序 \\ 在产品数量 \end{matrix} \right)$$

其中

$$\begin{matrix} 某工序累计 \\ 材料成本定额 \end{matrix} = \begin{matrix} 前道工序累计 \\ 材料成本定额 \end{matrix} + \begin{matrix} 本工序材 \\ 料成本定额 \end{matrix} \times \begin{matrix} 本工序 \\ 投料程度 \end{matrix}$$

注:本工序投料程度若不特指则为 50%。

(3) 如果原材料为分工序一次投入的,则月末在产品定额材料成本计算方法为:

$$\begin{matrix} 月末在产品定额 \\ 材料费用 \end{matrix} = \sum \left(\begin{matrix} 某工序累计 \\ 材料成本定额 \end{matrix} \times \begin{matrix} 该工序 \\ 在产品数量 \end{matrix} \right)$$

其中

$$\begin{matrix} 某工序累计 \\ 材料成本定额 \end{matrix} = \begin{matrix} 前道工序累计 \\ 材料成本定额 \end{matrix} + \begin{matrix} 本工序材 \\ 料成本定额 \end{matrix}$$

(二) 确定月末在产品定额工时

确定月末在产品定额工时,要根据各工序结存的在产品数量和累计工时定额来计算。公式为:

$$\begin{matrix} 月末在产品 \\ 定额工时 \end{matrix} = \sum \left(\begin{matrix} 某工序累计 \\ 工时定额 \end{matrix} \times \begin{matrix} 该工序 \\ 在产品数量 \end{matrix} \right)$$

其中

$$\begin{matrix} 某工序累 \\ 计工时定额 \end{matrix} = \begin{matrix} 前道工序 \\ 累计工时定额 \end{matrix} + \begin{matrix} 本工序 \\ 工时定额 \end{matrix} \times \begin{matrix} 本工序 \\ 完工程度 \end{matrix}$$

注:本工序完工程度若不特指则为 50%。

(三) 确定月末在产品定额工资成本、制造费用成本

(1) 计算月末在产品的定额工资成本:

$$\begin{matrix} 月末在产品 \\ 定额工资成本 \end{matrix} = \begin{matrix} 月末在产品 \\ 定额工时 \end{matrix} \times \begin{matrix} 每小时 \\ 工资定额 \end{matrix}$$

(2) 计算月末在产品的定额制造费用成本:

$$\begin{matrix} 月末在产品 \\ 定额制造费用成本 \end{matrix} = \begin{matrix} 月末在产品 \\ 定额工时 \end{matrix} \times \begin{matrix} 每小时制造 \\ 费用定额 \end{matrix}$$

(四) 计算月末在产品定额成本

$$\begin{matrix} 月末在产品 \\ 定额成本 \end{matrix} = \begin{matrix} 月末在产品 \\ 定额材料成本 \end{matrix} + \begin{matrix} 月末在产品 \\ 定额工资成本 \end{matrix} + \begin{matrix} 月末在产品 \\ 定额制造费用成本 \end{matrix}$$

下面举例说明月末在产品按定额成本计算和生产费用的分配。

【例 3-5】 新华机械厂 2019 年 8 月生产的 T90-5 零件由两道工序加工而成,有关资料为:

费用定额:直接原材料 200 元/件(原材料为生产开始一次投入),直接人工 2 元/小时,制造费用 1.5 元/小时;

T90-5 零件工时定额：第一道工序 40 小时,第二道工序 20 小时;

月末在产品产量：第一道工序 50 件,第二道工序 100 件;

实际生产费用：直接材料,月初在产品直接材料 12 000 元,本月发生直接材料 48 000 元;直接工资,月初在产品直接人工 11 000 元,本月发生直接人工 19 000 元;制造费用,月初在产品制造费用 3 200 元,本月发生制造费用 18 000 元。成本会计:张英。

则根据上述资料计算月末在产品定额成本和完工产品成本过程如下：

(1) 计算材料成本。

月末在产品定额直接材料成本＝(50＋100)×200＝30 000(元)

月末完工产品直接材料成本为＝12 000＋48 000－30 000＝30 000(元)

(2) 计算人工成本。

第一道工序在产品累计工时定额＝40×50％＝20(小时)

第二道工序在产品累计工时定额＝40＋20×50％＝50(小时)

月末在产品定额工时＝20×50＋50×100＝6 000(小时)

月末在产品定额直接人工成本＝6 000×2＝12 000(元)

月末完工产品直接人工成本＝11 000＋19 000－12 000＝18 000(元)

(3) 分配制造费用。

月末在产品定额制造费用成本＝6 000×1.5＝9 000(元)

月末完工产品制造费用成本＝3 200＋18 000－9 000＝12 200(元)

(4) 计算总成本。

月末在产品定额成本＝30 000＋12 000＋9 000＝51 000(元)

月末完工产品成本＝30 000＋18 000＋12 200＝60 200(元)

上述成本计算结果,在 T90-5 零件"产品成本计算单"中的登记如表 3-5 所示。

表 3-5

产品成本计算单

产品:T90-5 零件　　　　　2019 年 8 月 31 日　　　　　单位:元

成本项目 摘　要	直接材料	直接人工	制造费用	合　计
月初在产品成本	12 000	11 000	3 200	26 200
本月发生生产费用	48 000	19 000	18 000	85 000
生产费用合计	60 000	30 000	21 200	111 200
本月完工产品总成本	30 000	18 000	12 200	60 200
月末在产品定额成本	30 000	12 000	9 000	51 000

制表:张英

据此编制完工产品入库的会计分录为：

借：库存商品——T90-5零件　　　　　　　　　　　　　　　60 200

　　贷：生产成本——基本生产成本——T90-5零件——直接材料　　30 000

　　　　　　　　　　　　　　　　　　　　　　——直接人工　　18 000

　　　　　　　　　　　　　　　　　　　　　　——制造费用　　12 200

五、在产品成本按完工产品成本计算法

在产品按完工产品成本计价法，是将月末在产品视同已完工的产品，按照月末在产品数量与本月完工产品数量的比例来分配生产费用，以确定月末在产品成本和本月完工产品成本的方法。

该方法的特点是：在产品视同完工产品分配生产费用。它适应于在产品已接近完工，只是尚未包装或尚未入库的产品。因为这种情况下的在产品已基本加工完毕，在产品的成本也就已经接近或等于完工产品成本，为了简化产品成本计算工作可以把在产品视同完工产品，按现两者的数量比例分配各项费用。

任务四　定额比例法

任务描述

（1）理解定额比例法的含义。

（2）掌握定额比例法的应用。

相关知识

一、定额比例法含义

定额比例法是将产品的生产费用在完工产品和月末在产品之间按照两者的定额成本比例来进行分配的一种方法。

该方法的基本特点是：完工产品和月末在产品的成本计算按照生产费用占完工产品和月末在产品的定额消耗或定额费用的比例来分配求得，而且在计算时，也是分成本项目进行的。其中，直接材料费用按原材料定额消耗量或原材料定额费用比例分配，其他成本项目按定额工时比例分配。它适应于各项消耗定额或费用定额比较准确、稳定，但各月末在产品数量变动较大，生产工艺过程已经定型的产品。

二、定额比例法分配方法

该方法的计算公式如下。

（1）计算分配直接材料费用。

$$\text{直接材料费用分配率} = \frac{\text{月初在产品直接原材料成本} + \text{本月发生的原材料费用}}{\text{完工产品定额原材料耗用量（或费用）} + \text{月末在产品定额原材料耗用量（或费用）}}$$

$$月末完工产品应分配直接材料费用 = 完工产品定额原材料耗用量(或费用) \times 直接材料费用分配率$$

$$月末在产品应分配直接材料费用 = 月末在产品定额原材料耗用量(或费用) \times 直接材料费用分配率$$

或

$$月末在产品应分配直接材料费用 = 月初在产品成本 + 本月发生的原材料费用 - 完工产品原材料成本$$

（2）计算分配直接人工、制造费用等费用。

$$直接工资、制造费用等分配率 = \frac{月初在产品直接工资、制造费用等 + 本月发生的直接工资、制造费用等}{完工产品定额工时 + 月末在产品定额工时}$$

$$完工产品应分配的直接工资、制造费用等 = 完工产品定额工时 \times 直接工资、制造费用等分配率$$

$$月末在产品应分配的直接工资、制造费用等 = 在产品定额工时 \times 直接工资、制造费用等分配率$$

或

$$月末在产品应分配的直接工资、制造费用等 = 月初在产品直接工资、制造费用等 + 本月发生的直接工资、制造费用等 - 完工产品直接材料工资、制造费用等$$

（3）分别计算完工产品和在产品的总成本。

$$完工产品总成本 = 完工产品材料成本 + 完工产品人工成本 + 完工产品制造费用等$$

$$在产品总成本 = 在产品材料成本 + 在产品人工成本 + 在产品制造费用等$$

【例3-6】 金星工厂2019年8月生产的蓝月电池月初在产品的定额原材料费用1 600元，定额工时1 320小时，本月投入生产的定额原材料费用8 400元，定额工时为3 680小时，月初在产品实际费用为：原材料1 500元，生产工人工资600元，制造费用500元，本月实际费用：原材料8 000元，生产工人工资2 400元，制造费用850元，本月完工产品的定额原材料费用9 000元，定额工时4 200小时。成本会计：李英。

要求：按定额比例法计算完工产品成本和月末在产品成本。

解：月末在产品定额材料费用＝1 600＋8 400－9 000＝1 000(元)

月末在产品定额工时＝1 320＋3 680－4 200＝800(小时)

$$直接材料费用分配率 = \frac{1\,500 + 8\,000}{9\,000 + 1\,000(或者1\,600 + 8\,400)} = 0.95$$

完工产品应分配材料费用＝9 000×0.95＝8 550(元)

在产品应分配材料费用＝1 000×0.95＝950(元)

$$工资费用分配率 = \frac{600 + 2\,400}{4\,200 + 800\ (或者1\,320 + 3\,680)} = 0.6(元/小时)$$

完工产品分配工资费用＝4 200×0.6＝2 520元

在产品分配工资费用＝800×0.6＝480元

$$制造费用分配率＝\frac{500＋850}{4\,200＋800（或者1\,320＋3\,680）}＝0.27（元/小时）$$

完工产品分配制造费用＝4\,200×0.27＝1\,134（元）

在产品分配制造费用＝800×0.27＝216（元）

本月完工产品成本＝8\,550＋2\,520＋1\,134＝12\,204（元）

月末在产品成本＝950＋480＋216＝1\,646（元）

根据上述资料,采用定额比例法分配本月完工产品成本和月末在产品成本的结果如表3-6所示。

表3-6

生产费用分配表(定额比例法)

产品名称：蓝月电池　　　　　　　　2019年8月31日　　　　　　　　单位：元

成本项目	月初在产品成本	本月生产费用	生产费用合计	分配率	本月完工产品		月末在产品	
					定额耗用量或工时	实际费用	定额耗用量或工时	实际费用
	①	②	③＝①＋②	④＝③/(⑤＋⑦)	⑤	⑥＝④×⑤	⑦	⑧＝④×⑦
直接材料	1\,500	8\,000	9\,500	0.95	9\,000	8\,550	1\,000	950
直接人工	600	2\,400	3\,000	0.60	4\,200	2\,520	800	480
制造费用	500	850	1\,350	0.27	4\,200	1\,134	800	216
合　计	2\,600	11\,250	13\,850			12\,204		1\,646

制表：李英

据此编制完工产品入库的会计分录为：

借：库存商品——蓝月电池　　　　　　　　　　　　　　　　　　12\,204
　　贷：生产成本——基本生产成本——蓝月电池——直接材料　　　　8\,550
　　　　　　　　　　　　　　　　　　　　　　——直接人工　　　　2\,520
　　　　　　　　　　　　　　　　　　　　　　——制造费用　　　　1\,134

综上所述,生产费用在完工产品与月末在产品之间分配方法较多,企业应根据生产的不同特征及管理条件的要求合理地选用其中一种或几种方法,从而正确地将费用在完工产品和在产品之间进行分配。

【思考及讨论题】

新华机械厂生产的T-18零件2019年9月初在产品定额原材料费用45\,600元,定额工时14\,500小时;本月投入定额原材料费用64\,000元,定额工时18\,600小时。月初在产品实际成本为：原材料费用54\,000元,工资费用8\,400元,制造费用12\,800元;本月发生的生产费用为：原材料66\,000元,工资费用9\,600元,制造费用11\,200元。T-18零件经过三道工序加工完成,各工序在产品数量分别为 50 件、80 件、90 件,在产品原材料费用各道工序为 100 元;原材料在生产开始时一次投入。工时定额三道工序各为 20 小时。请思考一下,用什么方法能求得完工产品和月末在产品实际成本,并计算出各为多少? 请计算出完工产品定额原材料费用和定额工时。

 引导案例分析

赵敏的回答不正确。本月完工的 15 000 套西服成本应为:$200 \times 1.5/2 + 180 \times 1.5/(1.5 + 0.5 \times 50\%) = 304.3$ 万元。

 认知实习

班上同学们分成 5~10 人一组前往学校附近的工业企业调查,对其进行专访,主要访问办公室、生产车间和财务室,了解单位的概况、生产流程、成本核算流程,重点关注月末存在在产品的企业,了解在产品的数量和完工程度等资料,分析其生产费用在完工产品和在产品之间分配采用的方法,每组写份图文并茂的调查报告。

主要成本计算方法

学习目标

知识目标：理解成本计算方法的含义、种类、适用范围与基本特点；掌握各种成本计算方法的计算程序、各种费用分配和归集的方法以及相应的账务处理。

技能目标：根据企业的实际情况灵活运用不同的成本计算方法；正确运用各种成本计算方法进行成本计算。

引导案例

(1) 2019 年 8 月 20 日，娄底职业技术学院肖月华教师带领学生去娄底机械制造有限公司参观。娄底机械制造有限公司属于电机行业，主要生产多速电机、单相电机两种电机，产品主要销往娄底各县市，产品质量深得用户的好评。第二天上课时，老师让大家讨论该厂的会计核算方法，针对该厂应采用的成本计算方法，同学们的意见差异较大。有的说，用户购买电机一般是单个购买，不会按批订货，所以该厂应该采用品种法，按产品的品种计算产品成本；有的说，电机制造属于多步骤生产，必须按生产工艺步骤来进行生产活动，所以应该采用分步法；还有的说……你认为哪种说法正确呢？为什么？

(2) 2019 年 9 月 7 日，长沙民政职业技术学院会计教研室彭湘华老师带领会计专业的学生来到湖南长沙造船厂参观，湖南长沙造船厂自 1986 年开始批量生产自卸运砂船、淘金及挖沙机械，十年来产品以低廉的价格和稳定产品质量远销全国各地。现已成为国内知名的加工、定做、采沙机械、磁选铁砂、淘金机械、运砂船只的厂家，尤以 100 吨以下自卸运砂船畅销全国十几个省、市、自治区，产品以先进的设计和最佳的性价比深受广大用户欢迎,并为用户取得了可观的经济效益。第二天上课时,彭老师让大家讨论该厂的会计核算方法,针对该厂应采用的成本计算方法,同学们的意见差异较大。有的说,船舶是大型产品,需要几个月甚至几年的时间进行生产,该厂应该采用品种法,按产品的品种计算产品成本;有的说,船舶制造属于多步骤生产,必须按计划的步骤来进行生产活动,所以应该采用分步法;还有的说,船舶制造通常根据客户的订单来进行生产,成本计算也是根据客户订单分批进行的,因此,该厂应该采用分批法进行成本计算,你认为哪种说法正确呢? 为什么?

(3) 湘潭纺织公司是连续式复杂生产企业,将原棉等原材料投入生产,经过第一生产步骤加工成棉纱筒(纺织半成品),棉纱筒一部分对外销售,一部分继续投入第二步骤织布车间继续加工,加工成为坯布,坯布继续投入第三步骤印染车间继续加工成成品棉布,棉布是该公司的库存商品。由于半成品(棉纱筒)和产成品(棉布)同时对外销售,因此湘潭纺织品公司的成本计算方法采用逐步结转分步法来核算半成品棉纱筒和成品棉布的成本。假如该公司的半成品棉纱筒不对外销售,是不是也只能采用逐步结转分步法计算成本呢? 如果你是本公司的成本会计,你怎样根据该公司的具体情况选择成本计算方法呢?

任务一　品种法成本计算

任务描述

(1) 根据资料内容以及原材料费用分配表、工资及职工福利费分配表,编制会计分录。

(2) 根据资料内容及上述会计分录,登记制造费用明细账和生产成本明细账。

(3) 编制辅助生产费用、制造费用分配表,并编制会计分录。

(4) 计算产品生产成本,填制成本计算单,结转完工产品成本。

相关知识

一、品种法的含义与适用范围

(一) 品种法的概念

品种法是以产品的品种为成本计算对象,归集费用,计算产品制造成本的一种方法。

各种成本计算方法最终都要计算出各产品品种的实际总成本和单位成本,按照产品品种计算产品成本是成本计算的最起码的要求,因此,品种法是工业企业产品成本计算的最基本方法。

（二）品种法的分类及适用范围

品种法一般适用于大量大批单步骤生产类型的企业,例如,发电、采掘等企业;大量大批多步骤生产的企业,如果企业或车间的规模较小,管理上不要求分步骤计算产品成本的企业,例如,砖瓦厂、造纸厂和小型水泥厂等;企业的辅助生产单位,如供水车间、供电车间、供气车间等也可采用品种法计算其产品和劳务的成本。

品种法按成本计算方法可分为简单品种法和典型品种法。

1. 简单品种法

简单品种法亦称单一品种法,是指企业最终只生产一种产品或劳务,生产过程中发生的应计入产品成本的各种费用都是直接计入费用,不存在各种产品间分配的问题,而只需要根据有关原始凭证及费用汇总表登记产品成本明细账。

简单品种法的适用范围：① 大量大批单步骤生产类型企业,品种单一,没有或极少存在在产品;② 内部辅助生产车间,如供水、供电等单步骤大量生产车间。

2. 典型品种法

典型品种法,亦称多品种的品种法,简称品种法。指企业生产多种产品,凡是生产过程中发生的分不清何种产品耗用应记入产品成本的各种直接生产费用和间接生产费用,均应在各种产品间分配。

典型品种法适用范围：① 生产两种或两种以上产品的大量大批单步骤生产类型企业;② 生产两种或两种以上产品的管理上不要求分步计算成本的多步骤生产企业。

需按不同品种设置产品成本计算单,还需计算每种产品的完工产品成本和月末在产品成本。

二、品种法的基本特点

（一）成本计算对象

品种法的成本计算对象是每种产品,因此,在进行成本计算时,需要为每一品种产品设置一张产品成本计算单。

1. 只生产一种产品企业成本计算对象的确定

如果企业只生产一种产品,成本计算对象就是该种产品,只需为该种产品设置一张成本计算单,单中按成本项目设置专栏,生产中所发生的生产费用都是直接费用。

2. 生产多种产品企业成本计算对象的确定

如果企业生产多种产品,成本计算对象则是每种产品,需要按每种产品分别设置产品成本计算单。

生产中发生的生产费用,要区分为直接费用和间接费用,直接费用应直接计入该种产品的成本计算单中;间接费用,应采用适当的分配方法分配计入每种产品成本。

（二）成本计算期

采用品种法计算产品成本的生产企业,是连续不断地重复着某种或几种产品的生产,经常有很多完工产品,不能等到产品全部制造完工时再计算成本,而只能定期在月末计算成本。产品成本的计算期与会计报告期一致,与产品的生产周期可能一致也可能不一致。

（三）月末费用在完工产品和在产品之间的分配

品种法下成本计算一般按月进行。月末可能有在产品也可能没有在产品。如果有在产品则存在生产成本在完工产品与在产品之间的计算问题（具体分配方法参见项目三）。

三、品种法成本计算的程序

（一）按产品品种开设成本明细账

按产品品种设置产品成本明细账或成本计算单、辅助生产成本明细账、制造费用明细账,并按成本项目或费用项目设置专栏（具体见第二单元）。

（二）归集和分配各种要素费用

根据各项费用发生的原始凭证和其他有关凭证,归集和分配材料费用、工资费用和其他各项费用。按成本核算对象（即产品品种）归集和分配生产费用时要编制会计分录,凡是能直接计入有关生产成本明细账（产品成本计算单）的,应当直接计入;不能计入的,应当按照受益原则分配以后,根据有关费用分配表,分别记入有关生产成本明细账（产品成本计算单）。各生产单位发生的制造费用,先通过制造费用明细账归集,记入有关制造费用明细账。直接计入当期损益的管理费用、销售费用、财务费用,应分别计入有关期间费用明细账。

（1）根据货币资金支出业务,按用途分类汇总各种付款凭证,登记各项费用,据以登记有关明细账。

（2）根据领退料凭证及有关分配标准,编制材料费用分配表,分配材料费用,据以登记有关明细账。

（3）根据电费付款凭证和实际耗用量,编制外购动力费用分配表,据以登记有关明细账。

（4）根据工资结算凭证和福利费提取标准,编制工资及福利费分配表,分配工资及福利费,据以登记有关明细账。

（5）根据固定资产使用情况及折旧办法,编制固定资产折旧费用分配表,分配固定资产折旧费,据以登记有关明细账。

（三）归集和分配辅助生产费用

根据"辅助生产成本明细账"上归集的本月辅助生产费用总额,按企业确定的辅助生产费用分配方法,分别编制辅助生产单位的"辅助生产费用分配表"并据以编制分录,登记有关产品成本明细账（产品成本计算单）、制造费用明细账、期间费用明细账。

（四）分配基本生产车间制造费用

根据基本生产车间"制造费用明细账"上归集的本月制造费用,按企业确定制造费用分配方法,编制制造费用分配表,采用适当的分配方法,分配制造费用,并据以编制分录,登记"基本生产成本明细账"或"成本计算单"。

（五）计算各种产品的完工产品成本和在产品成本

根据"基本生产成本明细账"或"成本计算单"上归集的生产费用合计数（期初在产品成本加上本期生产费用），月末，采用适当的计算方法，计算各种产品的完工产品成本和在产品成本及完工产品的单位成本。如果月末没有在产品，则本月生产费用总额就全部是完工产品成本。

（六）结转产成品生产成本

根据"基本生产成本明细账"或"成本计算单"计算的各种产品完工产品成本，编制"完工产品成本汇总表"，据以结转产成品生产成本。

品种法成本计算的程序如图4-1所示。

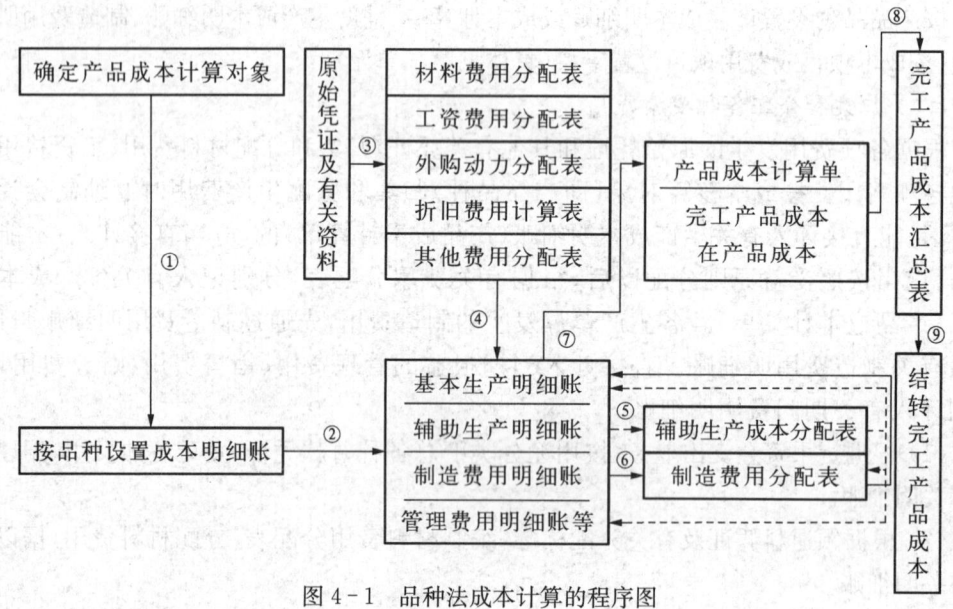

图4-1 品种法成本计算的程序图

【例4-1】 简单品种法成本计算案例

（一）企业概况

1. 生产车间的设置

三元发电厂属于单步骤的大量生产企业，只生产电力一种产品。工厂设有燃料车间、锅炉车间、汽机车间和电机车间四个基本生产车间，另外还设有一个修理辅助生产车间和若干个管理科室。成本会计：王英。

2. 生产工艺过程

三元发电厂以煤为燃料进行火力发电，工艺特点主要表现为：通过燃料煤燃烧对锅炉中的水进行加热，形成高温高压的蒸汽，推动汽轮机快速旋转，借以带动发电机转动，从而产生电力。由于整个工艺过程不能间断，又只生产电力一种产品，所以只能选择简单品种法计算电力产品成本，而且生产中发生的一切生产费用都是直接费用，可以直接计入电力产品成本，因此，成本项目可以按照生产费用的经济性质和经济用途结合的原则进行设置。

3. 成本项目的设置

该厂为小企业，适用小企业会计制度，为进行成本核算，设置了"生产成本"总账科目，并以成本项目为专栏设置了"生产成本明细账"和"电力产品成本计算单"。具体成本项目包括"燃料费"、"生产用水费"、"材料费"、"工资及福利费"、"折旧费"、"修理费"、"其他费用"等。

由于电力产品不能储存,不存在未完工的在产品,因而无需将生产费用在完工产品和在产品之间进行分配。该厂所产电力,除少量自用外,全部对外供应,因此,当月发生的全部生产费用,即为当月电力产品的总成本,除以对外供应的电力产量,即为电力产品的单位成本。

(二)三元发电厂 2019 年 8 月份发生下列经济业务

1. 据燃料车间提供的燃料耗用统计表编制"燃料费用分配表"(见表 4-1)。

表 4-1

燃料费用分配表

2019 年 8 月 31 日　　　　　　　　　　　　　　　　单位:元

燃料名称	数量(吨)	单价(元/吨)	金　额
阜新原煤	800	300	240 000
大同原煤	500	280	140 000
合　计	1 300	—	380 000

制表:王英

根据"燃料费用分配表",编制会计分录如下:

借:生产成本——燃料费　　　　　　　　　　　　　　　　380 000
　　贷:原材料——阜新原煤　　　　　　　　　　　　　　　　240 000
　　　　　　　　——大同原煤　　　　　　　　　　　　　　　　140 000

2. 据不同生产车间各种用途的领料凭证(或领料凭证汇总表),编制"材料费用分配表"(见表 4-2)。

表 4-2

材料费用分配表

2019 年 8 月 31 日　　　　　　　　　　　　　　　　单位:元

车　间	材料名称	数量(千克)	单价(元/千克)	金　额
燃料车间	煤　粉	300	60	18 000
锅炉车间	原　煤	100	30	3 000
汽机车间	透平油	220	50	11 000
电机车间	石　膏	80	35	2 800
修理车间	润滑油	270	20	5 400
合　计	—	—	—	40 200

制表:王英

根据"材料费用分配表",编制会计分录如下:

借：生产成本——材料费	40 200
贷：原材料——煤粉	18 000
——原煤	3 000
——透平油	11 000
——石膏	2 800
——润滑油	5 400

3. 根据各生产车间工资结算凭证汇总表，编制"工资及福利费分配表"（见表 4 - 3）。

表 4 - 3

工资及福利费分配表

2019 年 8 月 31 日　　　　　　　　　　　　　　　　单位：元

车　　间	工　　资	福利费	合　　计
燃料车间	20 000	2 800	22 800
锅炉车间	15 000	2 100	17 100
汽机车间	18 000	2 520	20 520
电机车间	10 000	1 400	11 400
修理车间	8 000	1 120	9 120
合　　计	71 000	9 940	80 940

制表：王英

根据"工资及福利费分配表"，编制会计分录如下：

借：生产成本——工资及福利费	80 940
贷：应付职工薪酬——工资	71 000
——福利费	9 940

4. 本月应付自来水公司水费28 600元，其中生产用水费27 000元，各车间公共用水费1 600元。根据有关凭证编制会计分录如下：

借：生产成本——生产用水费	28 600
贷：应付账款——自来水公司	28 600

5. 根据"固定资产折旧计算表"（略），各车间本月计提折旧费53 000元，编制会计分录如下：

借：生产成本——折旧费	53 000
贷：累计折旧	53 000

6. 按规定的提存率提取本月修理费用35 000元，编制会计分录如下：

借：生产成本——修理费	35 000
贷：预提费用——修理费	35 000

7. 结转应由本月生产负担的低值易耗品摊销额2 200元（低值易耗品采用分期摊销法），编制会计分录如下：

借：生产成本——其他费用　　　　　　　　　　　　　　　　　　　　　　　2 200

　　贷：待摊费用——低值易耗品摊销　　　　　　　　　　　　　　　　　　　　　2 200

8. 结转应有本月生产负担的车间财产保险费用3 100元，编制会计分录如下：

借：生产成本——其他费用　　　　　　　　　　　　　　　　　　　　　　　3 100

　　贷：待摊费用——保险费　　　　　　　　　　　　　　　　　　　　　　　3 100

（三）根据上述会计处理登记按成本项目设置专栏的生产成本明细账（见表4-4）

表4-4

生产成本明细账

2019 月	年 日	摘　　要	燃料费	生产用水费	材料费	工资及福利费	折旧费	修理费	其他费用	合　计
8	31	分配燃料费	380 000							380 000
	31	分配材料费			40 200					40 200
	31	分配工资福利费				80 940				80 940
	31	分配水费		28 600						28 600
	31	分配折旧费					53 000			53 000
	31	分配修理费						35 000		35 000
	31	分配低值易耗品							2 200	2 200
	31	分配保险费							3 100	3 100
	31	本月合计	380 000	28 600	40 200	80 940	53 000	35 000	5 300	623 040
	31	本月转出	380 000	28 600	40 200	80 940	53 000	35 000	5 300	623 040

注：□表示框内数字为红字。

成本计算单中，生产量扣除厂用电量即为厂供电量；电力成本除以厂供电量，即为电力单位成本。由于燃料成本占电力成本的比重较大，从重要性原则考虑还要突出反映电力的燃料单位成本，以便加强对燃料成本的分析和考核。

（四）根据生产成本明细账和电力产量统计资料，编制"电力产品成本计算单"（见表4-5）

表4-5

电力产品成本计算单

2019 年 8 月 31 日

生产量3 900千度，其中厂自用350千度，供电量3 550千度　　　　　　　　单位：元

成 本 项 目	总　成　本	单位成本（元/千度）
燃料费	380 000	107.04
生产用水费	28 600	8.06
材料费	40 200	11.32

（续表）

成 本 项 目	总 成 本	单 位 成 本(元/千度)
工资及福利费	80 940	22.80
折旧费	53 000	14.93
修理费	35 000	9.86
其他费用	5 300	1.49
合 计	623 040	175.50

制表：王英

（五）根据生产成本明细账结转本月电力成本，编制会计分录

借：主营业务成本　　　　　　　　　　　　　　　　　　　623 040

　　贷：生产成本——燃料费　　　　　　　　　　　　　　　　380 000

　　　　　　——生产用水费　　　　　　　　　　　　　　　28 600

　　　　　　——材料费　　　　　　　　　　　　　　　　40 200

　　　　　　——工资及福利费　　　　　　　　　　　　　80 940

　　　　　　——折旧费　　　　　　　　　　　　　　　　53 000

　　　　　　——修理费　　　　　　　　　　　　　　　　35 000

　　　　　　——其他费用　　　　　　　　　　　　　　　　5 300

【例 4-2】　典型品种法成本计算案例

（一）企业概况

娄底机械制造有限公司设有一个基本生产车间和供电、机修两个辅助生产车间，大量生产多速电机、单相电机两种产品，根据生产特点和管理要求，多速电机、单相电机两种产品采用品种法计算产品成本。成本会计：赵英。

（二）成本项目的设置

该企业"生产成本"总账下设"基本生产成本"和"辅助生产成本"两个二级账，"基本生产成本"二级账分多速电机、单相电机产品设置成本计算单，"辅助生产成本"二级账分设供电车间和机修车间明细账。"制造费用"核算基本生产车间发生的间接费用，本例题中供电和机修车间由于提供产品或服务单一，发生的间接费用直接记入"辅助生产成本"所属明细账。成本计算单下设"直接材料"、"直接人工"和"制造费用"三个成本项目。

（三）2019 年 9 月有关成本计算资料

1. 月初在产品成本。多速电机、单相电机两种产品的月初在产品成本已分别记入各该产品成本计算单（见表 4-14、表 4-15）。

2. 本月生产数量。多速电机产品本月完工 500 台，月末在产品 100 台，实际生产工时 100 000 小时；单相电机产品本月完工 200 台，月末在产品 40 台，实际生产工时 50 000 小时。多速电机、单相电机两种产品的原材料都在生产开始时一次投入，加工费用发生比较均衡，月末在产品完工程度均为 50%。

3. 本月发生生产费用。

（1）本月发出材料汇总表见表 4－6。

表 4－6

发出材料汇总表

2019 年 9 月 30 日　　　　　　　　　　单位：元

领料部门和用途	材 料 类 别				合 计
	定 子	转 子	胶 带	低值易耗品	
基本生产车间					
多速电机产品耗用	700 000	100 000	10 000		810 000
单相电机产品耗用	500 000	100 000	4 000		604 000
多速电机、单相电机产品共同耗用	28 000				28 000
车间一般耗用	2 000			100	2 100
供电车间耗用	1 000				1 000
机修车间耗用	1 200				1 200
厂部管理部门耗用	1 200			400	1 600
合 计	1 233 400	200 000	14 000	500	1 447 900

制表：赵英

生产多速电机、单相电机两种产品共同耗用的材料 28 000 元按多速电机、单相电机两种产品直接耗用原材料的比例分配。分配表见表 4－8 所示。

（2）本月工资结算汇总表及职工福利费用计算表（简化格式）如表 4－7 所示。

表 4－7

工资及福利费汇总表

2019 年 9 月 30 日　　　　　　　　　　单位：元

人 员 类 别	应付工资总额	应计提福利费	合 计
基本生产车间			
产品生产工人	420 000	58 800	478 800
车间管理人员	20 000	2 800	22 800
供电车间	8 000	1 120	9 120
机修车间	7 000	980	7 980
厂部管理人员	40 000	5 600	45 600
合 计	495 000	69 300	564 300

制表：赵英

（3）本月以现金支付的费用为2 500元,其中基本生产车间办公费 250 元,市内交通费 65 元;供电车间市内交通费 145 元;机修车间外部加工费 480 元;厂部管理部门办公费 1 360元,材料市内运输费 200 元。分配表见表 4-13。

（4）本月以银行存款支付的费用为14 700元,其中基本生产车间办公费1 000 元,水费 2 000 元,差旅费1 400 元,设计制图费2 600 元;供电车间水费 500 元,外部修理费1 800 元; 机修车间办公费 400 元;厂部管理部门办公费3 000 元,水费1 200 元,招待费 200 元,市话 费 600 元。分配表见表 4-13。

（5）本月应计提固定资产折旧费 22 000 元,其中基本生产车间 10 000 元,供电车间 2 000 元,机修车间4 000元,厂部6 000元。折旧费分配表见表 4-11。

（6）根据"待摊费用"账户记录,本月应分摊财产保险费3 195元,其中供电车间 800 元,机修车间 600 元,基本生产车间1 195元,厂部管理部门 600 元。待摊费用分配表见表 4-12。

（四）品种法成本计算程序

1. 根据各项生产费用发生的原始凭证和其他有关资料,编制各项要素费用分配表, 分配各项要素费用

（1）分配材料费用,其中生产多速电机、单相电机两种产品共同耗用材料按多速电机、单相电机两种产品直接耗用原材料的比例分配。分配结果如表 4-8、表 4-9 所示。

表 4-8

共耗材料分配表

2019 年 9 月 30 日

单位：元

产 品 名 称	直接耗用原材料	分 配 率	分配共耗材料
多速电机	800 000		16 000
单相电机	600 000		12 000
合　计	1 400 000	0.02	28 000

制表：赵英

表 4-9

材料费用分配表

2019 年 9 月 30 日

单位：元

会 计 科 目	明细科目	原 材 料	胶 带	低值易耗品	合　计
生产成本—— 基本生产成本	多速电机	816 000	10 000		826 000
	单相电机	612 000	4 000		616 000
	小　计	1 428 000	14 000		1 442 000
生产成本—— 辅助生产成本	供电车间	1 000			1 000
	机修车间	1 200			1 200
	小　计	2 200			2 200

（续表）

会 计 科 目	明 细 科 目	原 材 料	胶 带	低值易耗品	合 计
制造费用	基本生产车间	2 000		100	2 100
管理费用	材料费	1 200		400	1 600
合 计		1 433 400	14 000	500	1 447 900

制表：赵英

根据材料费用分配表及共耗材料分配表，编制如下会计分录：

① 借：生产成本——基本生产成本——多速电机——直接材料   826 000

                      ——单相电机——直接材料   616 000

                  ——辅助生产成本——供电车间——材料   1 000

                      ——机修车间——材料   1 200

      制造费用——材料费   2 100

      管理费用——材料费   1 600

      贷：原材料——定子   1 233 400

              ——转子   200 000

        周转材料——胶带   14 000

              ——低值易耗品   500

（2）分配工资及福利费用，分配结果如表 4-10 所示。

其中多速电机、单相电机两种产品应分配的工资及福利费按多速电机、单相电机两种产品的实际生产工时比例分配。

表 4-10

工资及福利费用分配表

2019 年 9 月 30 日   单位：元

分 配 对 象		工 资			福 利 费		合 计
会 计 科 目	明 细 科 目	分配标准（工时）	分配率	分配金额	分配率	分配金额	
生产成本——基本生产成本	多速电机	100 000		280 000		39 200	319 200
	单相电机	50 000	2.80	140 000	0.392	19 600	159 600
	小 计	150 000		420 000		58 800	478 800
生产成本——辅助生产成本	供电车间			8 000		1 120	9 120
	机修车间			7 000		980	7 980
	小 计			15 000		2 100	17 100
制造费用	基本生产车间			20 000		2 800	22 800
管理费用	工资及福利费			40 000		5 600	45 600
合 计				495 000		69 300	564 300

制表：赵英

根据工资及福利费用分配表,编制如下会计分录:

② 借:生产成本——基本生产成本——多速电机——直接人工　　　319 200

　　　　　　　　　　　　　　——单相电机——直接人工　　　159 600

　　　　　——辅助生产成本——供电车间——人工　　　　　　　　9 120

　　　　　　　　　　　　　　——机修车间——人工　　　　　　　7 980

　　制造费用——工资及福利费　　　　　　　　　　　　　　　　22 800

　　管理费用——工资及福利费　　　　　　　　　　　　　　　　45 600

　　贷:应付职工薪酬——工资　　　　　　　　　　　　　　　　　　　495 000

　　　　　　　　　　——福利　　　　　　　　　　　　　　　　　　　 69 300

(3) 计提固定资产折旧费用,摊销待摊费用。分配结果如表 4-11、表4-12 所示。

表 4-11

折旧费用计算表

2019 年 9 月 30 日　　　　　　　　　　　　　　　　　单位:元

会 计 科 目		费 用 项 目	分 配 金 额
制造费用	基本生产车间	折旧费	10 000
生产成本——辅助生产成本	供电车间	折旧费	2 000
	机修车间	折旧费	4 000
管理费用		折旧费	6 000
合　　计			22 000

制表:赵英

表 4-12

待摊费用(财产保险费)分配表

2019 年 9 月 30 日　　　　　　　　　　　　　　　　　单位:元

会 计 科 目		费 用 项 目	分 配 金 额
制造费用	基本生产车间	保险费	1 195
生产成本——辅助生产成本	供电车间	保险费	800
	机修车间	保险费	600
管理费用		保险费	600
合　　计			3 195

制表:赵英

根据折旧费用计算表、财产保险费用分配表,编制如下会计分录:

③ 借：生产成本——辅助生产成本——供电车间——制造费用　　　　　　2 800

　　　　　　　　　　　　　　——机修车间——制造费用　　　　　　4 600

　　　制造费用——折旧费　　　　　　　　　　　　　　　　　　　　10 000

　　　　　　——保险费　　　　　　　　　　　　　　　　　　　　　1 195

　　　管理费用——折旧费　　　　　　　　　　　　　　　　　　　　6 000

　　　　　　——保险费　　　　　　　　　　　　　　　　　　　　　　600

　　贷：累计折旧　　　　　　　　　　　　　　　　　　　　　　　　22 000

　　　　待摊费用——保险费　　　　　　　　　　　　　　　　　　　　3 195

（4）分配本月现金和银行存款支付费用。分配结果如表4 - 13所示。（根据本月发生费用的第3、第4项业务）

表4 - 13

其他费用分配表

2019 年 9 月 30 日　　　　　　　　　　　　　　　　　　　　　　单位：元

会计科目		现金支付	银行存款支付	合计
制造费用	其他	315	7 000	7 315
生产成本——辅助生产成本	供电车间——制造费用	145	2 300	2 445
	机修车间——制造费用	480	400	880
管理费用	其他	1 560	5 000	6 560
合计		2 500	14 700	17 200

制表：赵英

根据其他费用分配表，编制如下会计分录：

④ 借：生产成本——辅助生产成本——供电车间——制造费用　　　　　　2 445

　　　　　　　　　　　　　　——机修车间——制造费用　　　　　　　880

　　　制造费用——其他　　　　　　　　　　　　　　　　　　　　　7 315

　　　管理费用——其他　　　　　　　　　　　　　　　　　　　　　6 560

　　贷：库存现金　　　　　　　　　　　　　　　　　　　　　　　　2 500

　　　　银行存款　　　　　　　　　　　　　　　　　　　　　　　14 700

2. 根据各项要素费用分配表及有关分录登记有关辅助生产成本明细账（表4 - 14、表4 - 15、表4 - 16、表4 - 17）、制造费用明细账（表4 - 18）、产品成本计算单（表4 - 19、表4 - 20）

表 4－14

基本生产成本明细账

产品名称：多速电机

2019 月	年 日	摘 要	直接材料	直接人工	制造费用	合 计
9	1	期初在产品成本	164 000	32 470	3 675	200 145
9	30	材料费用分配表	①* 826 000			826 000
	30	工资及福利费分配表		②319 200		319 200
	30	制造费用转入			⑦37 300	37 300
	30	辅助生产成本转入			⑤6 120	6 120
	30	本期发生额合计	826 000	319 200	43 420	1 188 620
	30	本期累计	990 000	351 670	47 095	1 388 765
	30	结转产成品成本	⑧ 825 000	⑧ 319 700	⑧ 42 815	1 187 515
	30	月末在产品	165 000	31 970	4 280	201 250

* 圈码表示会计分录编号。□表示框内数字为红字。

表 4－15

基本生产成本明细账

产品名称：单相电机

2019 月	年 日	摘 要	直接材料	直接人工	制造费用	合 计
9	1	期初在产品成本	123 740	16 400	3 350	143 490
	30	材料费用分配表	①616 000			616 000
	30	工资及福利费分配表		②159 600		159 600
	30	制造费用转入			⑦18 650	18 650
	30	辅助生产成本转入			⑤3 060	3 060
	30	本期发生额合计	616 000	159 600	21 710	797 310
	30	本期累计	739 740	176 000	25 060	940 800
	30	结转产成品成本	⑧ 616 450	⑧ 160 000	⑧ 22 782	⑧ 799 232
	30	月末在产品	123 290	16 000	2 278	141 568

注：□表示框内数字为红字。

表 4 - 16

辅助生产成本明细账

车间名称：供电车间

2019	年	摘　要	材　料	人　工	制造费用	合　计
月	日					
9	30	材料费用分配表	①1 000			1 000
	30	工资及福利费分配表		②9 120		9 120
	30	折旧和待摊费用转入			③2 800	2 800
	30	其他费用分配表			④2 445	2 445
	30	结转辅助生产成本差异			⑥ 1 125	1 125
	30	本期发生额合计	1 000	9 120	4 120	14 240
	30	结转各受益部门	⑤ 1 000	⑤ 9 120	⑤ 4 120	14 240

注：□表示框内数字为红字。

表 4 - 17

辅助生产成本明细账

车间名称：机修车间

2019	年	摘　要	材　料	人　工	制造费用	合　计
月	日					
9	30	材料费用分配表	①1 200			1 200
	30	工资及福利费分配表		②7 980		7 980
	30	折旧和待摊费用转入			③4 600	4 600
	30	其他费用分配表			④880	880
	30	结转辅助生产成本差异			⑥ 70	70
	30	本期发生额合计	1 200	7 980	5 410	14 590
	30	结转各受益部门	⑤ 1 200	⑤ 7 980	⑤ 5 410	14 590

注：□表示框内数字为红字。

表 4 - 18

制造费用明细账

车间名称：基本生产车间

2019 年 月	日	摘　要	材料费	工资及福利费	折旧费	修理费	水电费	保险费	其他	合计
9	30	材料费用分配表	①2 100							2 100
	30	工资及福利费分配表		②22 800						22 800
	30	折旧费用计算表			③10 000					10 000
	30	待摊费用分配表						③1 195		1 195
	30	其他费用分配表							④7 315	7 315
	30	辅助生产成本分配表				⑤10 500	⑤2 040			12 540
	30	本期发生额	2 100	22 800	10 000	10 500	2 040	1 195	7 315	55 950
	30	期末结转制造费用	⑦2 100	⑦22 800	⑦10 000	⑦10 500	⑦2 040	⑦1 195	⑦7 315	⑦55 950

注：▢表示框内数字为红字。

表 4 - 19

产品成本计算单

产品名称：多速电机　　　产成品：500 台
　　　　　　　　　　　　在产品：100 台
　　　　　　　　　　　　2019 年 9 月 30 日　　　　　　　　单位：元

成本项目 摘　要	直接材料	直接人工	制造费用	合　计
月初在产品成本	164 000	32 470	3 675	200 145
本月发生生产费用	826 000	319 200	43 420	1 188 620
生产费用合计	990 000	351 670	47 095	1 388 765
完工产品数量	500	500	500	
在产品约当量	100	50	50	
总约当产量	600	550	550	
分配率（单位成本）	1 650	639.40	85.63	2 375.03
完工产品总成本	825 000	319 700	42 815	1 187 515
月末在产品成本	165 000	31 970	4 280	201 250

制表：赵英

表 4-20

产品成本计算单

产品名称：单相电机　　　　　　产成品：200 台
　　　　　　　　　　　　　　在产品：40 台
　　　　　　　　　　　　　　2019 年 9 月 30 日　　　　　　单位：元

成本项目　　　　　　摘　要	直接材料	直接人工	制造费用	合　计
月初在产品成本	123 740	16 400	3 350	143 490
本月发生生产费用	616 000	159 600	21 710	797 310
生产费用合计	739 740	176 000	25 060	940 800
完工产品数量	200	200	200	
在产品约当量	40	20	20	
总约当产量	240	220	220	
分配率（单位成本）	3 082.25	800	113.91	3 996.16
完工产品总成本	616 450	160 000	22 782	799 232
月末在产品成本	123 290	16 000	2 278	141 568

制表：赵英

3. 分配辅助生产费用

根据各辅助生产车间制造费用明细账汇集的制造费用总额，分别转入该车间辅助生产成本明细账。本例题供电和机修车间提供单一产品或服务，未单独设置制造费用明细账，车间发生的间接费用直接记入各车间辅助生产成本明细账。

根据辅助生产成本明细账（见表 4-16、表 4-17）归集的待分配辅助生产费用和辅助生产车间本月劳务供应量，采用计划成本分配法分配辅助生产费用，并据以登记有关成本计算单和费用明细账。

本月供电车间和机修车间提供的劳务量如表 4-21 所示。每度电的计划成本为 0.34 元，每小时机修费的计划成本为 3.50 元；成本差异全部由管理费用负担。生产产品发生的电费按车间生产多速电机、单相电机两种产品的生产工时比例分配，并记入产品成本计算单中"直接材料"成本项目，分配结果如表 4-22 所示。

供电车间实际成本＝15 365＋1 400＝16 765（元）
机修车间实际成本＝14 660＋1 020＝15 680（元）

辅助生产费用分配的会计分录如下：

（1）结转辅助生产计划成本

表 4-21

供电和机修车间提供的劳务量表

2019 年 9 月 30 日

受益部门	供电车间（单位成本 0.34 元）		机修车间（单位成本 3.50 元）		合计
	用电度数（度）	计划成本（元）	机修工时（小时）	计划成本（元）	
供电车间			400	1 400	1 400
机修车间	3 000	1 020			1 020
基本生产车间	33 000	11 220	3 000	10 500	21 720
产品生产	27 000	9 180			9 180
一般耗费	6 000	2 040	3 000	10 500	12 540
厂部管理部门	10 000	3 400	1 100	3 850	7 250
合 计	46 000	15 640	4 500	15 750	31 390
实际成本		16 765		15 680	32 445
成本差异		1 125		[70]	1 055

注：□表示框内数字为红字。　　　　　　　　　　　　　　　　　　　制表：赵英

表 4-22

产品生产用电分配表

2019 年 9 月 30 日　　　　　　　　　　　　　　　　　　单位：元

产　品	生产工时（小时）	分　配　率	分配金额
多速电机	100 000		6 120
单相电机	50 000		3 060
合　计	150 000	0.061 2	9 180

制表：赵英

⑤ 借：生产成本——辅助生产成本——供电车间——制造费用　　1 400
　　　　　　　　　　　　　　　　——机修车间——制造费用　　1 020
　　　　　　——基本生产成本——多速电机——制造费用　　6 120
　　　　　　　　　　　　　　——单相电机——制造费用　　3 060
　　　制造费用——修配费　　10 500
　　　　　　　——水电费　　2 040
　　　管理费用——辅助生产费用　　7 250
　　　贷：生产成本——辅助生产成本——供电车间——材料　　1 000
　　　　　　　　　　　　　　　　　　　　——人工　　9 120
　　　　　　　　　　　　　　　　　　　　——制造费用　　4 120
　　　　　　　　　　　　　　——机修车间——材料　　1 200
　　　　　　　　　　　　　　　　　　　——人工　　7 980
　　　　　　　　　　　　　　　　　　　——制造费用　　5 410

（2）结转辅助生产成本差异，成本差异全部由管理费用负担

⑥ 借：生产成本——辅助生产成本——供电车间——制造费用　　　　　　1 125

　　贷：生产成本——辅助生产成本——机修车间——制造费用　　　　　70

　　　　管理费用——辅助成本差异　　　　　　　　　　　　　　　　1 055

4. 分配制造费用

根据基本生产车间制造费用明细账（表4-18）归集的制造费用总额，编制制造费用分配表，并登记有关成本计算单。

本例题按多速电机、单相电机两种产品的生产工时比例分配制造费用，分配结果见表4-23。

表4-23

制造费用分配表

车间名称：基本生产车间　　　　　　2019年9月30日　　　　　　单位：元

产　品	生产工时（小时）	分　配　率	分配金额（元）
多速电机产品	100 000		37 300
单相电机产品	50 000		18 650
合　计	150 000	0.373	55 950

制表：赵英

制造费用分配的会计分录如下：

⑦ 借：生产成本——基本生产成本——多速电机——制造费用　　　　37 300

　　　　　　　　　　　　　　　——单相电机——制造费用　　　　18 650

　　贷：制造费用——材料费　　　　　　　　　　　　　　　　　　2 100

　　　　　　——工资及福利费　　　　　　　　　　　　　　　　22 800

　　　　　　——折旧费　　　　　　　　　　　　　　　　　　　10 000

　　　　　　——修理费　　　　　　　　　　　　　　　　　　　10 500

　　　　　　——水电费　　　　　　　　　　　　　　　　　　　2 040

　　　　　　——保险费　　　　　　　　　　　　　　　　　　　1 195

　　　　　　——其他　　　　　　　　　　　　　　　　　　　　7 315

5. 在完工产品与在产品之间分配生产费用

根据各产品成本计算单归集的生产费用合计数和有关生产数量记录，在完工产品和月末在产品之间分配生产费用，并据以结转完工产品成本。

假设该企业本月多速电机产品完工入库500台，月末在产品100台；单相电机产品完工入库200台，月末在产品40台。按约当产量法分别计算多速电机、单相电机两种产品的完工产品成本和月末在产品成本。月末在产品约当产量计算情况如表4-24和表4-25所示。

表 4 - 24

在产品约当产量计算表

产品名称：多速电机   2019 年 9 月 30 日   单位：台

成本项目	在产品数量	投料程度（加工程度）	约当产量
直接材料	100	100（%）	100
直接人工	100	50（%）	50
制造费用	100	50（%）	50

制表：赵英

表 4 - 25

在产品约当产量计算表

产品名称：单相电机   2019 年 9 月 30 日   单位：台

成本项目	在产品数量	投料程度（加工程度）	约当产量
直接材料	40	100（%）	40
直接人工	40	50（%）	20
制造费用	40	50（%）	20

制表：赵英

根据多速电机单相电机两种产品的月末在产品约当产量,采用约当产量法在多速电机、单相电机两种产品的完工产品与月末在产品之间分配生产费用。具体分配情况如表4-19、表4-20所示。

根据表4-19、表4-20中的分配结果,编制完工产品成本汇总表(表4-26),结转完工入库产品成本。会计分录如下:

⑧ 借：库存商品——多速电机   1 187 515
          ——单相电机   799 232
   贷：生产成本——基本生产成本——多速电机产品——直接材料   825 000
                                 ——直接人工   319 700
                                 ——制造费用   42 815
                   ——单相电机产品——直接材料   616 450
                                 ——直接人工   60 000
                               ——制造费用   22 782

表 4 - 26

完工产品成本汇总表

2019 年 9 月 30 日   单位：元

成本项目	多速电机产品（500 台）		单相电机产品（200 台）	
	总成本	单位成本	总成本	单位成本
直接材料	825 000	1 650	616 450	3 082.25
直接人工	319 700	639.40	160 000	800

（续表）

成本项目	多速电机产品（500台）		单相电机产品（200台）	
	总成本	单位成本	总成本	单位成本
制造费用	42 815	85.63	22 782	113.91
合　计	1 187 515	2 375.03	799 232	3 996.16

制表：赵英

【例 4 - 3】 品种法成本计算案例

（一）企业的基本情况

娄底市纱厂，是一家小型工业企业，设有纺纱和维修车间。生产工序依次为清花、棉钢丝、并粗、细纱及筒纱五道工序，主要生产 21 支棉纱和 32 支棉纱两种产品。该厂实行一级成本核算方式，采用品种法核算产品成本。成本会计：椤金元。

（二）成本计算的有关资料

1. 成本要素

构成产品的主要实体为不同品级的原棉，辅料为包装料、配件和其他辅料。原棉分为 229 原棉和 329 原棉，包装料包括塑料袋、打包扣、打包带、纺织袋、3 度纸管和 5 度纸管，配件及辅料包括针布、齿条、钢丝圈、皮条、撑杆件、主轴、锭管、链、导条油架、橡胶轮、粗锉、方锉、开口扳子、细锉、螺母、垫圈、涂料、胶管、滤网、进口轴承、国产轴承、机油、齿轮油、固定卡、三角带、铁钻头、漏电保护器、熔断器、轮胎、控制按钮等。材料发出按实际成本计价，原棉、包装料领用按财务科要求的统一价目表列示的月初加权平均实际单价计算。配件和辅料由材料管理员在发料时计算，间接材料按产品产量比例分配，工资费用按定额工时比例分配。福利费用按工资的 14% 计提。水电用量根据月末自来水公司和电力部门开来的增值税专用发票所列示的用量分配计算，次月上旬付款，各部门耗用量根据抄录的水表、电表得知，分配计算时存在的差异计入"管理费用"账户。

2. 账户及核算项目

设置生产成本——辅助生产成本、生产成本——基本生产成本、制造费用等账户，基本生产成本按产品设置明细账，并按成本项目设置专栏，成本项目有：直接材料、直接人工、制造费用；制造费用按材料费、水电费、人工费、折旧费、电话费、办公费设置明细账。

3. 在产品计价方法

期初期末在产品按实际盘存的在产品数量乘以当期原材料发出加权平均单价计算。在产品定额成本只负担原材料成本项目。2019 年 9 月在产品存盘数量如表 4 - 27 所示。

表 4 - 27

在产品盘存数量

2019 年 9 月 30 日

产品品种	在产品盘存数量		原材料平均单价（元）
	期初（吨）	期末（吨）	
21 支纱	60.0	12	8 800
32 支纱	8.6	31	8 366

制表：罗金元

4. 固定资产折旧资料

按月计提折旧,月折旧率分别为:生产用设备 0.6%,房屋建筑物 0.2%,运输设备 0.8%,固定资产原值资料如下:2014 年 6 月纺纱车间增加生产设备一台,原值21 000元,报废维修车间生产设备一台,原值50 000元。

表 4 - 28

固定资产原值

2019 年 9 月 30 日

固定资产类别		期初原值(元)
生产设备	纺纱车间	1 869 000
	维修车间	630 000
房屋及建筑物	纺纱车间	1 520 000
	维修车间	110 000
	行政管理部门	2 100 000
运输部门	运输设备	350 000
合　　计		6 579 000

制表:罗金元

5. 定额工时资料

表 4 - 29

定额工时资料

2019 年 9 月 30 日

产 品 名 称	单位定额工时(小时)
21 支纱	12
32 支纱	15

制表:罗金元

(三) 2019 年 9 月业务情况

1. 本月各部门耗用水电情况如表 4 - 30 所示。水电价格为:水价为 2 元/吨,电为 0.5 元/度。

表 4 - 30

水电耗用量表

2019 年 9 月 30 日

部　　门		水(吨)	电(度)
纺纱车间	生产耗用		801 063
	一般耗用	20 300	
维修车间		5 000	5 012
行政管理部门		3 092	4 500
合　　计		28 392	810 575

制表:罗金元

2. 9 月 21 支纱产量为 218 吨,21 支纱在产量数量 12 吨。32 支纱产量为 189 吨,32 支纱在产品数量 31 吨

3. 9 月 10 日纺纱车间统计资料购置费 360 元,以现金支付。

4. 9 月 12 日,纺纱车间以现金购买文具 120 元。

5. 9 月 20 日,采购员李明出差报销差旅费 759 元,用现金支付。

6. 9 月 28 日,现金支付纺纱车间电话费 2 865.73 元。

7. 9 月 30 日,收到自来水公司开来的增值税专用发票,结算本月耗用的水费 62 462.40 元,税费 8 120.11 元。

8. 9 月 30 日,收到电力部门来开的增值税专用发票,结算本月电费 346 399.41 元,税费 58 887.94 元。

9. 9 月工资结算汇总表如表 4 - 31 所示。

表 4 - 31

工资结算表

2019 年 9 月 30 日

部　　　门		应付工资(元)
纺 纱 车 间	生产工人	569 568.30
	管理人员	99 574.46
	小　计	669 142.76
维修车间		49 637.42
行政管理部门		99 658.90
合　　计		818 439.08

制表:罗金元

10. 9 月各部门领用材料如表 4 - 32～表 4 - 47 所示。

表 4 - 32

领　料　单

NO. 002230

领料部门:纺纱车间　　　　　　2019 年 9 月 3 日　　　　　　发料仓库:材料仓库

名称及规格	计量单位	数　量		实际单价	金　额	用　途
		请 领	实 领			
229 原棉	吨	10	10	8 800.00	88 000.00	32 支纱
合　　计					88 000.00	

仓库主管:赵帅　　　发料:刘敏　　　领料部门主管:冯斯　　　领料:王凯

表 4 - 33

领 料 单

NO. 002231

领料部门：纺纱车间　　　　　　　　2019 年 9 月 5 日　　　　　　　　发料仓库：材料仓库

名称及规格	计量单位	数　量		实际单价	金　额	用　途
		请　领	实　领			
329 原棉	吨	10	10	8 366.00	83 660.00	21 支纱
塑料袋	万个	5	5	400.00	2 000.00	21 支纱
打包扣	万个	2	2	680.00	1 360.00	21 支纱
打包带	千克	500	500	3.08	1 540.00	21 支纱
合　计					88 560.00	

仓库主管：赵帅　　发料：刘敏　　领料部门主管：冯斯　　领料：王凯

表 4 - 34

领 料 单

NO. 002232

领料部门：维修车间　　　　　　　　2019 年 7 月 6 日　　　　　　　　发料仓库：材料仓库

名称及规格	计量单位	数　量		实际单价	金　额	用　途
		请　领	实　领			
M36 盖板	套	1	1	2 478.00	2 478.00	维修设备
G26 钢圈	盒	5	5	23.93	119.65	维修设备
A45 撑杆件	件	2	2	10.60	21.20	维修设备
合　计					2 618.85	

仓库主管：赵帅　　发料：刘敏　　领料部门主管：刘玉　　领料：王祥

表 4 - 35

领 料 单

NO. 002233

领料部门：纺纱车间　　　　　　　　2019 年 9 月 8 日　　　　　　　　发料仓库：材料仓库

名称及规格	计量单位	数　量		实际单价	金　额	用　途
		请　领	实　领			
229 原棉	吨	45	45	8 800.00	396 000.00	32 支纱
329 原棉	吨	47	47	8 366.00	393 202.00	21 支纱
塑料袋	万个	5	5	400.00	2 000.00	两种纱共用
打包扣	万个	2	2	680.00	1 360.00	两种纱共用
打包带	千克	16	16	3.80	60.80	两种纱共用
合　计					792 622.80	

仓库主管：赵帅　　发料：刘敏　　领料部门主管：冯斯　　领料：王凯

表4-36

领　料　单

NO.002234

领料部门：纺纱车间　　　　　　2019年9月9日　　　　　发料仓库：材料仓库

名称及规格	计量单位	数　量		实际单价	金　额	用　途
		请　领	实　领			
229原棉	吨	24	24	8 800.00	211 200.00	32支纱
3度纸管	支	2 000	2 000	0.15	300.00	32支纱
329原棉	吨	20	20	8 366.00	167 320.00	21支纱
5度纸管	支	2 000	2 000	0.25	500.00	21支纱
纺织袋	条	100	100	1.11	111.00	两种纱共用
合　计					379 431.00	

仓库主管：赵帅　　发料：刘敏　　领料部门主管：刘玉　　领料：王祥

表4-37

领　料　单

NO.002235

领料部门：维修车间　　　　　　2019年9月10日　　　　　发料仓库：材料仓库

名称及规格	计量单位	数　量		实际单价	金　额	用　途
		请　领	实　领			
链	件	100	100	0.21	21.00	设备维修
导条油架	件	50	50	13.16	658.00	设备维修
橡胶轮	个	19	19	29.80	566.20	设备维修
粗锉	把	25	25	9.40	235.00	设备维修
方锉	把	8	8	5.38	43.04	设备维修
合　计					1 523.24	

仓库主管：赵帅　　发料：刘敏　　领料部门主管：冯斯　　领料：王凯

表4-38

领　料　单

NO.002236

领料部门：纺纱车间　　　　　　2019年9月10日　　　　　发料仓库：材料仓库

名称及规格	计量单位	数　量		实际单价	金　额	用　途
		请　领	实　领			
229原棉	吨	5	4	8 800.00	35 200.00	32支纱
纺织袋	条	600	550	1.11	610.50	32支纱
合　计					35 810.50	

仓库主管：赵帅　　发料：刘敏　　领料部门主管：冯斯　　领料：王凯

表 4 - 39

领 料 单

NO. 002237

领料部门：维修车间　　　　　　2019 年 5 月 10 日　　　　　　发料仓库：材料仓库

名称及规格	计量单位	数　量		实际单价	金　额	用　途
		请　领	实　领			
主　轴	件	3	3	68.50	205.50	维修设备
皮　条	根	1 000	1 000	0.30	300.00	维修设备
锭　管	件	10	10	22.50	225.00	维修设备
齿　条	千克	20	20	17.00	340.00	维修设备
合　计					1 070.50	

仓库主管：赵帅　　　发料：刘敏　　　领料部门主管：刘玉　　　领料：王祥

表 4 - 40

领 料 单

NO. 002238

领料部门：纺纱车间　　　　　　2019 年 9 月 13 日　　　　　　发料仓库：材料仓库

名称及规格	计量单位	数　量		实际单价	金　额	用　途
		请　领	实　领			
229 原棉	吨	8	8	8 800.00	70 400.00	32 支纱
3 度纸管	支	1 500	1 500	0.15	225.00	32 支纱
329 原棉	吨	10	10	8 366.00	83 660.00	21 支纱
纺织袋	条	500	500	1.11	555.00	21 支纱
5 度纸管	支	2 000	2 000	0.26	520.00	21 支纱
合　计					155 360.00	

仓库主管：赵帅　　　发料：刘敏　　　领料部门主管：冯斯　　　领料：王凯

表 4 - 41

领 料 单

NO. 002239

领料部门：维修车间　　　　　　2019 年 9 月 15 日　　　　　　发料仓库：材料仓库

名称及规格	计量单位	数　量		实际单价	金　额	用　途
		请　领	实　领			
镙罗	个	200	200	0.60	120.00	一般耗用
开口板子	把	30	25	1.80	45.00	一般耗用
细　锉	把	30	26	10.26	266.76	一般耗用
垫　圈	个	500	500	0.017	8.50	一般耗用
涂　料	桶	8	8	16.70	133.60	一般耗用
合　计					573.86	

仓库主管：赵帅　　　发料：刘敏　　　领料部门主管：刘玉　　　领料：王祥

表 4 - 42

领 料 单

NO. 002240

领料部门：维修车间　　　　　　2019 年 9 月 17 日　　　　　　发料仓库：材料仓库

名称及规格	计量单位	数　量		实际单价	金　额	用　途
		请　领	实　领			
胶　管	盘	3	3	98.29	294.87	一般耗用
滤　网	件	2	2	128.21	256.42	一般耗用
进口轴承	套	4	4	55.56	222.24	一般耗用
国产轴承	套	20	20	11.54	230.80	一般耗用
机　油	桶	10	10	3.94	39.40	一般耗用
合　计					1 043.73	

仓库主管：赵帅　　发料：刘敏　　领料部门主管：刘玉　　领料：王祥

表 4 - 43

领 料 单

NO. 002241

领料部门：纺纱车间　　　　　　2019 年 9 月 18 日　　　　　　发料仓库：材料仓库

名称及规格	计量单位	数　量		实际单价	金　额	用　途
		请　领	实　领			
229 原棉	吨	76	73	8 800.00	642 400.00	32 支纱
329 原棉	吨	42	38	8 366.00	317 908.00	21 支纱
3 度纸管	支	2 000	2 000	0.15	300.00	32 支纱
5 度纸管	支	1 952	1 952	0.25	488.00	21 支纱
齿轮油	桶	1	1	54.70	54.70	一般耗用
漏电保护器	个	10	10	21.37	213.70	一般耗用
合　计					961 364.40	

仓库主管：赵帅　　发料：刘敏　　领料部门主管：冯斯　　领料：王凯

表 4 - 44

领 料 单

NO. 002242

领料部门：维修车间　　　　　　2019 年 9 月 21 日　　　　　　发料仓库：材料仓库

名称及规格	计量单位	数　量		实际单价	金　额	用　途
		请　领	实　领			
固定卡	只	10	10	35.89	358.90	一般耗用
三角带	条	50	50	4.69	234.50	一般耗用
铁钻头	个	30	30	0.94	28.20	一般耗用
熔断器	个	2	2	22.60	45.20	一般耗用
轮　胎	条	10	10	25.60	256.00	一般耗用
合　计					922.80	

仓库主管：赵帅　　发料：刘敏　　领料部门主管：刘玉　　领料：王祥

表 4 - 45

领 料 单

NO. 002243

领料部门：纺纱车间   2019 年 9 月 23 日   发料仓库：材料仓库

名称及规格	计量单位	数 量		实际单价	金 额	用 途
		请 领	实 领			
329 原棉	吨	23	20	8 366.00	167 320.00	21 支纱
胶 管	盘	3	3	98.29	294.87	一般耗用
机 油	千克	10	10	3.94	39.40	一般耗用
229 原棉	吨	45	45	8 800.00	396 000.00	32 支纱
控制按钮	个	15	15	8.97	134.55	一般耗用
合 计					563 788.82	

仓库主管：赵帅   发料：刘敏   领料部门主管：冯斯   领料：王凯

表 4 - 46

领 料 单

NO. 002244

领料部门：厂部办公室   2019 年 9 月 24 日   发料仓库：材料仓库

名称及规格	计量单位	数 量		实际单价	金 额	用 途
		请 领	实 领			
细 锉	把	10	10	10.26	102.60	一般耗用
方 锉	把	5	5	5.38	26.90	一般耗用
涂 料	桶	2	2	16.70	33.40	一般耗用
合 计					162.90	

仓库主管：赵帅   发料：刘敏   领料部门主管：李树林   领料：王苹

表 4 - 47

领 料 单

NO. 002245

领料部门：维修车间   2019 年 9 月 25 日   发料仓库：材料仓库

名称及规格	计量单位	数 量		实际单价	金 额	用 途
		请 领	实 领			
针 布	卷	1	1	940.00	940.00	设备维修
盖 板	套	1	1	2 478.00	2 478.00	设备维修
钢 圈	盒	2	2	23.93	47.86	设备维修
皮 条	根	100	100	0.30	30.00	设备维修
A45 撑杆件	件	3	3	52.30	156.90	设备维修
合 计					3 652.76	

仓库主管：赵帅   发料：刘敏   领料部门主管：刘玉   领料：王祥

（四）品种法的成本计算程序

1. 根据各项生产费用发生的原始凭证和其他有关资料,编制各项要素费用分配表,分配各项要素费用

（1）分配材料费用,分配结果如表4-48～表4-50所示。

表4-48

耗用包装料汇总表

2019年9月30日　　　　　　　　　　　　　　　单位:元

名　称	21支纱	32支纱	共同耗用	合　计
塑料袋	2 000.00		2 000.00	4 000.00
打包扣	1 360.00		1 360.00	2 720.00
打包带	1 540.00		60.80	1 600.80
纺织袋	555.00	610.50	111.00	1 276.50
3度纸管		825.00		825.00
5度纸管	1 508.00			1 508.00
合　计	6 963.00	1 435.50	3 531.80	11 930.30

制表:罗金元

表4-49

耗用包装料分配表

2019年9月30日　　　　　　　　　　　　　　　单位:元

产品及部门		分配标准	分配率	金　额
产　品	21支纱	218		1 892.24
	32支纱	189		1 639.56
	小　计	407	8.68	3 531.80
车　间	纺纱车间	—	—	—
	维修车间	—	—	—
行政管理部门		—	—	—
合　计				3 531.80

制表:罗金元

表 4 - 50

耗用材料汇总分配表

2019 年 9 月 30 日 单位：元

产品及部门		原 棉	包 装 料	配件及辅料	合 计
产品	21 支纱	1 213 070.00	8 855.24		1 221 925.24
	32 支纱	1 839 200.00	3 075.06		1 842 275.06
	小 计	3 052 270.00	11 930.30		3 064 200.30
车间	纺纱车间	—	—	737.22	737.22
	维修车间	—	—	11 405.74	11 405.74
行政管理部门		—	—	162.90	162.90
合 计		3 052 270.00	11 930.30	12 305.86	3 076 506.16

制表：罗金元

根据包装料及材料汇总分配表，编制会计分录如下：

① 借：生产成本——基本生产成本——21 支纱——直接材料 1 221 925.24

　　　　　　　　　　　　　　——32 支纱——直接材料 1 842 275.06

　　生产成本——辅助生产成本——维修车间——材料 11 405.74

　　制造费用——纺纱车间——材料费 737.22

　　管理费用——物料 162.90

　　贷：原材料——原棉 3 052 270.00

　　　　　　——包装料 11 930.30

　　　　　　——配件及辅料 12 305.86

（2）分配工资及福利费，分配结果见表 4 - 51。

表 4 - 51

工资及福利费分配表

21 支纱产量：218 吨

32 支纱产量：189 吨　　　　　　2019 年 9 月 30 日　　　　　　单位：元

产品及部门		单位定额工时（时）	定额总工时（时）	工 资		福 利 费		合 计
				分配率	金 额	提取率（%）	金 额	
产品	21 支纱	12	2 616		273 345.84	14	38 268.42	311 614.26
	32 支纱	15	2 835		296 222.46	14	41 471.14	337 693.60
	小 计		5 451	104.49	569 568.30	14	79 739.56	649 307.86
纺纱车间管理人员					99 574.46	14	13 940.42	113 514.88
维修车间					49 637.42	14	6 949.24	56 586.66
行政管理部门					99 658.90	14	13 952.25	113 611.15
合 计					818 439.08		114 581.47	933 020.55

制表：罗金元

根据工资及福利费分配表编制分录。

② 借：生产成本——基本生产成本——21 支纱——直接人工　　311 614.26

　　　　　　　　　　　　　　——32 支纱——直接人工　　337 693.60

　　　　　　——辅助生产成本——维修车间——人工　　56 586.66

　　　制造费用——纺纱车间——人工费　　113 514.88

　　　管理费用——人工费　　113 611.15

　　　　贷：应付职工薪酬——工资　　818 439.08

　　　　　　　　　　　　——福利费　　114 581.47

（3）计提固定资产折旧费用，摊销待摊费用。分配结果如表 4-52 所示。

表 4-52

固定资产折旧计提表

2019 年 9 月 30 日　　　　　　　　　　　　　单位：元

固定资产类别		期初原值	本月增加原值	本月减少原值	应提折旧原值	月折旧率	本月折旧额
生产设备	纺纱车间	1 869 000	21 000		1 869 000	0.6%	11 214
	维修车间	630 000		50 000	630 000	0.6%	3 780
房屋及建筑物	纺纱车间	1 520 000			1 520 000	0.2%	3 040
	维修车间	110 000			110 000	0.2%	220
	行政管理部门	2 100 000			2 100 000	0.2%	4 200
运输部门	运输设备	350 000			350 000	0.8%	2 800
合　　计		6 579 000			6 579 000		25 254

制表：罗金元

根据折旧费计提表，编制会计分录。

③ 借：生产成本——辅助生产成本——维修车间——折旧费　　4 000

　　　制造费用——纺纱车间——折旧费　　14 254

　　　管理费用——折旧费　　7 000

　　　　贷：累计折旧　　25 254

（4）分配本月现金和银行存款支付费用。

本月用现金支付的费用有：纺纱车间统计资料购置费 360 元，纺纱车间以现金购买文具 120 元，采购出差报销差旅费 759 元，支付纺纱车间电话费 2 865.73 元。

编制会计分录如下。

④ 借：制造费用——纺纱车间——办公费　　480

　　　　　　　　　　　　——电话费　　2 865.73

　　　管理费用——差旅费　　759

　　　　贷：库存现金　　4 104.73

（5）收到自来水公司发票，水费 62 462.40 元，税费 8 120.11 元；收到电力公司发票，电费 346 399.41 元,税费 58 887.94 元,款未付。分配本月应负担的电费和水费,如表 4-53、表 4-54 所示。

表 4-53

水费分配表

2019 年 9 月 30 日 　　　　　　　　　　　　　　　　单位:元

车间及产品		用水量(吨)	计划单价(元/吨)	金　额
纺纱车间	生产耗用			
	一般耗用	20 300	2	40 600
	小　计	20 300		40 600
维修车间		5 000	2	10 000
行政管理部门		3 092	2	6 184
合　计		28 392		56 784

制表:罗金元

表 4-54

电费分配表

2019 年 9 月 30 日 　　　　　　　　　　　　　　　　单位:元

车间及产品		用电量(度)	计划单价(元/度)	金　额
纺纱车间	21 支纱	384 440		192 220.00
	32 支纱	416 623		208 311.50
	小　计	801 063		400 531.50
	一般耗用		0.5	
维修车间		5 012		2 506.00
行政管理部门		4 500		2 250.00
合　计		810 575		405 287.50

制表:罗金元

根据水费、电费分配表,编制如下会计分录。(差额计入管理费用)

⑤ 借:生产成本——基本生产成本——21 支纱——制造费用　　192 220.00
　　　　　　　　　　　　　　　——32 支纱——制造费用　　208 311.50
　　　　　　　——辅助生产成本——维修车间——水电费　　12 506.00
　　管理费用——水电费　　8 434
　　应交税费——应交增值税(进项税额)　　67 008.05
　　制造费用——纺纱车间——水电费　　40 600
　　贷:应付账款——自来水公司　　70 582.51
　　　　　　　　——电力公司　　405 287.35
　　管理费用——其他　　53 209.69

2. 根据各项要素费用分配表及有关分录登记有关生产成本明细账(表)、制造费用明细账(表)、产品成本计算单(表),如表4-55、表4-56、表4-57、表4-58、表4-59所示。

表4-55

基本生产成本明细账

产品名称：21支纱

2019 年		摘　要	直接材料	直接人工	制造费用	合　计
月	日					
9	1	期初在产品成本	528 000.00			528 000.00
9	30	材料费用分配表	①⑤1 221 925.24			1 416 144.28
	30	工资及福利费分配表		②311 614.26		311 610.60
	30	水电费分配表			192 220.00	192 220.00
	30	辅助生产费用分配表			40 548	40 548
	30	制造费用转入			⑦82 770.24	82 770.24
	30	本期发生额合计	1 221 925.24	311 614.26	315 538.24	1 849 077.74
	30	产品完工入库	⑧ 1 644 325.24	⑧ 311 614.26	⑧ 315 538.24	⑧ 2 271 477.74

注：☐表示框内数字为红字。

基本生产成本明细账

产品名称：32支纱

2019 年		摘　要	直 接 材 料	直 接 人 工	制造费用	合　计
月	日					
9	1	期初在产品成本	71 947.60			71 947.60
	30	材料费用分配表	1 842 275.06			1 842 275.06
	30	工资及福利费分配表		②337 693.60		337 693.60
	30	水电费分配表			208 311.50	208 311.50
	30	辅助生产费用分配表			43 950.40	43 950.40
	30	制造费用转入			⑦107 232.72	107 232.72
	30	本期发生额合计	1 842 275.06	337 693.6	107 232.72	2 494 717.50
	30	产品完工入库	⑧ 1 654 876.66	⑧ 337 693.6	⑧ 341 943.49	⑧ 2 334 513.75

注：☐表示框内数字为红字。

表4-57

辅助生产成本明细账

车间名称：维修车间

2019 年		摘　要	材　料	人　工	水电费	折 旧 费	合　计
月	日						
9	30	材料费用分配表	11 405.74				11 405.74
	30	工资及福利费分配表		56 586.66			56 586.66

（续表）

2019年		摘　要	材　料	人　工	水电费	折旧费	合　计
月	日						
	30	折旧和待摊费用转入				4 000.00	4 000.00
	30	水电费分配表			12 506		12 506
9	30	货币资金支付费用					
	30	本期发生额合计	11 405.74	56 586.66	12 506	4 000.00	84 498.40
	30	结转各受益部门	11 405.74	56 586.66	12 506	4 000	84 498.40

注：□表示框内数字为红字。

表 4 - 58

制造费用明细账

车间名称：纺纱车间

2019年		摘　要	材料费	人工费	折旧费	办公费	电话费	水电费	合　计
月	日								
9	30	材料费用分配表	737.22						737.22
	30	工资及福利费分配表		113 514.88					113 514.88
	30	折旧费用计算表			14 254.00				14 254.00
	30	货币资金支付费用				④480.00	④2 865.73		3 345.73
	30	水电费分配表						40 600	
	30	本期发生额	737.22	113 514.88	14 254.00	480.00	2 865.73	40 600	172 451.83
	30	期末结转制造费用	⑦ 737.22	⑦ 113 514.88	⑦ 14 254.00	⑦ 480	⑦ 2 865.73	⑦ 40 600	⑦ 172 451.83

注：□表示框内数字为红字。

3. 分配辅助生产费用

将辅助生产成本结转进入生产成本制造费用项目编制如下会计分录。

⑥ 借：生产基本——基本生产成本——21 支纱——制造费用　　　　40 548
　　　　　　　　　　　　——32 支纱——制造费用　　　　43 950.40
　　贷：生产成本——辅助生产成本——维修车间——材料　　　11 405.74
　　　　　　　　　　　　　　　　——人工　　　56 586.66
　　　　　　　　　　　　　　　　——水电费　　　12 506.00
　　　　　　　　　　　　　　　　——折旧费　　　4 000.00

4. 分配制造费用，如表 4 - 59 所示

表 4 - 59

制造费用分配表

2019 年 9 月 30 日　　　　　　　　　　　　单位：元

产品名称	单位定额工时(时)	定额总工时(时)	分　　配	
			分配率	金　额
21 支纱	12	2 616		82 770.24
32 支纱	15	2 835	31.64	89 681.59
合　计		5 451		172 451.83

制表：罗金元

根据制造费用分配表，结合制造费用明细账，编制如下会计分录。

⑦ 生产成本——基本生产成本——21 支纱——制造费用　　82 770.24

　　　　　　　　　　　　　　——32 支纱——制造费用　　89 681.59

　　贷：制造费用——纺纱车间——材料费　　　　　　　　　　　737.22

　　　　　　　　　　　　——人工费　　　　　　　　　113 514.88

　　　　　　　　　　　　——折旧费　　　　　　　　　　14 254

　　　　　　　　　　　　——办公费　　　　　　　　　　　480.00

　　　　　　　　　　　　——电话费　　　　　　　　　　2 865.73

　　　　　　　　　　　　——水电费　　　　　　　　　　40 600

5. 在完工产品与在产品之间分配生产费用，如表 4 - 60、表 4 - 61 所示。

表 4 - 60

产品成本计算单

产品名称：21 支纱
完工产品数量：218 吨　　　　　　　　　　　　　　车间：纺纱车间
在产品数量：12 吨　　　　　2019 年 8 月 30 日　　　单位:元

成本项目　　摘　要	直接材料	直接人工	制造费用	合　　计
月初在产品成本	528 000.00			528 000.00
本月生产成本	1 221 925.24	311 614.26	315 538.24	1 849 077.74
生产成本合计	1 749 925.24	311 614.26	315 538.24	2 377 077.24
月末在产品成本	105 600.00			105 600.00
完工产品成本	1 644 325.24	311 614.26	315 538.24	2 271 477.74
单位成本	7 542.78	1 429.42	1 447.42	10 419.62

制表：罗金元

表 4 - 61

产品成本计算单

产品名称：32 支纱
完工产品数量：189 吨   车间：纺纱车间
  在产品数量：31 吨   2019 年 8 月 30 日   单位:元

成本项目 摘要	直接材料	直接人工	制造费用	合计
月初在产品成本	71 947.60			71 947.60
本月生产成本	1 842 275.06	337 693.6	341 943.49	2 521 912.15
生产成本合计	1 914 222.66	337 693.6	341 943.49	2 593 859.75
月末在产品成本	259 346.00			259 346.00
完工产品成本	1 654 876.66	337 693.6	341 943.49	2 334 513.75
单位成本	8 755.96	1 786.74	1 809.22	12 351.92

制表:罗金元

6. 结转产成品生产成本，并编制完工产品成本汇总表，如表 4 - 62 所示

根据表 4 - 60、表 4 - 61 编制完工产品结转分录：

借：库存商品——21 支纱   2 271 477.74
          ——32 支纱   2 334 513.75
    贷：生产成本——基本生产成本——21 支纱——直接材料   1 644 325.24
                                          ——直接人工   311 614.26
                                          ——制造费用   315 538.24
                              ——32 支纱——直接材料   1 654 876.66
                                          ——直接人工   337 693.60
                                          ——制造费用   341 943.49

表 4 - 62

完工产品成本汇总表

2019 年 8 月 30 日   单位：元

成本项目	21 支纱(218 吨)		32 支纱(189 吨)	
	总成本	单位成本	总成本	单位成本
直接材料	1 644 325.24	7 542.78	1 654 876.66	8 755.96
直接人工	311 614.26	1 429.42	337 693.60	1 786.74
制造费用	315 538.24	1 447.42	341 943.49	1 809.22
合计	2 271 477.74	10 419.62	2 334 513.75	12 351.92

制表:罗金元

任务二 分批法成本计算

任务描述

（1）编制原材料费用分配表、工资及职工福利费分配表。

（2）根据资料内容以及原材料费用分配表、工资及职工福利费分配表，编制记账凭证。

（3）根据记账凭证，登记制造费用明细账和生产成本明细账。

相关知识

一、分批法的含义与适用范围

（一）分批法的含义

分批法是指以产品批别作为成本核算对象，来归集和分配生产费用、计算产品成本的一种方法。

（二）分批法的适应范围

分批法主要适用于单件、小批的单步骤生产或管理上不要求分步骤计算成本的多步骤生产。如重型机械、船舶、精密仪器、专用设备、专用工具、模具等的生产。在这种类型的企业中，产品往往根据订货单位的订单分批生产，所以产品成本计算的分批法也被称为订单法。

二、分批法的基本特点

（一）成本计算对象

在单件小批生产类型的企业中，生产一般是根据购货单位的订货来组织的，因而按批按件计算产品成本，也就是按订单计算产品成本。但是，订单和分批并不是同一个概念。如果一份订单有几种产品，或虽只有一种产品但是数量较多且要求分批交货，就必须按品种划分为批别，或者划分为较少数量的批别组织生产并计算成本。如果同一会计期间的几张订单中有相同的产品，也可以将其合并为一批组织生产并计算成本。在这种情况下，分批法的成本核算对象就不是购货单位的订货单，而是企业生产计划部门下达的"生产任务通知单"，财会部门应按"生产任务通知单"的生产批号开设"生产成本明细账"归集费用并计算成本。因此，分批法的成本核算对象是产品批别或工作令号。

（二）成本计算期

在分批法下，要按月汇集各批产品的实际生产费用，但只有该批产品全部完工，才能计算出其总的实际成本。因此，分批法的成本计算期与会计报告期不一致，而与该批产品的生产周期一致。

（三）费用在完工产品和在产品之间的分配

从成本计算期与生产周期一致这一点来看，分批法不存在生产费用在本月完工产品和月末在产品之间分配的问题。按产品批别归集的生产费用,如果到月末该批产品都已完工,这些生产费用就是本月完工产品的实际总成本;如果该批产品全部未完工,这些生产费用就是月末在产品成本。

但是,也有可能出现另外一种情况,就是该批产品跨月陆续完工并交付购货单位。在这种情况下,需要采用一定的方法来计算本月完工产品成本。如果该批产品少量完工,可以采用计划单位成本、定额单位成本或近期实际单位成本作为本月完工产品单位成本,乘以本月完工产品产量,计算出本月完工产品总成本并予以结转,待该批产品全部完工后再计算该批产品的实际总成本和单位成本,但是已经结转的少量完工产品成本没有必要进行调整。如果批类产品跨月陆续完工的情况比较多,或者本月完工产品的数量占该批产品的数量的比重较大,则应考虑采用适当方法(如约当产量法、定额比例法)在本月完工产品和月末在产品之间分配生产费用,以正确计算本月完工产品成本和月末在产品成本。在这种情况下,该批产品全部完工以后,仍应如上所述,计算该批产品的实际总成本和单位成本。

三、分批法成本计算的程序

(一)按产品批别设置生产成本明细账(产品成本计算单)

分批法以产品批别作为成本核算对象,因此,应当按产品批别设置生产成本明细账,用以归集和分配生产费用,计算各批产品的实际总成本和单位成本。

(二)按产品批别归集和分配本月发生的各种费用

企业当月发生的生产费用,能够按照批次划分的直接计入费用,包括直接材料费用、直接人工费用等,要在费用原始凭证上注明产品批号,以便据以直接计入各批产品生产成本明细账;对于多批产品共同发生的直接材料和直接人工等费用,则应在费用原始凭证上注明费用的用途,以便按费用项目归集,按照企业确定的费用分配方法,在各批产品(各受益对象)之间进行分配以后,再计入各批产品生产成本明细账。

(三)分配辅助生产费用

在设有辅助生产单位的企业,月末应将汇集的辅助生产费用分配给各受益对象,包括直接分配给产品的生产成本和基本生产单位的制造费用等。

(四)分配基本生产单位制造费用

基本生产单位的制造费用应由该生产单位的各批产品成本负担,月末应将汇集的基本生产单位的制造费用分配给各受益对象。

(五)计算完工产品成本

采用分批法一般不需要在本月完工产品和月末在产品之间分配生产费用。某批产品全部完工,则该批产品生产成本明细账归集的生产费用合计数就是该批产品的实际总成本。如果某批产品少量跨月陆续完工,可以用完工产品实际数量乘以近期实际单位成本或计划单位成本、定额单位成本,作为完工产品实际总成本。为了正确分析和考虑该批产品成本计划的执行情况,在该批产品全部完工时还应计算该批产品的实际总成本和单位成本。

(六)结转完工产品成本

期末,根据成本计算结果结转本期完工产品的实际总成本。

上述分批法成本计算程序,除了产品生产成本明细账的设置和完工产品成本的计算与品种法有所区别外,其他与品种法是完全一致的。

四、简化分批法

(一)简化分批法的含义

有的单件小批生产企业,同一月投产的产品批数非常多,如果采用前述方法分批计算各批产品成本,各种间接计入成本的费用在各批产品之间的分配和登记工作极为繁重。在这种情况下,可以将间接计入费用在各批产品之间的分配和在完工产品与在产品之间的分配结合起来,采用简化的分批法。这种方法将生产费用在各种成本核算对象之间的横向分配和生产费用在完工产品与期末在产品之间的纵向分配合并进行,大大简化了成本计算工作。

采用简化的分批法,只有在各批产品完工时才分配结转间接计入费用,对于未完工的各批次产品不分配间接计入费用,不计算各批产品的在产品成本,而是将其累计起来,在生产成本二级账(基本生产成本)中以总额反映。因此,这种方法也称为不分批计算在产品成本的分批法。

(二)简化分批法的特点

1. 必须设置生产成本二级账

采用简化的分批法,仍应按照产品批别设置产品生产成本明细账;同时,必须按生产单位设置基本生产成本二级账。

产品生产成本明细账按月登记各批产品的直接计入费用和生产工时。各月发生的间接计入费用不按月在各批产品之间进行分配,而是按成本项目登记在基本生产成本二级账中。只有在有完工产品的月份,才将基本生产成本二级账中累计起来的费用,按照本月完工产品工时占全部累计工时的比例,向本月完工产品分配;未完工产品的间接计入费用,保留在基本生产成本二级账中。本月完工产品从基本生产成本二级账分配转入的间接计入费用加上产品生产成本明细账原登记的直接计入费用,即为本月完工产品总成本。

2. 不分批计算月末在产品成本

将本月完工产品应负担的间接计入费用转入各完工产品生产成本明细账以后,基本生产成本二级账反映全部批次月末在产品的成本。各批次未完工产品的生产成本明细账只反映累计直接计入费用和累计工时,不反映各批次月末在产品成本。月末,基本生产成本二级账与产品生产成本明细账只能核对直接计入费用,不能核对全部余额。

3. 通过计算累计费用分配率来分配间接计入费用

简化的分批法将间接计入费用在各批次产品之间的分配和在本月完工产品与月末在产品(全部批次)之间的分配一次完成,大大简化了成本计算工作。间接计入费用的分配,是利用计算出的累计间接计入费用分配率进行的。其计算公式如下:

$$\text{全部产品累计间接计入费用分配率} = \text{全部产品累计间接计入费用} \div \text{全部产品累计工时}$$

$$\text{某批完工产品应负担的间接计入费用} = \text{该批完工产品的累计工时} \times \text{全部产品累计间接计入费用分配率}$$

【例4-4】 分批法成本计算案例

湘潭机械加工厂的产品是机床零部件,生产主要是根据用户订单来组织。该厂的生产工艺流程如图4-2所示。该厂在接到客户的订单后,由生产计划部门签发生产任务通知单下达车间,同时通知财务部门。车间根据生产任务通知单组织产品生产,产品依次经过锻造车间、机加工车间、热处理车间、整理车间、组装车间产品生产完毕经过质检人员的检查,合格后入库。成本会计:杨英。

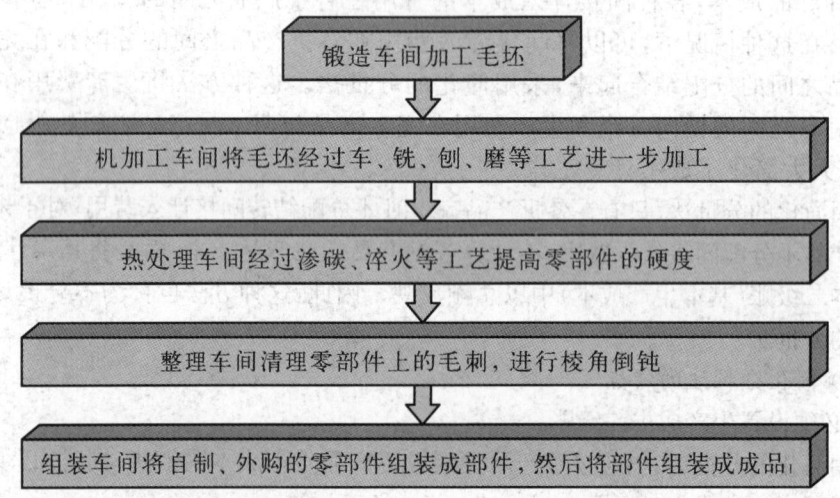

图4-2 湘潭机械加工厂生产工艺流程图

湘潭机械加工厂的财务部门,要根据生产计划部门下达的产品批号,开立基本生产成本明细账。基本生产成本明细账的开立和结账,应和生产任务通知单的签发和结束密切配合,以保证每批产品成本计算的正确性。产品合格入库后,财务部门要计算出产品的总成本和单位成本,以便销售部门确定销售价格将产品按照订单出售给客户。

由于湘潭机械加工厂的生产是按照订单进行批次生产的,所以采取的是分批法进行成本核算。结合该厂的生产工艺流程,该厂的分批法成本核算流程如图4-3所示。

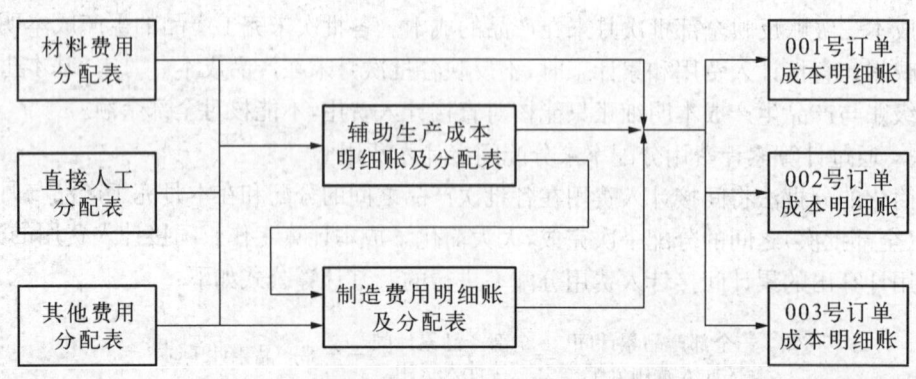

图4-3 湘潭机械加工厂分批法成本核算流程

湘潭机械加工厂成本会计杨英为了更好地计算2019年8月的产品成本,不仅将2019

年 8 月的相关资料收集起来了,而且还收集了前两个月的资料,这些资料主要有 3 个月的生产记录资料、成本资料等,并将这三个月的相关资料进行比较。2019 年 8 月,该厂根据客户订单生产交叉导轨、缝纫机机头导轨、绣花机导轨、V 形导轨,如表 4-63 所示。

表 4-63

产品生产记录表

2019 年 8 月 31 日

产品批号	产品名称	购货单位	产品批量(件)	投产日期	完 工 日 期
202	交叉导轨	海口机械厂	95	7 月 3 日	8 月 15 日完工
205	缝纫机机头导轨	华光公司	500	7 月 8 日	计划 9 月 10 日完工 8 月完工 480 件
306	绣花机导轨	苗敏绣花机厂	60	8 月 3 日	8 月 20 日完工
307	V 形导轨	海通机械公司	350	8 月 14 日	计划 10 月 13 日完工 8 月完工 50 件

制表:杨英

2019 年 8 月各批产品的生产情况和生产费用支出情况等如表 4-64、表 4-65 所示。

(1) 本月各批产品的月初在产品成本的资料如表 4-64 所示。

表 4-64

月初在产品成本

2019 年 8 月 1 日 单位:元

批 号	直接材料	直接人工	制造费用	合 计
202	93 100	23 042	10 263	126 405
205	8 752	986	197	9 935

制表:杨英

(2) 根据各种成本费用分配表,汇集各批产品本月发生的生产费用,如表 4-65 所示。

表 4-65

生产费用

2019 年 8 月 31 日 单位:元

批 号	直接材料	直接人工	制造费用	合 计
202		12 545	5 450	17 995
205		1 340	225	1 565
306	1 122	324	132	1 578
307	437 500	35 860	19 500	492 860

制表:杨英

其中,307 批 V 形导轨计划成本为:直接材料 1 200 元,直接人工 580 元,制造费用 320 元,合计 2 100 元。

成本会计杨英认真分析了湘潭机械加工厂的生产特点和管理要求,决定采用典型分批法计算产品成本。

1. 完工产品与在产品之间分配费用的方法

（1）205批缝纫机机头导轨，其原材料在生产开始时一次投入，直接材料费用按本月完工产品与月末在产品的实际数量分配；其他费用采用约当产量法在完工产品与在产品之间分配。由于湘潭机械加工厂对缝纫机机头导轨的生产需要经过4道工序才能加工完成，各工序月末在产品的数量和完工产品及据以编制的在产品约当产量计算表如表4-66所示。

表4-66

在产品约当产量计算表

产品：205批缝纫机机头导轨　　　　　　　2019年8月31日

工　序	完工率（%）	在产品数量（件）	约当产量（件）
铸　造	15	4	15%×4=0.6
机械加工	40	8	40%×8=3.2
热处理	60	3	60%×3=1.8
整　理	90	5	90%×5=4.5
合　计		20	10.1

制表：杨英

（2）306批绣花机导轨本月投产、本月完工，基本生产成本明细账中归集的生产费用就是该批产品的总成本。

（3）307批V形导轨原材料在生产开始时一次性投入，本月完工产品数量50件。完工产品按计划成本转出，每件V形导轨计划成本为：直接材料1 200元，直接人工580元，制造费用320元，合计2 100元。

2. 登记产品成本明细账

成本会计杨英根据上述各项资料，登记各批产品成本明细账，如表4-67～表4-70所示。

表4-67

基本生产成本明细账

产品批号：202　　　　　　　购货单位：海口机械厂　　　　　　投产日期：7月3日
产品名称：交叉导航　　　　　　批量：95件　　　　　　　　　　完工日期：8月15日

2019年		记账凭证		摘　要	直接材料	直接人工	制造费用	合　计
月	日	种类	号数					
7	31			本月发生额	93 100	23 042	10 263	126 405
8	31			本月发生额		12 545	5 450	17 995
	31			累计数	93 100	35 587	15 713	144 400
	31			完工产品转出	93 100	35 587	15 713	144 400
	31		（略）	单位成本	980	374.6	165.4	1 520

注：□表示框内数字为红字。

205 批的完工产品成本和月末在产品成本计算如下：

完工产品直接材料费用＝8 752÷(480＋20)×480＝8 401.92(元)

月末在产品直接材料费用＝8 752－8 401.92＝350.08(元)

完工产品直接人工＝2 326÷(480＋10.1)×480＝2 278.07(元)

月末在产品直接人工＝2 326－2 278.07＝47.93(元)

完工产品制造费用＝422÷(480＋10.1)×480＝413.3(元)

月末在产品制造费用＝422－413.3＝8.7(元)

成本会计杨英根据上述数据编制基本生产成本明细账，如表 4-68 所示。

表 4-68

基本生产成本明细账

产品批号：205　　　　购货单位：华光公司　　　　投产日期：7 月 8 日
产品名称：缝纫机机头导轨　　批量：500 件　　　　完工日期：9 月 10 日
　　　　　　　　　　　　　　　　　　　　　　　　(本月完工 480 件)

2019 年		记账凭证		摘　要	直接材料	直接人工	制造费用	合　计
月	日	种类	号数					
7	31			本月发生额	8 752.00	986.00	197.00	9 935.00
8	31			本月发生额		1 340.00	225.00	1 565.00
	31			生产费用合计	8 752.00	2 326.00	422.00	11 500.00
	31			完工产品成本转出	8 401.92	2 278.07	413.30	11 093.29
	31		(略)	完工产品单位成本	17.50	4.75	0.86	23.11
	31			月末在产品成本	350.08	47.93	8.70	406.71

注：□表示框内数字为红字。

表 4-69

基本生产成本明细账

产品批号：306　　　　购货单位：苗敏绣花机厂　　　投产日期：8 月 3 日
产品名称：绣花机导轨　　批量：60 件　　　　　完工日期：8 月 20 日

2019 年		记账凭证		摘　要	直接材料	直接人工	制造费用	合　计
月	日	种类	号数					
8	31			本月发生额	1 122.00	324.00	132.00	1 578.00
	31			完工产品转出	1 122.00	324.00	132.00	1 578.00
	31		(略)	单位成本	18.70	5.40	2.20	26.30

注：□表示框内数字为红字。

表 4 - 70

基本生产成本明细账

产品批号：307 　　　　　购货单位：海通机械公司 　　　　　投产日期：8 月 14 日
产品名称：V 形导轨 　　　　　批量：350 件 　　　　　完工日期：10 月 13 日
　　　　　　　　　　　　　　　　　　　　　　　　　　　　（本月完工 50 件）

2019 年		记账凭证		摘　　要	直接材料	直接人工	制造费用	合　计
月	日	种类	号数					
8	31			本月发生额	437 500	35 860	19 500	492 860
	31			完工产品按计划 成本转出	60 000	29 000	16 000	105 000
	31		（略）	月末在产品成本	377 500	6 860	3 500	387 860

注：□表示框内数字为红字。

　　成本会计杨英将 3 月份完工产品的生产成本计算结果汇总编制完工产品成本汇总表，如表 4 - 71 所示。

表 4 - 71

完工产品成本汇总表

编制单位：湘潭机械加工厂 　　　　　2019 年 8 月 31 日 　　　　　单位：元

成本 项目	202 交叉导轨 （95 件）		205 缝纫机机头 导轨（480 件）		306 绣花机 导轨（60 件）		307V 形导轨 （50 件）	
	总成本	单位成本	总成本	单位成本	总成本	单位成本	总成本	单位成本
直接材料	93 100	980.00	8 401.92	17.50	1 122	18.70	60 000	1 200
直接人工	35 587	374.60	2 278.07	4.75	324	5.40	29 000	580
制造费用	15 713	165.40	413.30	0.86	132	2.20	16 000	320
合计	144 400	1 520.00	11 093.29	23.11	1 578	26.30	105 000	2 100

制表：杨英

　　仓管杨群根据完工产品成本汇总表填写入库单，如表 4 - 72 所示。

表 4 - 72

产品入库单

仓库：1 号仓库 　　　　　2019 年 8 月 31 日 　　　　　单位：元

产品批号	产品名称	单位	单 价	数 量	金 额
202	交叉导轨	件	1 520.00	95	144 400.00
205	缝纫机机头导轨	件	23.11	480	11 093.30
306	绣花机导轨	件	26.30	60	1 578.00
307	V 形导轨	件	2 100.00	50	105 000.00
	合　计				262 071.30

仓管：杨群

结转完工产品入库的会计分录如下：

借：库存商品——202 交叉导轨 144 400.00

　　　　——205 缝纫机机头导轨 11 093.30

　　　　——306 绣花机导轨 1 578.00

　　　　——307V 形导轨 105 000.00

　　贷：生产成本——基本生产成本——202 交叉导轨——直接材料 93 100

　　　　　　　　　　　　　　　　　　　——直接人工 35 587

　　　　　　　　　　　　　　　　　　　——制造费用 15 713

　　　　　　　　　　　　　——205 缝纫机机头导轨——直接材料 8 401.92

　　　　　　　　　　　　　　　　　　　——直接人工 2 278.07

　　　　　　　　　　　　　　　　　　　——制造费用 413.30

　　　　　　　　　　　　　——306 绣花机导轨——直接材料 1 122

　　　　　　　　　　　　　　　　　　——直接人工 324

　　　　　　　　　　　　　　　　　　——制造费用 132

　　　　　　　　　　　　　——307V 形导航——直接材料 60 000

　　　　　　　　　　　　　　　　　——直接人工 29 000

　　　　　　　　　　　　　　　　　——制造费用 16 000

【例 6-5】 简化的分批法计算案例

湘潭机械加工厂 2019 年 9 月投产的产品批数很多，而且月末未完工产品的批数也很多，如果各项间接费用采用当月分配法分配给各批产品，那么费用分配的核算工作十分繁重，因此，需要对 2019 年 9 月份的成本核算采用新的方法来减轻费用分配核算工作的工作量。

成本会计杨英将 9 月份各批产品的生产记录整理好，发现厂里共投产了 10 类产品 30 个批次，大大超过生产淡季时每月两三类产品四五个批次的水平。本任务以其中四批产品为例，相关产品生产记录整理如表 4-73 所示。

表 4-73

生产记录表

编制单位：湘潭机械加工厂　　　　　　2019 年 9 月 30 日

产品批号	产品名称	订货单位	产品批量(件)	投产日期	完工日期
401	驱动导轨	宏翔机械公司	15	4 月 21 日	9 月 27 日
503	珠架导轨	光明机械厂	8	5 月 8 日	9 月 30 日完工 6 件
507	机床导轨	五州机床厂	12	5 月 15 日	计划 11 月 12 日完工
610	直线导轨	黄山机械公司	6	6 月 3 日	计划 10 月 20 日完工
……	……	……	……	……	……

制表：杨英

成本会计杨英认为，针对 9 月份的实际情况，湘潭机械加工厂应该采用简化分批法来进行成本核算，以及时、准确反映产品的成本。

成本会计杨英根据生产车间的记录统计生产工时汇总，如表 4-74 所示。

表 4 - 74

生产工时汇总表

2019 年 9 月 30 日   单位：小时

月	401 驱动导轨	503 珠架导轨	507 机床导轨	610 直线导轨	合 计
4	870	0	0	0	870
5	1 250	1 800	1 360	0	4 410
6	930	2 150	2 400	1 920	7 400
合计	3 050	3 950	3 760	1 920	12 680

制表：杨英

成本会计杨英根据产品记录将湘潭机械加工厂 9 月份的"基本生产成本二级账"及各批号的"基本生产成本明细账"列示出来，如表 4 - 75～表 4 - 79 所示。

表 4 - 75

基本生产成本二级账

（各批产品全部总成本）

2019 年		记账凭证		摘 要	直接材料	直接人工	制造费用	合 计
月	日	种类	号数					
8	31			期末在产品成本	105 000	32 000	10 290	147 290
9	30			本月发生	46 000	23 000	6 470	75 470
	30		（略）	累 计	151 000	55 000	16 760	222 760
	30			累计间接费用分配率（元/小时）	—	4.34	1.32	—
	30			本月完工产品转出	61 500	25 823	7 854	95 177
	30			期末在产品成本	89 500	29 177	8 906	127 583

注：

直接人工费用分配率＝55 000÷12 680＝4.34（元/小时）

制造费用分配率＝16 760÷12 680＝1.32（元/小时）

☐ 表示框内数字为红字。

表 4 - 76

基本生产成本明细账

产品批号：401   购货单位：宏翔机械厂   投产日期：7 月 21 日

产品名称：驱动导轨   批量：15 件   完工日期：9 月 27 日

2019 年		记账凭证		摘 要	直接材料	直接人工	制造费用	合 计
月	日	种类	号数					
7	31			本月发生	28 000			28 000
8	31			本月发生	12 000			12 000

（续表）

2019 年		记账凭证		摘　　要	直接材料	直接人工	制造费用	合　计
月	日	种类	号数					
9	30		（略）	本月发生	5 000			5 000
	30			累计数及累计间接费用分配率	45 000	4.34	1.32	
	30			本月完工产品转出	45 000	13 237	4 026	62 263
	30			完工产品单位成本	3 000	882.47	268.4	4 150.87

注：

本月完工产品转出直接人工费＝4.34×3 050＝13 237(元)

本月完工产品转出制造费用＝1.32×3 050＝4 026(元)

□表示框内数字为红字。

表 4-77

基本生产成本明细账

产品批号：503　　　　　购货单位：光明机械厂　　　　投产日期：8 月 8 日

产品名称：珠架导轨　　　批量：8 件　　　完工日期：9 月 30 日　完工 6 件

2019 年		记账凭证		摘　　要	直接材料	直接人工	制造费用	合　计
月	日	种类	号数					
8	31			本月发生	22 000			22 000
9	30			本月发生	0			
	30		（略）	累计数及累计间接费用分配率	22 000	4.34	1.32	
	30			本月完工产品转出	16 500	12 586	3 828	32 914
	30			完工产品单位成本	2 750	2 097.67	638	5 485.67
	30			月末在产品成本	5 500	4 557	1 386	11 443

注：□表示框内数字为红字。

直接材料费用分配率＝22 000÷(6+2)＝2 750(元/件)

本月完工产品转出直接材料费用＝2 750×6＝16 500(元)

月末在产品负担的直接材料费用＝2 750×2＝5 500(元)

成本会计杨英得知完工产品 503 珠架导轨所耗工时为 2 900 小时，在产品 503 珠架导轨所耗工时为 1 050 小时。

本月完工产品转出直接人工费用＝4.34×2 900＝12 586(元)

月末在产品负担的直接人工费用＝4.34×1 050＝4 557(元)

本月完工产品转出制造费用＝1.32×2 900＝3 828(元)

月末在产品负担的制造费用＝1.32×1 050＝1 386(元)

表 4 - 78

基本生产成本明细账

产品批号：507　　　　　　　购货单位：五州机床厂　　　　　投产日期：8 月 15 日
产品名称：机床导轨　　　　　批量：12 件　　　　　　　　　完工日期：计划 11 月 12 日完工

2019 年		记账凭证		摘　　要	直接材料	直接人工	制造费用	合　计
月	日	种类	号数					
8	31			本月发生	43 000			43 000
9	30			本月发生	21 000			21 000
	30		（略）	累计数	64 000			64 000

表 4 - 79

基本生产成本明细账

产品批号：610　　　　　　　购货单位：黄山机械公司　　　　　投产日期：9 月 3 日
产品名称：直线导轨　　　　　批量：6 件　　　　　　　　　　完工日期：计划 10 月 20 日完工

2019 年		记账凭证		摘　　要	直接材料	直接人工	制造费用	合　计
月	日	种类	号数					
9	30		（略）	本月发生	2 000			2 000

　　成本会计杨英根据各批完工产品基本生产成本明细账，编制产品成本汇总表，如表 4 - 80 所示。

表 4 - 80

完工产品成本汇总表

2019 年 9 月　　　　　　　　　　　　　　单位：元

成本项目	401 批驱动导航 15 件		503 批珠架导航 6 件		总成本
	总成本	单位成本	总成本	单位成本	
直接材料	45 000	3 000.00	16 500	2 750.00	61 500
直接人工	13 237	882.47	12 586	2 097.67	25 823
制造费用	4 026	268.40	3 828	638.00	7 854
合　　计	62 263	4 150.87	32 914	5 485.67	95 177

制表：杨英

　　仓管杨群根据完工产品成本汇总表填写产品入库单如表 4 - 81 所示。

表 4 - 81

产品入库单

仓库：1 号仓库　　　　　　　　　　2019 年 9 月

产品批别	产品名称	单　价	数量（件）	金额（元）
401	驱动导轨	4 150.87	15	62 263
503	珠架导轨	5 485.67	6	32 914
	合　计			95 177

仓管：杨群

根据以上相关单据编制会计分录如下：

借：库存商品——401 驱动导轨　　　　　　　　　　　　　　　　62 263
　　　　　　——503 珠架导轨　　　　　　　　　　　　　　　　32 914
　　贷：生产成本——基本生产成本——401 驱动导轨——直接材料　　45 000
　　　　　　　　　　　　　　　　　　　　　　　——直接人工　　13 237
　　　　　　　　　　　　　　　　　　　　　　　——制造费用　　 4 026
　　　　　　　　　　　　——503 珠架导轨——直接材料　　16 500
　　　　　　　　　　　　　　　　　　　——直接人工　　12 586
　　　　　　　　　　　　　　　　　　　——制造费用　　 3 828

任务三　分步法成本计算

任务描述

（1）编制原材料费用、职工薪酬等要素费用分配表。

（2）根据资料内容以及原材料费用分配表、职工薪酬分配表，编制记账凭证（会计分录替代）。

（3）根据会计分录，登记各车间制造费用明细账和各步骤生产成本明细账。

（4）分配辅助生产费用，编制记账凭证，登记相关生产成本和费用明细账。

（5）分配各车间制造费用，编制记账凭证，并登记各车间生产成本明细账。

（6）计算并结转各车间完工半成品和完工产品成本。

相关知识

一、分步法的含义及适用范围

产品成本计算的分步法，是按照产品的生产步骤归集生产费用，计算产品成本的一种方法。它主要适用于大量、大批的多步骤生产，例如，纺织、造纸、冶金、水泥、化工、机器制造工业企业，等等。在这些企业中，产品生产可以分为若干个生产步骤进行。例如，纺织企业的生产可分为纺纱、织布、印染等步骤；造纸厂的生产可分为制浆、制纸等步骤；冶金企业的生产可分为炼铁、炼钢、轧钢等步骤；机器制造企业生产可分为铸造、加工、装配等步骤。在连续式复杂生产的企业中,生产步骤是可以间断的,而其工艺过程又是由各个连续的若干生产步骤所组成,每经过一个生产步骤(最后一个生产步骤除外)生产出不同的半成品,这些半成品都是下一加工步骤的加工对象。为了加强成本管理,不仅要求按照产品品种归集生产费用,计算产品成本,而且要求按照产品的生产步骤归集生产费用,计算各步骤产品成本,以提供反映各种产品及其各生产步骤成本计划执行情况的资料。

二、分步法的特点

(一)成本计算对象为各种产品的生产步骤和产品品种

在大批量多步骤重复生产的情况下,为了加强对成本的管理和核算,成本的计算通常按生产步骤归集生产成本,并以产品作为成本计算对象。因此,在计算产品成本时,应按照产品的生产步骤设立产品成本明细账。如果只生产一种产品,成本计算对象就是该种产品及其所经过的各生产步骤,产品成本明细账应该按照产品的生产步骤开立。如果生产多种产品,成本计算对象则是各种产品及其所经过的各生产步骤。产品成本明细账应该按照每种产品的各个步骤开立。在进行成本计算、分配和归集生产费用时,单设成本项目的直接计入费用,直接计入各成本计算对象;单设成本项目的间接计入费用,分配计入各成本计算对象;不单设成本项目的费用,一般先按车间、部门或者费用用途归集,月末再直接计入或分配计入各成本计算对象。

在实际工作中,产品成本计算的分步与产品生产步骤的划分不一定完全一致。一般而言,在按生产步骤设立车间的企业中,分步计算成本也就是分车间计算成本。但是,如果企业生产规模很大,车间内又分成几个生产步骤,而管理上又要求分步计算成本,则可能在车间内再分步计算成本;相反,如果企业规模很小,管理上也不要求分车间计算成本,则可能把几个车间合并为一个步骤计算成本。因此,企业既应根据管理的要求,又应本着简化成本计算工作的原则,确定成本计算对象。

(二)产品成本计算期与会计报告期相一致

在分步成本计算法下,以产品与步骤作为成本计算对象,而产品又是大量重复生产,所以成本计算无法与生产周期一致,而是与会计报告期相一致,每个会计报告期都要进行产品成本计算。

(三)生产费用在完工产品与在产品之间分配

在大量大批的多步骤生产中,由于生产过程较长且可以间断,产品往往都是跨月陆续完工,因此,成本计算一般都是按月、定期地进行,从而与生产周期不相一致。在月末计算产品成本时,各步骤一般都存在未完工的产品。这样,为了计算完工产品成本和月末在产品成本,还需要采用适当的分配方法,将汇集在生产成本明细账中的生产费用,在完工产品与在产品之间进行分配。

(四)各步骤之间结转成本

由于产品生产是分步骤进行的,上一步骤生产的半成品是下一步骤的加工对象。因此,为了计算各种产品的产成品成本,还需要按照产品品种,结转各步骤成本。也就是说,与其他成本计算方法不同,采用分步法计算产品成本时,各步骤之间还需进行成本结转,这是分步法的一个重要特点。

三、分步法的种类

在分步法下,最终完工产品的成本计算是建立在每一个加工部门或加工步骤产品(即半成品)成本计算的基础上。每一加工部门或步骤为了区分转入下一步骤或计入最终完工产品成本的份额,就需要在本部门产品明细账记录的基础上,编制产品成本计算单,计算本部门的完工产品成本和本部门在产品成本。分步法下,生产部门或步骤的成本计算可以依次按以下几个步骤进行:清点汇总产品的实物数量;计算产品的约当产量;计算汇总各要素费用总额;根据成本总额和在产品约当产量计算产品单位成本;计算本部门完工产品费用和期末在产品费用。

由于各个企业生产工艺过程的特点和成本管理对各步骤成本资料的要求不同(即要不要计算半成品的成本),分步法可分为逐步结转分步法和平行结转分步法,其中逐步结转分步法又可分为综合结转和分项结转两种。

(一)逐步结转分步法

1. 逐步结转分步法的含义及适用范围

逐步结转分步法就是为了分步骤计算半成品成本而采用的一种分步法,也称为计算半成品成本分步法。

逐步结转分步法适用于大量、大批连续式多步骤生产的企业。有的产品制造过程是由一系列循序渐进的、性质不同的加工步骤所组成。例如,棉纺织企业,生产工艺过程包括纺纱和织布两大步骤。在纺纱步骤中,原料(原棉)投入生产后,经过清花、梳棉、并条、粗纺、细纱等工序,纺成各种棉纱;然后送往织布步骤,经过络经、整经、浆纱、穿箱、织造等工序,织成各种棉布,再经过印染、整理、打包,即可入库待售。

在这种生产中,从原料投入到产品制成,中间要经过若干生产步骤的逐步加工,前面各步骤生产的都是半成品,只有最后步骤生产的才是产成品。与这类生产工艺过程特点相联系,为了加强对各生产步骤成本的管理,往往要求不仅计算各种产成品成本,而且要求计算各步骤半成品成本。

首先,它是成本计算的需要。以上述纺织企业为例,为了计算棉布的成本,先要计算棉纱的成本。有一些半成品为企业几种产品共同耗用,为了分别计算各种产成品的成本,先要计算这些半成品的成本,例如,造纸企业所产的纸浆、机械企业所产的铸件等。

其次,它是对外销售的需要。有些企业生产的半成品不完全为企业自用,还经常作为商品对外销售。为了计算外售半成品成本,全面考核和分析商品产品成本计划的执行情况,也要求计算这些半成品的成本,例如,钢铁企业的生铁、钢锭,纺织企业的棉纱等。

再次,有的半成品虽然不一定外售,但要进行同行业成本的评比,因而也要计算这种半成品的成本。例如,作为化肥工业成本评比重要指标之一的半成品合成氨的成本等。

最后,它是成本控制的要求。在实行厂内经济责任制的企业,为了有效地控制各生产步骤内部的生产耗费和资金占用水平,也要求计算并在各生产步骤之间结转半成品成本。

2. 逐步结转分步法的特点

逐步结转分步法最显著的特点是各步骤半成品成本要随着半成品实物的转移而结

转,能够提供各步骤完整的半成品成本资料。由于各步骤的半成品成本都紧紧追随半成品实物顺序向下步骤结转,因此,该方法不仅能够像滚雪球一样反映出最终产成品的成本,而且也能反映各加工步骤半成品成本,满足了企业对半成品成本核算的需要。另外,由于在产品成本是按在产品实物所在地反映的,因此,各步骤成本计算单中的月末在产品成本只反映结存于该步骤尚待加工的在产品全部成本。

半成品成本的结转是分步法中的关键。在逐步结转分步法下,反映在成本计算单上,就是从上一步骤的成本计算单转入下一步骤相同产品的成本计算单中,按顺序逐步计算列示半成品成本,直至最后一个步骤的成本计算单上汇集了各种产品完工时的全部生产成本,产成品成本也就形成。由此可见,逐步结转分步法实际上是几个品种法的连接应用。

3. 逐步结转分步法的计算程序

逐步结转分步法的核算程序取决于半成品实物的流转程序。半成品实物的流转程序有两种情况:一种是不设半成品仓库而直接在各步骤间转移;一种是通过半成品仓库收发而间接在各步骤间传递。

(1)半成品不通过仓库收发而直接在各步骤间转移的情况下,逐步结转分步法的成本核算程序如下。

第一,根据第一步骤发生的原材料费用和加工费用,在成本计算单中计算列示第一步骤半成品成本,然后随着半成品实物转移到第二步骤继续加工,将其成本也结转到第二步骤成本计算单中。

第二,在第二步骤成本计算单中,将第一步骤转来的半成品成本加上第二步骤耗用的材料加工费用,计算出第二步骤的半成品成本,并顺序结转下一加工步骤。

第三,随着加工步骤顺序累计结转,直至最后步骤计算出产成品成本为止。

必须指出,采用逐步结转分步法将生产费用在完工产品与月末在产品之间进行分配时,其完工产品是指各生产步骤已经完工的半成品以及最后生产步骤完工的产成品;在产品则仅指本生产步骤正在加工中的产品,即狭义的在产品。

逐步结转分步法下成本核算程序可如图4-4所示。

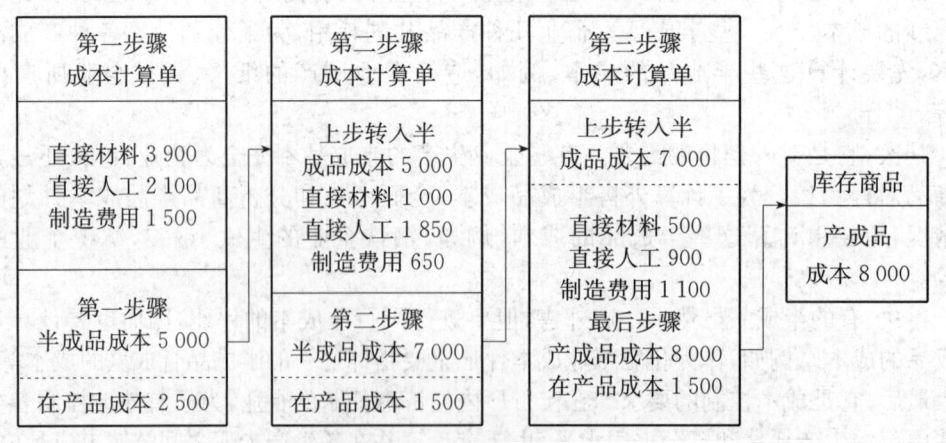

图4-4 逐步结转分步法成本计算程序图(不通过半成品仓库)

(2)半成品通过仓库收发保管,各步骤按规定经半成品库领送的情况下,企业就必须先设置"自制半成品"会计科目和账户来反映完工入库和生产领用半成品成本的结转情况。半成品验收入库时,应借记"自制半成品"科目,贷记"生产成本"科目;下步骤领用半成品时,则作相反的会计分录。此情况下,逐步结转分步法成本核算程序如图4-5所示。

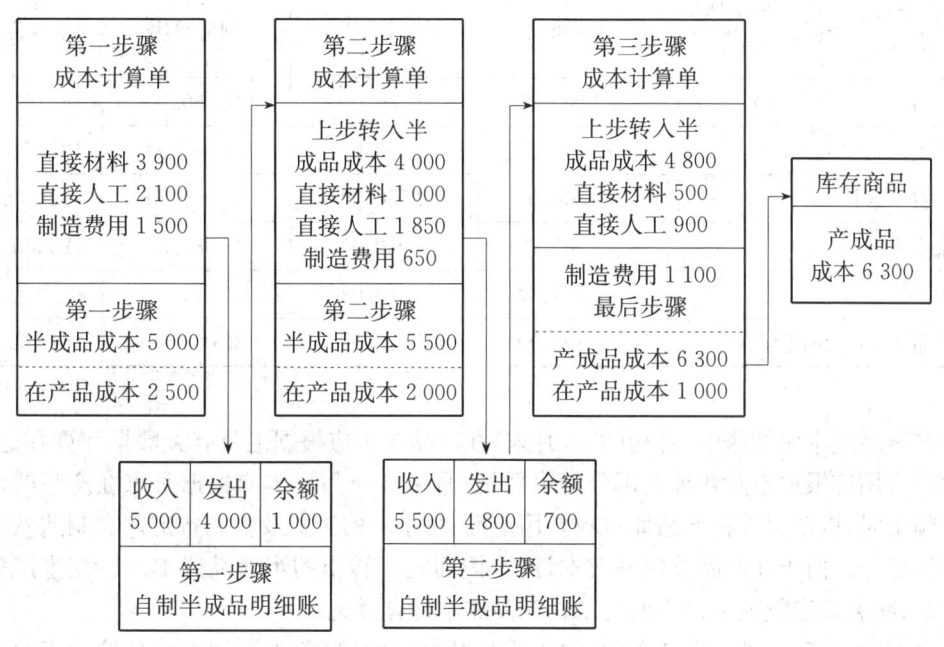

图4-5 逐步结转分步法成本计算程序图(通过半成品仓库)

4.半成品按实际成本综合结转

综合结转法的特点是将各步骤所耗用的上一步骤半成品成本,以"原材料"、"直接材料"或专设的"半成品"项目,综合记入各该步骤的产品成本明细账中。

综合结转,可以按照半成品的实际成本结转,也可以按照半成品的计划成本(或定额成本)结转。

1)按实际成本综合结转

采用这种结转方法,各步骤所耗上一步骤的半成品费用,应根据所耗半成品的实际数量乘以半成品的实际单位成本计算。由于各月所产半成品的实际单位成本不同,因而所耗半成品实际单位成本的计算,可根据企业的实际情况,选择使用先进先出法、加权平均法及后进先出法等方法。

假定太阳纸业企业的生产分两个步骤,分别由两个车间进行。第一车间(纸浆生产车间)生产半成品纸浆,交半成品库验收;第二车间(纸张生产车间)按照所需数量向半成品库领用纸浆加工成纸张。第二车间(纸张生产车间)所耗半成品费用按当月一次加权平均单位成本计算。两个车间月末在产品均按定额成本计价。成本会计:刘英。其成本计算程序如下:

第一步,根据各种费用分配表、半成品交库单和第一车间(纸浆生产车间)在产品定额成本资料,登记第一车间(纸浆生产车间)纸浆成本计算单(如表4-82所示)。

表4-82

产品成本计算单

产品名称：纸浆　　　　　　　　　　　　　　　　　　　　　　　　　车间：第一车间
完工产品数量：600 件　　　　　　　2019 年 7 月 31 日　　　　　　　　　单位：元

成本项目　摘要	直接材料	直接人工	制造费用	成本合计
在产品成本（定额成本）	29 000.00	2 000.00	16 050.00	47 050.00
本月生产费用	77 300.00	6 550.00	52 000.00	135 850.00
生产费用累计	106 300.00	8 550.00	68 050.00	182 900.00
纸浆成本	71 500.00	6 050.00	47 987.50	125 537.50
纸浆单位成本	119.17	10.08	79.98	209.23
在产品成本（定额成本）	34 800.00	2 500.00	20 062.50	57 362.50

制表：刘英

在产品成本明细账中，月初（即 6 月末）在产品成本应根据上月有关数据计算登记；本月生产费用应根据本月各种费用分配表登记；月末在产品成本应根据月末在产品的数量和定额工时，以及每件在产品原材料费用定额、每小时的工资及福利费定额和制造费用定额计算登记。由于在产品按定额成本计价，因而完工转出的半成品成本应根据生产费用累计数，减去按定额成本计算的月末在产品成本计算登记。

根据第一车间（纸浆生产车间）的半成品纸浆交库单（单中所列半成品按交库数量和该车间甲产品成本明细账中的半成品纸浆单位成本计价），编制结转半成品成本的会计分录如下：

借：自制半成品——纸浆　　　　　　　　　　　　　　　　　125 537.5
　　贷：生产成本——基本生产成本——纸浆——直接材料　　　　　71 500
　　　　　　　　　　　　　　　　　　　　——直接人工　　　　　6 050
　　　　　　　　　　　　　　　　　　　　——制造费用　　　　47 987.50

第二步，根据计价后的纸浆生产车间（第一车间）纸浆半成品交库单和纸张生产车间（第二车间）领用半成品纸浆的领用单，登记自制半成品纸浆明细账（如表 4-83 所示）。

表4-83

自制半成品明细账

半成品：纸浆　　　　　　　　　　　　　　　　　　　　　　　　　　数量单位：件
　　　　　　　　　　　　　　　　　2019 年　　　　　　　　　　　　　金额单位：元

月份	月初余额		本月增加		累　计			本月减少	
	数量	实际成本	数量	实际成本	数量	实际成本	单位成本	数量	实际成本
7	150	29 787.50	600	125 537.50	750	155 325	207.10	550	113 905
8	200	41 420.00							

在上列自制半成品纸浆明细账中,月初余额应根据上月有关数据计算登记;本月增加的数量和实际成本,应根据计价后的半成品交库单登记;累计的单位成本是全月一次加权平均单位成本,应根据累计的实际成本除以累计的数量计算登记;本月减少的数量,应根据第二车间领用半成品的领用单登记;本月减少的实际成本,应根据本月减少数量乘以累计单位成本计算登记。

根据纸张生产车间(第二车间)领用半成品纸浆的领用单(单中所列半成品按领用数量和自制半成品明细账中的累计单位成本计价),编制结转半成品纸浆成本的会计分录如下:

借:生产成本——基本生产成本——纸张——半成品　　　　　　　　　　113 905
　　贷:自制半成品——纸浆　　　　　　　　　　　　　　　　　　　　　　113 905

第三步,根据各种费用分配表、半成品领用单、产成品交库单,以及第二车间在产品定额成本资料,登记第二车间纸张成本计算单(如表 4-84 所示)。

表 4-84

产品成本计算单

产品名称:纸张　　　　　　　　　　　　　　　　　　　　　　车间:第二车间
完工产品数量:700 件　　　　　　2019 年 7 月 31 日　　　　　　单位:元

摘　要	半成品	直接人工	制造费用	成本合计
在产品成本(定额成本)	95 000.00	4 950.00	24 750.00	124 700.00
本月生产费用	113 905.00	7 850.00	38 450.00	160 205.00
生产费用累计	208 905.00	12 800.00	63 200.00	284 905.00
纸张成本	142 405.00	10 400.00	51 200.00	204 005.00
产成品单位成本	203.44	14.86	73.14	291.44
在产品成本(定额成本)	66 500.00	2 400.00	12 000.00	80 900.00

制表:刘英

在上列产品成本明细账中,"半成品"成本项目就是为了综合登记所耗纸浆生产车间(第一车间)半成品纸浆的成本而增设的。其中,本月半成品纸浆费用,应根据纸张生产车间(第二车间)计价后的半成品纸浆领用单登记。

根据纸张生产车间(第二车间)产成品交库单(单中所列产成品按交库数量和该车间产品成本明细账中的产成品纸张单位成本计价),编制结转产成品纸张总成本的会计分录如下:

借:库存商品——纸张　　　　　　　　　　　　　　　　　　　　　　204 005
　　贷:生产成本——基本生产成本——纸张——半成品　　　　　　　　142 405
　　　　　　　　　　　　　　　　　　　　——直接人工　　　　　　　　10 400
　　　　　　　　　　　　　　　　　　　　——制造费用　　　　　　　　51 200

2) 半成品按计划成本综合结转

在采用实际成本综合结转方法下,只有在上一步骤成本计算完成后,才能进行下一步骤的成本计算。为了解决这一问题,可采用半成品按计划成本综合结转的方法。采用这种结转方法时,半成品的日常收发均按计划成本核算;在半成品实际成本算出以后,再计算半成品的成本差异率,调整所耗半成品的成本差异。

按计划成本结转半成品成本,可以简化和加速半成品收发的凭证计价和记账工作;在半成品种类较多的情况下,如果按类计算半成品成本差异率、调整所耗半成品成本差异,可以简化按品种、规格设立产品成本明细账逐一计算所产半成品的实际成本和成本差异、逐一调整所耗半成品成本差异的大量计算工作。

按计划成本结转半成品成本,可以在各步骤的产品成本明细账中分别反映所耗半成品的计划成本和成本差异,因而在考核和分析各步骤产品成本时,可以扣除上一步骤半成品成本节约或超支的影响,便于成本考核和分析工作的进行。如果各步骤所耗半成品的成本差异,不是调整计入各步骤成本,而是直接调整计入最后的产成品成本,不仅可以进一步简化和加速各步骤的成本计算工作,而且各步骤的产品成本中不包括上一步骤半成品成本节约或超支的影响,从而更加便于成本考核和分析工作的进行。

按照计划成本综合结转半成品成本方法适用于半成品的计划成本必须比较准确的企业。

(3)综合结转法成本还原。

采用综合结转法结转半成品成本,各步骤所耗半成品的成本是以"半成品"或"原材料"项目综合反映的。这样计算出来的产成品成本,不能提供按原始成本项目反映的成本资料;在生产步骤较多的情况下,逐步综合结转半成品成本以后,表现在产成品成本中的绝大部分费用,是最后一个步骤所耗半成品的费用,其他费用只是最后一个生产步骤的费用,在产品成本中所占的比重很小。这显然不符合企业产品成本的结构(也就是各项成本之间的比例关系)的实际情况,因而不能据以从整个企业的角度来考核与分析产品成本的构成和水平。例如,某种产品由三个生产步骤组成,上一生产步骤直接为下一生产步骤提供半成品直到第三个生产步骤。其各步骤成本逐步结转的结果如表4-85所示。

表4-85

各步骤成本逐步结转表

2019 年 7 月 31 日 单位:元

成本项目 生产步骤	半成品	直接材料	直接人工	制造费用	成本合计
第一步半成品成本		1 700	400	1 100	3 200
第二步半成品成本	3 200		500	1 600	5 300
第三步半成品成本	5 300		600	1 900	7 800
原始成本项目合计		1 700	1 500	4 600	7 800

制表:刘英

从表4-85中数据可以看出,第一步骤完工的半成品成本3 200元转作第二步骤的半成品费用;第二步骤完工的半成品成本5 300元转作第三步骤的半成品费用。在最后算出的第三步骤产成品成本中,除了这一项为数颇大的半成品费用(约占产成品成本7 800元的68%)以外,直接人工只有600元,制造费用只有1 900元(两者合计只占产成品成本的32%),这与企业该种产品成本的实际结构,即直接材料1 700元,直接人工1 500元和制造费用 4 600(后两者合计约占产成品成本的 78%)大不相同。因此,在管理上要求从整个企业角度分析和考核产品成本的构成时,还应将逐步综合结转算出的产成品成本进行成本还原,即将产成品成本还原为按原始成本项目反映的成本。

如果像上例所列,各步骤所耗的半成品费用,恰好是上一生产步骤生产的半成品成本,两者可以互相抵消,成本还原的方法很简单:只要将各步骤所耗半成品费用略而不计,将各步骤的直接材料、直接人工和制造费用分别汇总即可。但在实际工作中,上一步骤所产半成品的数量与下一步骤所耗半成品的数量往往不相等,因而上述两者不能互相抵消,这就需要进行专门的成本还原。通常采用的成本还原方法是:从最后一个步骤起,把各步骤所耗上一步骤半成品的综合成本,逐步分解、还原成直接材料,直接人工和制造费用等原始成本项目,从而求得按原始成本项目反映的产成品成本资料。一般是按本月所产半成品的成本结构进行还原,也就是:从最后一个步骤起,把各步骤所耗上一步骤半成品的综合成本,按照上一步骤所产半成品成本的结构,逐步分解、还原成按原始成本项目反映的产成品成本。

仍以前举太阳纸业企业产品成本为例:假定纸张生产车间(第二车间)纸张成本明细账中算出本月产成品纸张所耗上一车间(纸浆生产车间)半成品纸浆费用为 142 405 元,按照纸浆生产车间(第一车间)产品成本明细账中算出的本月所产该种半成品纸浆成本 125 537.5 元的成本结构,进行分解、还原,算出按原始成本项目反映的纸张(产成品)成本。

成本还原一般通过成本还原计算表进行。根据前列纸浆生产车间(第一车间)和纸张生产车间(第二车间)纸张成本明细账的有关资料,编制产成品纸张的成本还原计算表(如表 4-86 所示)。

表 4-86 中第(1)行还原前纸张总成本,应根据纸张生产车间(第二车间)纸张成本明细账的完工转出纸张成本填列,其中"半成品纸浆"成本项目 142 405 元是成本还原对象;第(2)行本月所产纸浆成本,应根据纸浆生产车间(第一车间)纸浆成本明细账中完工转出的纸浆成本填列,其中各成本项目之间的比例是成本还原的依据。

表 4-86

纸张成本还原计算表

2019 年 7 月 31 日　　　　　　　　　　　　　　　　　　　单位:元

行　次	(1)	(2)	(3)	(4)	(5)	(6)
项　目	还原前产成品总成本	本月所产半成品成本	本月所产半成品成本结构(%)	产成品成本中半成品成本还原	还原后产成品总成本	还原后产成品单位成本
产量					700	
半成品	142 405			−142 405		
直接材料		71 500	56.955 1	81 106.910 1	81 106.910 1	115.87
直接人工	10 400	6 050	4.819 3	6 862.924 2	17 262.924 2	24.66
制造费用	51 200	47 987.5	38.225 6	54 435.165 7	105 635.165 7	150.91
成本合计	204 005	125 537.5	100	0	204 005	291.44

制表:刘英

实际工作中,为了简化核算,纸张生产车间的半成品也可按其所耗纸浆总成本与纸浆生产车间总成本的比率即还原分配率进行还原。该方法下的成本还原计算如表 4-87 所示。

表 4-87

产品成本还原计算表

2019 年 7 月 31 日

单位:元

行 次	(1)	(2)	(3)	(4)	(5)
项 目	还原前产成品成本	本月所产半成品成本	产成品成本中半成品成本还原	还原后产成品总成本	还原后产成品单位成本
产 量				700	
还原分配率			1.134 362 2		
半 成 品	142 405		—142 405		
直接材料		71 500	81 106.90	81 106.90	115.87
直接人工	10 400	6 050	6 862.89	17 262.89	24.66
制造费用	51 200	47 987.5	54 435.21	105 635.21	150.91
成本合计	204 005	125 537.5	0	204 005	291.44

制表:刘英

此时,进行成本还原的步骤为:

第一步,计算还原分配率计算公式为:

$$还原分配率 = \frac{本月本步所耗上一步骤半成品成本合计}{本月所产该种半成品成本合计}$$

依据资料计算为:

$$还原分配率 = \frac{142\ 405}{125\ 537.5} = 1.134\ 362\ 2$$

第二步,以还原分配率分别乘以本月所产该种半成品各个成本项目的费用,即可将本月产成品所耗半成品的综合成本,按照本月所产该种半成品的成本构成进行分解、还原,求得按原始成本项目反映的还原对象成本。本例中的还原计算如下:

产成品所耗半成品费用中的直接材料 = 71 500×1.134 362 2 ≈ 81 106.90 元

产成品所耗半成品费用中的直接人工 = 6 050×1.134 362 2 ≈ 6 862.89 元

产成品所耗半成品费用中的制造费用 = 47 987.5×1.134 362 2 ≈ 54 435.21 元

还原以后的各项费用之和等于还原对象,应与产成品所耗半成品费用相抵消。

第三步,将表中第(1)栏的"直接人工"、"制造费用"与第(3)栏产成品所耗半成品费用还原值中的直接材料、直接人工、制造费用按成本项目分别相加,即为第(4)栏按原始成本项目反映的还原后的产成品总成本。显然,以第(4)栏与第(1)栏数字相比较,产成品总成本相同,但各项费用构成不同。

这样还原算出的产成品所耗半成品成本的构成,就是本月所产半成品的成本构成。因为产成品成本中所耗半成品还原后的各项费用,是以本月所产半成品的各项费用,分别乘以相同的倍数(还原分配率)计算求得的,因而两者的各项费用之间的比例关系不变,也就是说,将第二车间产成品中的半成品费用,按本月第一车间生产的该种半成品成本构成还原。

如果纸张生产步骤不是两步,而是三步,按照上述方法,应先从第三步起,将其所耗第二步骤生产的半成品综合成本进行分解、还原,但还原后的"半成品"项目还会有未还原尽的综合费用,即第二步骤产品消耗的第一步骤半成品的成本,这时还应再进行一次还原,甚至"半成品"项目的综合费用全部分解、还原为原始成本项目时为止。

由于以前月份所产半成品的成本构成与本月所产半成品的成本构成不一致,因此,在各月所产半成品的成本构成变动较大的情况下,按照上述方法进行成本还原,对还原结果的正确性就会有较大的影响。如果半成品的定额成本或计划成本比较准确,为了提高还原结果的正确性,产成品所耗半成品费用可以按定额成本或计划成本的成本构成进行还原。如果采用这样做法,上述成本还原计算表中第(2)行按成本项目分列的本月所产半成品的总成本,应改为按成本项目分列的半成品定额的或计划的单位成本,以便更准确地反映各成本项目分列的构成比例。

分项结转法的特点是将各步骤所耗用的上一步骤半成品成本,按照成本项目分项转入各该步骤产品成本明细账的各个成本项目中。如果半成品通过半成品库收发,在自制半成品明细账中登记半成品成本时,也要按照成本项目分别登记。

【例4-6】　综合结转分步法成本计算案例

湘潭纺织公司大量生产一种棉布产品,该产品顺序经过三个生产步骤即纺纱车间、织布车间、印染车间连续加工最后形成产品。原材料原棉是在生产开始时一次投入,其他费用陆续发生,各步骤完工的半成品棉纱筒、坯布直接交下步骤加工,不通过半成品库收发。该企业采用逐步结转分步法计算产品成本,半成品成本按实际成本综合结转,各步骤在产品成本采用约当产量法计算,所耗半成品费用按全月一次加权平均单位成本计算。2019年8月公司产品的产量记录和有关费用资料如表4-88和表4-89所示。成本会计:毛英。

表4-88

产品产量记录

2019年8月31日　　　　　　　　　　　　　　　单位:件

摘　　要	纺纱车间	织布车间	印染车间	棉布(产成品)
月初在产品	50	20	70	——
本月投入或上步转入	300	250	200	——
本月完工	250	200	250	250
月末在产品	100	70	20	——

制表:毛英

说明：在产品完工程度均为50%。

表4-89

生产费用资料

2019年8月31日 单位：元

摘　　要	车间别	直接材料	自制半成品	直接人工	制造费用	合　计
月初在产品成本	纺纱车间	4 500	—	550	950	6 000
	织布车间	—	3 000	480	520	4 000
	印染车间	—	17 500	3 850	3 150	24 500
本月生产费用	纺纱车间	27 000	—	6 050	10 450	43 500
	织布车间	—		10 800	11 700	22 500
	印染车间	—		24 750	20 250	45 000

制表：毛英

说明：① 月初在产品成本根据上月成本计算单资料；

② 本月发生费用根据本月各种费用分配表所得。

（1）成本计算。各步骤成本计算如表4-90～表4-92所示。

表4-90

产品成本计算单

产品名称：绵纱筒半成品 车间：纺纱车间
完工产品数量：250件 2019年8月31日 单位：元

成本项目 摘要	直接材料	直接人工	制造费用	合　计
月初在产品成本	4 500	550	950	6 000
本月生产费用	27 000	6 050	10 450	43 500
生产费用合计	31 500	6 600	11 400	49 500
棉纱筒单位成本	90	22	38	150
棉纱筒半成品成本	22 500	5 500	9 500	37 500
月末在产品成本	9 000	1 100	1 900	12 000

制表：毛英

表4-90中有关成本计算如下：

（1）单位成本的计算。

$$单位产品直接材料成本=\frac{31\ 500}{100+250}=90（元/件）$$

$$单位产品直接人工成本=\frac{6\ 600}{250+100\times50\%}=22（元/件）$$

$$单位产品制造费用成本=\frac{11\ 400}{250+100\times50\%}=\frac{11\ 400}{300}=38（元/件）$$

（2）转出半成品成本的计算。

$$半成品直接材料成本＝90×250＝22\,500（元）$$

$$半成品直接人工成本＝22×250＝5\,500（元）$$

$$半成品制造费用成本＝38×250＝9\,500（元）$$

（3）月末在产品成本的计算。

$$在产品直接材料成本＝90×100＝9\,000（元）$$

$$在产品直接人工成本＝22×（100×50\%）＝1\,100（元）$$

$$在产品制造费用成本＝38×（100×50\%）＝1\,900（元）$$

表 4-91

产品成本计算单

产品名称：坯布半成品　　　　　　　　　　　　　　　　　车间：织布车间
完工产品数量：200 件　　　　　　　2019 年 8 月 31 日　　　　　　　单位：元

摘　　要	棉纱筒半成品	直接人工	制造费用	合　　计
月初在产品成本	3 000	480	520	4 000
本月生产费用	37 500	10 800	11 700	60 000
生产费用合计	40 500	11 280	12 220	64 000
坯布单位成本	150	48	52	250
完工坯布成本	30 000	9 600	10 400	50 000
月末在产品成本	10 500	1 680	1 820	14 000

制表：毛英

表 4-91 中有关成本计算如下。

（1）单位成本的计算。

$$单位产品自制半成品成本＝\frac{40\,500}{200＋70}＝150（元/件）$$

$$单位产品直接人工成本＝\frac{11\,280}{200＋70×50\%}＝48（元/件）$$

$$单位产品制造费用成本＝\frac{12\,220}{200＋70×50\%}＝52（元/件）$$

（2）转出半成品成本的计算。

$$半成品自制半成品成本＝150×200＝30\,000（元）$$

$$半成品直接人工成本＝48×200＝9\,600（元）$$

$$半成品制造费用成本＝52×200＝10\,400（元）$$

（3）月末在产品成本的计算。

$$在产品自制半成品成本＝150×70＝10\ 500(元)$$

$$在产品直接人工成本＝48×(70×50\%)＝1\ 680(元)$$

$$在产品制造费用成本＝52×(70×50\%)＝1\ 820(元)$$

表 4 - 92

产品成本计算单

产品名称：棉布　　　　　　　　　　　　　　　　　　　　　　　车间：印染车间
完工产品数量：250 件　　　　　　　2019 年 8 月 31 日　　　　　　　　单位：元

摘　　要	坯布半成品	直接人工	制造费用	合　　计
月初在产品成本	17 500	3 850	3 150	24 500
本月生产费用	50 000	24 750	20 250	95 000
生产费用合计	67 500	28 600	23 400	119 500
棉布单位成本	250	110	90	450
棉布产成品成本	62 500	27 500	22 500	112 500
月末在产品成本	5 000	1 100	900	7 000

制表：毛英

表 4 - 92 中有关成本计算如下。

（1）单位成本的计算。

$$单位产品自制半成品成本＝\frac{67\ 500}{250＋20}＝250(元/件)$$

$$单位产品直接人工成本＝\frac{28\ 600}{250＋20×50\%}＝110(元/件)$$

$$单位产品制造费用成本＝\frac{23\ 400}{250＋20×50\%}＝90(元/件)$$

（2）转出半成品成本的计算。

$$产成品自制半成品成本＝250×250＝62\ 500(元)$$

$$产成品直接人工成本＝110×250＝27\ 500(元)$$

$$产成品制造费用成本＝90×250＝22\ 500(元)$$

（3）月末在产品成本的计算。

$$在产品自制半成品成本＝250×20＝5\ 000(元)$$

$$在产品直接人工成本＝110×(20×50\%)＝1\ 100(元)$$

$$在产品制造费用成本＝90×(20×10\%)＝900(元)$$

表 4 - 93

产品成本还原计算表

产品名称:棉布 完工产品数量:250 件 2019 年 8 月 31 日

行次	项　目	还原分配率	自制半成品(第二步骤)	自制半成品(第一步骤)	直接材料	直接人工	制造费用	合计
(1)	还原前产成品成本		62 500			27 500	22 500	112 500
(2)	第二步半成品成本			30 000		9 600	10 400	50 000
(3)	第一次成本还原	62 500÷50 000＝1.25	−62 500	37 500		12 000	13 000	
(4)	第一步半成品成本				22 500	5 500	9 500	37 500
(5)	第二次成本还原	37 500÷37 500＝1		−37 500	22 500	5 500	9 500	
(6)	还原后产成品成本				22 500	45 000	45 000	112 500
(7)	产成品单位成本				90	180	180	450

制表:毛英

说明:(1) 根据第三步骤产品成本明细账填列,62 500 为第一次还原对象;

(2) 根据第二步骤产品成本明细账填列,即第一次还原标准;

(3) 用还原分配率分别乘以第二步骤半成品成本项目;

(4) 根据第一步骤产品成本明细账填列,即第二次还原标准;

(5) 用第二次还原率分别乘以第一步骤半成品成本项目;

(6) ＝(1)＋(3)＋(5)。

5. 综合结转法的优缺点

综上所述,综合结转法的优点是:可以在各生产步骤的产品成本明细账中反映各步骤完工产品所耗半成品费用的水平和本步骤加工费用的水平,有利于各个生产步骤的成本管理。例如,可以从钢铁工业企业轧钢步骤的产品(钢材)成本明细账中看出完工产品(轧成的钢材)所耗半成品钢锭的费用水平和轧钢费用的水平,有利于轧钢步骤的成本管理。缺点是:为了从整个企业的角度反映产品成本的构成,加强企业综合的成本管理,必须进行成本还原,从而增加核算工作量。因此,这种结转方法只适宜在半成品具有独立的国民经济,管理上要求计算各步骤完工产品所耗半成品费用,但不要求进行成本还原的情况下采用。例如,钢铁工业企业的半成品生铁和钢锭,既是本企业半成品,又是具有独立的国民经济意义的商品产品,要求计算生铁和钢锭成本,在分析和考核产品钢材成本时,只需要了解所耗钢锭费用、轧钢步骤的加工费用即可,而不需要了解所耗原材料铁矿石费用、所耗各生产步骤工资及福利费、制造费用。

【例4-7】 天华棉纺厂大量生产花布,分别经过三个车间的分步骤连续加工即棉纺车间将棉花制成棉纱、织布车间织成布匹、印染车间最后形成产成品花布。原材料棉花在各步骤开始时一次投入,其他费用陆续发生,各步骤完工的半成品直接交下步骤加工,不通过半成品库收发。该企业采用分项逐步结转分步法计算产品成本,半成品成本按实际成本分项结转,各步骤在产品成本采用约当产量法计算。花布的产量记录和有关费用如表4-94、表4-95所示。成本会计:何英。

表4-94

产品产量记录

2019年8月31日　　　　　　　　　　　　　　单位:件

摘　　要	棉纺车间	织布车间	印染车间	产成品
月初在产品	50	100	50	—
本月投入或上步转入	350	300	250	—
本月完工	300	250	200	200
月末在产品	100	150	100	
完工程度(%)	30	60	50	

制表:何英

表4-95

生产费用资料

2019年8月31日　　　　　　　　　　　　　　单位:元

摘　　要	车间别	直接材料	直接人工	制造费用	合　计
月初在产品成本	棉纺车间	5 000	600	1 000	6 600
	织布车间	1 000	500	550	2 050
	印染车间	6 000	2 000	2 400	10 400
本月生产费用	棉纺车间	30 000	6 000	10 000	46 000
	织布车间	8 000	10 000	12 000	30 000
	印染车间	10 000	20 000	18 000	48 000

制表:何英

1. 第一步骤产品成本计算如表4-96所示

表 4 - 96

生产成本明细账

产品:棉纱

第一车间：棉纺车间

2019	年	摘　要	产　量	直接材料	直接人工	制造费用	成本合计
月	日						
8	1	月初余额	50	5 000	600	1 000	6 600
	31	本月增加	350	30 000	6 000	10 000	46 000
	31	累　计	400	35 000	6 600	11 000	52 600
	31	单位成本		87.5	20	33.33	140.83
	31	本月减少	300	26 250	6 000	9 999	42 249
	31	月末在产品	100	8 750	600	1 001	10 351

注: ☐表示框内数字为红字。

表 4 - 96 中有关计算如下。

(1) 单位成本的计算。

$$单位产品直接材料成本 = \frac{35\,000}{300 + 100} = 87.5(元/件)$$

$$单位产品直接人工成本 = \frac{6\,600}{300 + 100 \times 30\%} = 20(元/件)$$

$$单位产品制造费用成本 = \frac{11\,000}{300 + 100 \times 30\%} = 33.333(元/件)$$

(2) 本月减少半成品成本的计算。

$$半成品直接材料 = 87.5 \times 300 = 26\,250(元)$$

$$半成品直接人工成本 = 20 \times 300 = 6\,000(元)$$

$$半成品制造费用成本 = 33.33 \times 300 = 9\,999(元)$$

(3) 月末在产品成本的计算。

$$在产品直接材料成本 = 100 \times 87.5 = 8\,750(元)$$

$$在产品直接人工成本 = 20 \times (100 \times 30\%) = 600(元)$$

$$在产品制造费用成本 = 11\,000 - 9\,999 = 1\,001(元)$$

2. 第二步骤半成品成本计算如表 4 - 97 所示

表 4 - 97

生产成本明细账

产品：布匹

第二车间：织布车间

2019 年 月	日	摘要	数量（件）	直接材料	直接人工	制造费用	成本合计
8	1	月初余额	100	1 000	500	550	2 050
	31	本月本步加工费用	300	8 000	10 000	12 000	30 000
	31	本月耗用上步半成品费用	(300)	26 250	6 000	9 999	42 249
	31	生产费用累计	400	35 250	16 500	22 549	74 299
	31	布匹单位成本		88.13	48.53	66.32	202.98
	31	本月转出半成品成本	250	22 032.5	12 132.5	16 580	50 745
	31	在产品成本	150	13 217.5	4 376.5	5 969	23 554

注：□ 表示框内数字为红字。

表 4 - 97 中有关计算如下。

(1) 单位成本的计算。

$$单位产品直接材料成本 = \frac{35\ 250}{250+150} = 88.13(元/件)$$

$$单位产品直接人工成本 = \frac{16\ 500}{250+150 \times 60\%} = 48.53(元/件)$$

$$单位产品制造费用成本 = \frac{22\ 550}{250+150 \times 60\%} = 66.32(元/件)$$

(2) 本月转出半成品成本的计算。

$$半成品直接材料成本 = 88.13 \times 250 = 22\ 023.5(元)$$

$$半成品直接人工成本 = 48.53 \times 250 = 12\ 132.5(元)$$

$$半成品制造费用成本 = 66.32 \times 250 = 16\ 580(元)$$

(3) 月末在产品成本的计算。

$$在产品直接材料成本 = 35\ 250 - 22\ 032.5 = 13\ 217.5(元)$$

$$在产品直接人工成本 = 16\ 500 - 12\ 132.5 = 4\ 367.5(元)$$

$$在产品制造费用成本 = 22\ 549 - 16\ 580 = 5\ 969(元)$$

3. 第三步骤产成品成本计算如表 4 - 98 所示

表 4 - 98

产品成本明细账

产品:花布

第三车间：印染车间

2019 年 月	日	摘　要	数量(件)	直接材料	直接人工	制造费用	成本合计
8	1	在产品成本	50	6 000	2 000	2 400	10 400
		本月本步 加工费用	250	10 000	20 000	18 000	48 000
		本月耗用 半成品费用	(250)	22 032.5	12 132.5	16 580	50 745
		生产费用累计	300	38 032.5	34 132.5	36 980	109 145
		产成品单位成本		126.78	136.53	147.92	411.23
		本月转出 产成品成本	200	25 356	27 306	29 584	82 246
		在产品成本	100	12 676.5	6 826.5	7 396	26 899

注：☐表示框内数字为红字。

表 4 - 98 中有关计算如下。

（1）单位成本的计算。

$$单位产品直接材料成本 = \frac{38\ 032.5}{200 + 100} = 126.78(元/件)$$

$$单位产品直接人工成本 = \frac{34\ 132.50}{200 + 100 \times 50\%} = 136.53(元/件)$$

$$单位产品制造费用成本 = \frac{36\ 580}{200 + 100 \times 50\%} = 147.20(元/件)$$

（2）本月转出产成品成本的计算。

$$产成品直接材料成本 = 126.78 \times 200 = 25\ 356(元)$$

$$产成品直接人工成本 = 136.53 \times 200 = 27\ 306(元)$$

$$产成品制造费用成本 = 147.92 \times 200 = 29\ 584(元)$$

（3）月末在产品成本的计算。

$$在产品直接材料成本 = 38\ 032.5 - 25\ 356 = 12\ 676.5(元)$$

$$在产品直接人工成本 = 136.53 \times 100 \times 50\% = 6\ 826.5(元)$$

$$在产品制造费用成本 = 36\ 980 - 29\ 584 = 7\ 396(元)$$

6. 分项结转法的优缺点

从以上所述可以看出,采用分项结转法结转半成品成本,可以直接、正确地提供按原始成本项目反映的企业产品成本资料,便于从整个企业的角度考核和分析产品成本计划的执行情况,不需要进行成本还原。但是,这一方法的成本结转工作比较复杂,而且在各步骤完工产品成本中看不出所耗上一步骤半成品费用是多少,本步骤加工费用是多少,不便于进行各步骤完工产品的成本分析。例如,钢铁工业企业的炼钢步骤所生产半成品钢锭的成本,如果分项转入轧钢步骤产品成本明细账各个成本项目,则在其完工转出的产成品钢材成本中就看不出所耗钢锭费用有多少,本步骤的轧钢费用有多少,因而不便于进行轧钢步骤的成本管理。因此,分项结转法一般适用在管理上不要求计算各步骤完工产品所耗半成品费用和本步骤加工费用,而要求按原始成本项目计算产品成本的企业。这类企业,各生产步骤的成本管理要求不高,实际上只是按生产步骤分工计算成本,其目的主要是编制按原始成本项目反映的企业产品成本报表。

综上所述,逐步结转分步法的优缺点可以概括如下。

第一,逐步结转分步法的成本计算对象是企业产成品及其各步骤的半成品,这就为分析和考核企业产品成本计划和各生产步骤半成品成本计划的执行情况,为正确计算半成品销售成本提供资料。

第二,不论是综合结转还是分项结转,半成品成本都是随着半成品实物的转移而结转,各生产步骤产品成本明细账中的生产费用金额,反映着留存在各个生产步骤的在产品成本,因而还能为在产品的实物管理和生产资金管理提供资料。

第三,采用综合结转法结转半成品成本时,由于各生产步骤产品成本中包括所耗上一生产步骤半成品成本,从而能全面反映各步骤完工产品中所耗上一步骤半成品费用水平和本步骤加工费用水平,有利于各步骤的成本管理。采用分项结转法结转半成品成本时,可以直接提供按原始成本项目反映的产品成本资料,满足企业分析和考核产品构成和水平的需要,而不必进行成本还原。

第四,这一方法的核算工作比较复杂,核算工作的及时性也较差;如果采用综合结转法,需要进行成本还原;如果采用分项结转法,结转的核算工作量较大;如果半成品按计划成本结转,还要计算和调整半成品成本差异;如果半成品按实际成本结转,各步骤则不能同时计算成本,成本计算的及时性差。因此,应用这一方法时,必须从实际出发,根据管理要求,权衡利弊,做到既满足管理要求,提供所需各种资料,又能简化核算工作。

逐步结转分步法一般适宜在半成品品种不多、逐步结转半成品成本的工作量不是很大的情况下,或者半成品的种类较多,但管理上要求提供各个生产步骤半成品成本数据的情况下采用。

(二)平行结转分步法

1. 平行结转分步法的含义及适用范围

在采用分步法的大量、大批多步骤生产的企业,有的产品生产过程,首先是对各种原材料平行地进行连续的加工,成为各种半成品——零件和部件,然后再装配成各种产成品。例如,机械制造企业的车间一般按生产工艺过程设置,设有铸工、锻工、加工、装配等车间。铸工车间利用生铁、钢、铜等各种原料熔铸各种铸件;锻工车间利用各种外购钢材锻造各种锻件。铸件和锻件都是用来进一步加工的毛坯。加工车间对各种铸件、锻件、外购半成品和外购原材料进行加工,制造各种产品的零件和部件;然后转入装配车间进行装配,生产各种机械产品。由于在这类生产企业中,各生产步骤所产半成品的种类很多,但半成品外售的情况却很少,在管理上不要求计算半成品成本,因而为了简化和加速成本计算工作,在计算产品成本时,可以不计算各步骤所产半成品成本,也不计算各步骤所耗上一步骤的半成品成本(即各步骤之间不结转所耗半成品成本),只计算本步骤所发生的各项生产费用以及这些费用中应计入产成品成本的"份额"。然后,对各步骤应计入同一产成品成本的份额平行结转、汇总,即可计算出该种产品的产成品成本。这种平行结转各步骤成本的方法,称为平行结转分步法,或称不计算半成品成本分步法。

2. 平行结转分步法的特点

(1) 采用这一方法,各生产步骤不计算半成品成本,只计算本步骤所发生的生产费用。除第一步骤生产费用中包括所耗用的原材料和各项加工费用外,其他各步骤只计算本步骤发生的各项加工费用。

(2) 采用这一方法,各步骤之间也不结转半成品成本,只是在企业的产成品入库时,才将各步骤费用中应计入产成品成本的份额从各步骤产品成本明细账中转出。即从"基本生产成本"科目的贷方转入"产成品"科目的借方。因此,采用这一方法,不论半成品是在各步骤之间直接转移,还是通过半成品库收发,都不通过"自制半成品"科目进行总分类核算。也就是说,半成品成本不随半成品实物转移而结转。

(3) 采用平行结转分步法,每一生产步骤的生产费用也要在其完工产品与月末在产品之间进行分配。但这里的完工产品,是指企业最后完工的产品;某步骤完工产品费用,是该步骤生产费用中用于产成品成本的份额。与此相联系,这里的在产品是指尚未产成的全部在产品和半成品,包括:① 尚在本步骤加工中的在产品,即狭义在产品;② 本步骤已完工转入半成品库的半成品;③ 已从半成品库转到以后各步骤进一步加工、尚未最后产成的产品。这是就整个企业而言的广义在产品。因此,这里的在产品费用,是指包括三个部分的广义在产品的费用。其中后两部分的实物已经从本步骤转出,但其费用仍留在本步骤产品成本明细账中,尚未转出。这就是说,在平行结转分步法下,各步骤的生产费用(不包括所耗上一步骤的半成品费用)要在产成品与广义在产品之间进行分配,计算这些费用在产成品成本中所占的份额和广义在产品成本中所占的份额。

3. 平行结转分步法的成本计算程序

平行结转各步成本的核算程序,如图4-6所示。

从图4-6可以看出,平行结转分步法的基本计算程序如下。

首先,按产品和加工步骤设置成本明细账,各步骤成本明细账分别按成本项目归集本步骤发生的生产费用(但不包括耗用上一步骤半成品的成本)。

其次,月末将各步骤归集的生产费用在产成品与狭义在产品之间进行分配,计算各步骤费用中应计入产成品成本的份额。

最后,将各步骤费用中应计入产成品成本的份额按成本项目平行结转,汇总计算产成品的总成本及单位成本。

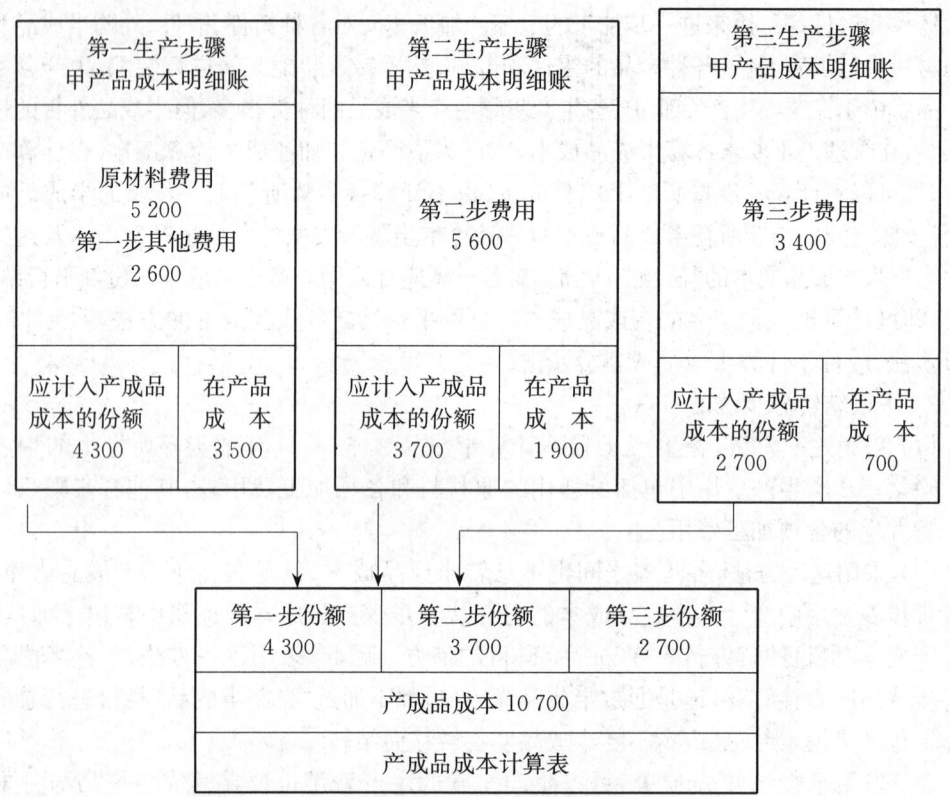

图 4-6 平行结转分步法成本计算程序图

综上所述,正确确定各步骤生产费用中应计入产成品成本的份额,即每一生产步骤的生产费用正确地在完工产成品和狭义在产品之间进行分配,是采用这一方法时以正确计算产成品成本的关键所在。

各步骤计入产成品成本份额的计算公式如下:

$$
\begin{array}{l}
某步骤应计入产 \\
成品成本的份额
\end{array}
= \begin{array}{l}
产成品 \\
产\quad 量
\end{array}
\times \begin{array}{l}
单位产成品耗用 \\
该步骤半成品数量
\end{array}
\times \begin{array}{l}
该步骤单位半 \\
成品费用
\end{array}
$$

式中,单位半成品费用是采用约当产量法、定额比例法或在产品按定额成本等方法分配求得的。在分配时,应按成本项目分别进行。

在约当产量法下,其计算公式为:

$$
\begin{array}{l}
某步骤单位 \\
半成品费用
\end{array}
= \cfrac{
\begin{array}{l}
该步骤月初 \\
在产品费用
\end{array}
+
\begin{array}{l}
该步骤本月 \\
发生费用
\end{array}
}{
\begin{array}{l}
该步骤完工 \\
半成品数量
\end{array}
+
\begin{array}{l}
该步骤狭义在产 \\
品的约当产量
\end{array}
}
$$

$$
\begin{array}{l}
某步骤完工 \\
半成品数量
\end{array}
= \begin{array}{l}
产成品耗用 \\
半成品数量
\end{array}
+ \begin{array}{l}
存放于半成品 \\
库的半成品数量
\end{array}
+ \begin{array}{l}
其他加工步骤 \\
领用的半成品数量
\end{array}
$$

$$
= \begin{array}{l}
该步骤月初 \\
半成品数量
\end{array}
+ \begin{array}{l}
该步骤本月完工 \\
的半成品数量
\end{array}
$$

$$\text{某步骤期末} \atop \text{在产品成本} = {\text{期初在} \atop \text{产品成本}} + {\text{该步骤本期} \atop \text{发生费用}} - {\text{该步骤应计入产} \atop \text{成品成本的份额}}$$

【例4-8】　某产品分两个步骤生产,原材料于生产开始时一次投入,月末第一步骤加工中的在产品20件,完工率50%,第二步骤加工中的在产品5件,产成品20件。第二步骤中单位在产品和产成品耗用第一步骤半成品2件。第一步骤月初在产品和本月发生费用合计数中原材料费用14 000元,加工费900元。

$$\text{第一步骤单位} \atop \text{半成品原材料费} = \frac{14\,000}{20\times2+5\times2+20} = 200(\text{元/件})$$

$$\text{第一步骤应计入} \atop \text{产成品成本的材料费} = 20\times2\times200 = 8\,000(\text{元})$$

$$\text{第一步骤期末在产品} \atop \text{成本中的材料费} = 14\,000 - 8\,000 = 6\,000(\text{元})$$

$$\text{第一步骤单位} \atop \text{半成品加工费} = \frac{900}{20\times2+5\times2+20\times50\%} = 15(\text{元})$$

$$\text{第一步骤应计入产成品成本的加工费} = 20\times2\times15 = 600(\text{元})$$

$$\text{第一步骤期末在产品成本中的加工费} = 900 - 600 = 300(\text{元})$$

在定额比例法下,其计算公式为:

$$\text{某步骤单位} \atop \text{半成品费用} = \frac{{\text{该步骤月初} \atop \text{在产品费用}} + {\text{该步骤本月} \atop \text{发生费用}}}{{\text{该步骤完工半成品} \atop \text{定额消耗量(费用)}} + {\text{该步骤期末在产品} \atop \text{定额消耗量(费用)}}}$$

式中,完工半成品数量及完工半成品、期末在产品定额消耗量(费用)等计算方法与前述计算方法相同。

【例4-9】　承[例4-8],生产费用在完工产品与在产品之间采用定额比例法分配。原材料费用按原材料定额消耗量比例分配;加工费用按定额工时比例分配。单位半成品原材料定额消耗量为50千克,单位半成品定额工时为30小时,单位在产品定额工时为15小时。

$$\text{第一步骤单位} \atop \text{半成品原材料费} = \frac{14\,000}{(20\times2+5\times2)\times50+20\times50}\times50 = 200(\text{元})$$

$$\text{每一步骤每定额工} \atop \text{时应负担加工费} = \frac{900}{(20\times2+5\times2)\times30+20\times15} = 0.5(\text{元})$$

$$\text{每一步骤应计入产} \atop \text{成品成本的加工费} = 20\times2\times30\times0.5 = 600(\text{元})$$

$$\text{每一步骤月末在产} \atop \text{品成本中的加工费} = 900 - 600 = 300(\text{元})$$

或

$$\text{每一步月末在} \atop \text{产品定额工时} = 5\times2\times30+20\times15 = 600(\text{小时})$$

$$每一步骤月末在产品成本中的加工费 = 600 \times 0.5 = 300(元)$$

【例 4-10】 平行结转分步法成本计算案例

红星制造企业生产鼠标垫,2019 年 8 月压制车间(第一车间)进行压制成橡胶板,成品车间(第二车间)裁剪贴画;生产费用在完工产品与在产品之间的分配采用定额比例法,其中原材料费用按定额原材料费用比例分配;其他各项费用均按定额工时比例分配。其成本核算程序如下。

第一,有关鼠标垫的定额资料详如表 4-99 所示。

第二,根据鼠标垫的定额资料、各种生产费用分配表和产成品交库单,登记压制车间(第一车间)、成品车间(第二车间)的产品成本计算单,详如表 4-100、表 4-101 所示。成本会计:蒋英。

表 4-99

原材料及工时定额资料表

2019 年 8 月 31 日　　　　　　　　　　　　　　金额单位:元

车间份额	月初在产品		本月投入		本月产成品				
	定额原材料费用	定额工时	定额原材料费用	定额工时	单位定额		产量(件)	定额原材料费用	定额工时
					原材料费用	工时			
压制车间份额	5 280	2 440	3 200	1 400	25	15	100	5 000	3 000
成品车间份额		1 300		3 455		20	100		4 000
合　计	5 280	3 740	3 200	4 855	25	35	100	5 000	7 000

制表:蒋英

表 4-100

产品成本计算单

产品名称:橡胶板　　　　　　　　　　　　　　　　　车间:压制车间
产量:100 件　　　　　　　　2019 年 8 月 31 日　　　　金额单位:元

摘　要	直接材料		定额工时(小时)	直接人工	制造费用	成本合计
	定额	实际				
月初在产品	5 280	5 605	2 440	2 510	4 905	13 020
本月生产费用	3 200	3 723	1 400	2 098	3 159	8 980
合　计	8 480	9 328	3 840	4 608	8 064	22 000
费用分配率		1.10		1.20	2.10	
产成品成本中本步份额	5 000	5 500	3 000	3 600	6 300	15 400
月末在产品	3 480	3 828	840	1 008	1 764	6 600

制表:蒋英

表 4-101

产品成本计算单

产品名称：鼠标垫　　　　　　　　　　　　　　　　　　　　　车间：成品车间

产成品数量：100 件　　　　　　　2019 年 8 月 31 日　　　　　　　单位：元

摘　要	直接材料		定额工时	直接人工	制造费用	成本合计
	定额	实际				
月初在产品			1 300	1 455	2 435	3 890
本月生产费用			3 455	3 775.5	3 746.5	7 522
合　计			4 755	5 230.5	6 181.5	11 412
费用分配率				1.1	1.3	
产成品成本中本步份额			4 000	4 400	5 200	9 600
月末在产品			755	830.5	981.5	1 812

制表：蒋英

表 4-101 中数字计算、登记方法如下。

(1) 定额原材料费用和定额工时，根据前列鼠标垫定额资料计算登记。月末没有盘点橡胶板，月末在产品定额资料是根据月初在产品定额资料、本月投入定额资料和产成品定额资料，采用倒挤的方法计算求得的。

以第一车间定额原材料费用和定额工时计算为例，说明如下：

$$月末在产品定额原材料费用 = 5\ 280 + 3\ 200 - 5\ 000 = 3\ 480(元)$$

$$月末在产品定额工时 = 2\ 440 + 1\ 400 - 3\ 000 = 840(小时)$$

(2) 本月生产费用即本步骤为生产鼠标垫所发生的各项生产费用，应根据各种生产费用分配表登记。由于原材料是在生产开始时一次投入，采用平行结转分步法在各生产步骤间不结转半成品成本，因而，只有压制车间有原材料费用（定额和实际），成品车间则没有本月耗用的半成品费用。

(3) 采用定额比例法在完工产品与在产品之间分配费用，应计算费用分配率，其中原材料费用按定额原材料费用比例分配；其他各项费用均按定额工时比例分配。本例各项费用分配率及产品成本中各步骤份额的计算如下（以第一车间为例）：

$$直接材料费用分配率 = \frac{5\ 605 + 3\ 723}{5\ 000 + 3\ 480} = 1.1(元/件)$$

$$产成品成本中第一车间直接材料费用份额 = 5\ 000 \times 1.1 = 5\ 500(元)$$

$$月末在产品直接材料费用＝3\,480×1.1$$
$$或＝5\,605＋3\,723－5\,500＝3\,828(元)$$

$$\frac{直接人工成本}{分配率}＝\frac{2\,510＋2\,098}{3\,000＋840}＝1.2(元/小时)$$

$$\frac{产成品成本中第一车}{间直接人工份额}＝3\,000×1.2＝3\,600(元)$$

$$月末在产品直接人工费＝840×1.2$$
$$或＝2\,510＋2\,098－3\,600＝1\,008(元)$$

制造费用的分配计算可类推,从略。

由于各步骤都是在产成品与广义在产品之间分配费用,所以上列压制车间、成品车间鼠标垫的定额资料和成本明细账中的产量,都是最后产成品的数量;而在逐步结转分步法下,除了最后一个步骤以外,都是完工半成品的数量。

上列鼠标垫成本明细账所记月初、月末在产品成本与前列逐步结转分步法举例不同。这是因为:① 两者在完工产品与月末在产品之间分配费用的方法不同。逐步结转分步法举例中的在产品成本,是按在产品费用定额计算的定额成本;平行结转分步法举例中的在产品成本,是按定额比例法分配计算的实际成本。② 在逐步结转分步法下,如果各步骤在产品数量和单位成本相差不多,由于后面各步骤的在产品成本包括所耗前面各步骤的半成品费用,因而后面各步骤在产品成本的金额大,前面各步骤在产品成本的金额小。

第三,将第一、二车间产品成本明细账中应计入产成品成本的份额,平行汇总记入鼠标垫成本汇总表,详见表4－102。

表4－102

产品成本汇总表

产品:鼠标垫　产量:100件　　　　2019年8月31日　　　　　　　　单位:元

车间	直接材料	直接人工	制造费用	成本合计
第一车间	5 500	3 600	6 300	15 400
第二车间		4 400	5 200	9 600
合　计	5 500	8 000	11 500	25 000
单位成本	55	80	115	250

制表:蒋英

【例4－11】 青格服饰有限公司设有三个生产步骤。第一步骤通过裁片车间裁片,第二步骤缝制车间制成成衣,第三步骤将衣服缝扣产品生成。布料在加工开始时一次投入。各加工步骤狭义在产品的加工程度均为50％。2019年9月份有关产量和成本的资料如下。成本会计:习英。

1. 产量记录如表 4 - 103 所示

表 4 - 103

产品产量记录表

2019 年 9 月 30 日　　　　　　　　　　　　　　　单位：台

项　　目	第一步骤	第二步骤	第三步骤
期初在产品数量	80	60	20
本月投入数量	340	400	360
本月产出数量	400	360	300
期末在产品数量	20	100	80

制表：习英

2. 各步骤成本资料如表 4 - 104 所示

表 4 - 104

生产费用资料

2019 年 9 月 30 日　　　　　　　　　　　　　　　单位：元

成本项目　　　步　骤	月初在产品成本				本月生产费用			
	直接材料	直接人工	制造费用	合计	直接材料	直接人工	制造费用	合计
第一步骤	1 250	755	2 090	4 095	22 750	11 495	13 100	47 345
第二步骤	—	826	620	1 446	—	9 064	5 400	14 464
第三步骤	—	1 565	928	2 493	—	5 915	4 852	10 767

制表：习英

产品成本计算过程如下：

（1）第一步骤产品成本计算如表 4 - 105 所示。

表 4 - 105

产品成本计算单

第一步骤：裁片　　　　　　　2019 年 9 月 30 日　　　　　　　　　单位：元

摘　　要	直接材料	直接人工	制造费用	合　　计
期初在产品成本	1 250	755	2 090	4 095
本月生产费用	22 750	11 495	13 100	47 345
生产费用合计	24 000	12 250	15 190	51 440
约当产量	500	490	490	—
分配率	48	25	31	
产成品成本	14 400	7 500	9 300	31 200
期末在产品成本	9 600	4 750	5 890	20 240

制表：习英

直接材料约当产量＝本步骤半成品月初数量＋本步骤本月完工半成品数量

＋本步骤月末狭义在产品约当产量

＝（60＋20）＋400＋20＝500（件）

或＝本月最终完工产品数量＋月末广义在产品约当产量

＝300＋（80＋100＋20）＝500（件）

直接人工约当产量＝60＋20＋400＋20×50％＝490（件）

或＝300＋80＋100＋20×50％＝490（件）

间接制造费用约当产量＝60＋20＋400＋20×50％＝490（件）

或＝300＋80＋100＋20×50％＝490（件）

（2）第二步骤产品成本计算如表 4-106 所示。

表 4-106

产品成本计算单

第二步骤：成衣　　　　　　　　　2019 年 9 月 30 日　　　　　　　　　单位：元

摘　要	直接人工	制造费用	合　计
期初在产品成本	826	620	1 446
本月生产费用	9 064	5 400	14 464
生产费用合计	9 890	6 020	15 910
约当产量	430	430	—
分配率	23	14	
产成品成本	6 900	4 200	11 100
期末在产品成本	2 990	1 820	4 810

制表：习英

直接人工约当产量＝20＋360＋100×50％＝430（件）

或＝300＋80＋100×50％＝430（件）

间接制造费用约当产量＝20＋360＋100×50％＝430（件）

或＝300＋80＋100×50％＝430（件）

（3）第三步骤产品成本计算如表 4-107 所示。

表 4-107

产品成本计算单

第三步骤：衣服　　　　　　　　　2019 年 9 月 30 日　　　　　　　　　单位：元

摘　要	直接人工	制造费用	合　计
期初在产品成本	1 565	928	2 493
本月生产费用	5 915	4 852	10 767
生产费用合计	7 480	5 780	13 260

（续表）

摘　要	直接人工	制造费用	合　计
约当产量	340	340	
分配率	22	17	
产成品成本	6 600	5 100	11 700
期末在产品成本	880	680	1 560

制表：习英

直接人工约当产量＝300＋80×50％＝340（件）

间接制造费用约当产量＝300＋80×50％＝340（件）

（4）平行汇总产成品成本如表4-108所示。

表4-108

产品成本汇总计算表

产品名称：衣服　　　　　　　　2019年9月30日　　　　　　　　产量：300件

项　目	直接材料	直接人工	制造费用	合　计
第一步骤	14 400	7 500	9 300	31 200
第二步骤		6 900	4 200	11 100
第三步骤		6 600	5 100	11 700
总 成 本	14 400	21 000	18 600	54 000
单位成本	48	70	62	180

制表：习英

（三）逐步结转分步法与平行结转分步法的区别

采用逐步结转分步法，各步骤所耗用的上一步骤半成品的成本，要随着半成品实物的转移，从上一步骤的产品成本明细账转入下一步骤相同产品的产品成本明细账中，以便逐步计算各步骤的半成品成本和最后步骤的产成品成本。按照结转的半成品成本在下一步的反映方法，它又可分为综合结转和分项结转两种方法。综合结转法的特点是将各步骤所耗用的上一步骤半成品成本，综合记入各该步骤的产成品成本明细账中。综合结转法有时需要进行成本还原。分项结转法的特点是将各步骤耗用的上一步骤半成品成本，按照成本项目分项转入各该步骤产品成本明细账的各个成本项目中。

采用平行结转分步法，各步骤不计算半成品成本，也不结转所耗半成品成本，只计算本步骤所发生的各项生产费用以及这些费用中应计入产成品成本的"份额"，然后，将各步骤应计入同一产成品成本的份额平行结转、汇总，即可计算出该种产品的产成品成本。如何正确确定各步骤生产费用中应计入产成品成本的份额，即每一生产步骤的生产费用如何正确地在完工产成品和广义在成品之间进行分配，是采用这一方法时能否正确计算产成品成本的关键所在。

逐步结转分步法与平行结转分步法虽都属于分步法,但两者之间仍有许多不同之处,主要表现在以下几方面:

(1) 成本计算程序不同。逐步结转分步法在计算成本时是按产品的生产过程逐步计算并结转半成品成本,在最后步骤计算出完工产成品成本;而平行结转分步法各步骤只计算该步骤应计入产成品成本的"份额",将各步骤应计入产成品成本的"份额"平行汇总,计算出完工产成品的成本。

(2) 各步骤所计算的费用不同。逐步结转分步法下,其每一步骤的费用中包括本步骤发生的加工费用,也包括上一步骤转入的半成品的成本;平行结转分步法下各步骤的费用中,除第一步骤外,只包括本步骤发生的加工费用。

(3) 完工产品的概念不同。逐步结转分步法下的完工产品不仅包括最后步骤完工的产成品,而且还包括各步骤完工的半成品;平行结转分步法下的完工产品只包括最后步骤完工的产成品。

(4) 在产品的概念不同。逐步结转分步法下的在产品是狭义的在产品;平行结转分步法下的在产品是广义的在产品。

(5) 成本与实物关系体现不同。在逐步结转分步法下,成本的结转与实物的转移是相一致的,即半成品实物转入某个步骤,其成本也转入某个步骤;平行结转分步法下成本的结转与实物的转移是脱节的,当半成品转入下一步骤加工时,其成本并不转入下一步骤。

 引导案例分析

(1) 引导案例中,电机生产一般是根据客户的品种要求进行的,对同一电机有固定规格、型号、重量等,其生产出来的成本一般每一个体产品大体相当,因此,一般采用品种法来核算其成本,才能正确进行成本计算。

(2) 引导案例中,船舶生产一般是根据客户的订单进行的,即使是同一品种的船舶,不同批次生产出来的,成本也会不一样;而不同船舶生产虽然许多步骤相同,但成本差异却很大,因此,采用品种法和分步法都是不合适的,应该采用分批法来核算其成本,才能正确进行成本计算。

(3) 引导案例中,湘潭纺织公司是连续式复杂生产企业,如果半成品棉纱筒不对外销售,成本计算可以采用平行结转分步法,就是只计算各步骤所发生的各项生产费用以及这些费用中应计入产成品棉布的成本"份额",然后对各步骤应计入同一产品成本的份额平行结转、汇总,就可算出棉布的产品成本。

 认知实习

以 5～6 人为一小组,实地考察一个学校所在城市的造纸厂,或者织布厂,或者水泥厂,了解产品的构成,参观产品的生产过程,向生产工人和生产主管咨询,进而调查单位的成本会计,看看理论和实践有何区别,如何让理论更好地服务于实践? 分组写份图文并茂的调查报告,任务布置后两周内交。

其他成本计算方法

 **学习目标**

知识目标：理解分类法、定额法的含义、特点、适用范围以及联产品、副产品的概念；掌握分类法、定额法的计算程序。

技能目标：正确运用分类法、定额法进行成本计算；根据企业的实际情况灵活运用成本计算的其他方法。

引导案例

新华皮具厂属于大量大批单步骤生产企业，大量生产了六种不同规格型号的产品。根据产品的特点和所耗原材料、工艺技术的不同，可以将六种产品分为皮包、旅行箱两大类。皮包类产品包括 101、102、103 三种不同规格产品，旅行箱类产品包括 201、202、203 三种不同型号。企业产品材料消耗定额和工时定额比较准确、稳定。采用什么方法分配新华工厂发生的各项费用？如何计算新华工厂生产的皮包、旅行箱产品的总成本？如何将各类产品完工总成本在类内产品之间进行分配，计算类内每种规格皮包、旅行箱产品的总成本和单位成本？通过本章的学习，上述问题将一一得到解答。

任务一　分类法成本计算

 **任务描述**

（1）根据资料内容，选择成本计算的基本方法，计算各类产品实际成本，登记生产成本明细账。

（2）选择合理标准分配成本，计算类内各种产品成本，编制类内产品成本计算表。

（3）根据成本计算表，编制产品完工入库的会计分录。

 相关知识

一、分类法的基本特点及适用范围

企业的生产产品种类、规格繁多，如果按照产品的品种、规格归集生产成本，计算各种产品的成本，其计算工作量十分繁重。为减轻核算工作量，对于可按一定标准分类的生产企业，可采用分类法计算产品成本。分类法是以产品类别为成本计算对象，归集生产费用，先计算出各类完工产品总成本，然后再按一定标准计算类内每一种产品成本的方法。分类法与品种法关系密切，可以被认为是品种法的扩展。

（一）分类法的基本特点

分类法是以产品类别开设生产成本明细账归集生产费用，计算每一类产品的成本，采用相关分配方法再确定类内各种产品的成本。其特点可归纳如下。

1. 成本计算对象是产品类别

分类法是以产品的类别为成本计算对象，开设生产成本明细账归集该类产品的生产费用，每种产品发生的费用直接计入其所属类别后再采用一定的分配标准在所属类别内进行分配，最后计算出各种产品的成本。

2. 成本计算期取决于其所依托的成本计算基本方法

分类法不是一种独立的成本计算方法，它可以和品种法、分批法、分步法等结合起来应用。分类法的成本计算期要根据成本管理要求和产品生产类型进行确定，当分类法与品种法和分步法结合应用时，产品成本计算期与生产周期不一致，与会计核算的报告期相一致；当分类法与分批法结合应用时，产品成本计算期与产品生产周期相一致，与会计核算的报告期不一致。

3. 根据产品生产特点，确定类内产品成本的分配方法

按类别计算出各类产品的总成本后，需要将每类产品总成本在类内各种产品之间进行分配，从而计算出各种完工产品的成本。在这里，分配标准的选择是非常重要的，分配标准应选择与产品成本高低有着直接联系的项目，体现产品成本费用分配中的受益原则。各成本项目可采用同一分配标准，也可采用不同的分配标准。通常采用的分配标准有定额消耗量、定额成本、计划成本、产品售价、产品的重量或体积等。

4. 只能与成本计算的基本方法结合使用

分类法不是一种独立的成本计算方法，它要根据各类产品的生产工艺特点和管理的要求，与品种法、分批法、分步法结合使用，分类法是成本计算的辅助方法。

（二）分类法的适用范围

分类法一般适用于产品品种、规格繁多，并且可以按照一定的要求和标准划分为类别的企业或企业的生产单位。分类法与企业的生产类型没有直接关系，可以在各种类型的生产企业中应用，只要企业生产的产品可以按照其性质、用途、生产工艺过程和原材料消耗等方面的特点划分为一定的类别，都可以采用分类法。

具体包括以下类型。

(1) 用同样原材料,经过同样工艺过程生产出来的不同规格的产品。如制鞋厂生产不同尺寸的鞋。

(2) 几种主要产品是用同一种原材料进行加工而同时制造出,即联产品。如石油冶炼行业投入原油,加工出润滑油、机油、汽油、柴油、沥青等。

(3) 生产主要产品的生产过程中,附带生产的非主要产品即副产品,如:食用油厂在油脂精炼后的副产品油脚、皂脚等等。将主副产品归为一类作为成本计算对象,然后将副产品成本按有关方法确定后从总成本中扣除,余额即为主产品成本。

需要指出的是:

(1) 联产品所用的原料和工艺过程相同,所以最适合采用分类法计算成本。

(2) 品种相同,但质量不同的产品分两种情况:① 如果产品的结构、所用的原材料和工艺过程完全相同,产品质量上的差别是由于工人操作而造成的,不能采用分类法;② 如果不同质量的产品,是由于内部结构、所用原材料的质量或工艺技术上的要求不同而产生的,可以采用分类法计算成本。

(3) 为了简化成本计算工作,零星产品也可以归为几类,采用分类法计算成本。

二、分类法成本计算的程序

(一)确定产品类别

产品类别的划分,一般是根据产品的性质、结构、特点、所用原材料以及生产工艺过程的特点等进行分类。例如,饼干厂可以按生产工艺的不同,将产品分为甜酥性饼干、发酵饼干和花色饼干三个类别;可可制品厂可按产品结构的不同,将产品划分为可可豆、可可液块、可可脂和可可粉四个类别。

(二)计算各类产品总成本

分类法要求按照产品类别开设成本计算单,设立产品成本明细账,并结合生产类型的不同,选择一定的方法按类别分成本项目归集生产费用,计算出各类完工产品的成本。平时发生的各项生产费用,属于直接费用,则直接计入各类产品成本;属于各类产品共同耗用的费用,则采用一定的分配标准分配计入各类产品成本。因此,采用分类法计算产品成本时,领料单、工时记录等原始凭证和原始记录可以按产品类别填列,在各种费用分配表中可以只按产品类别分配费用,从而不仅简化成本计算工作,而且能够在产品品种、规格繁多的情况下,分类掌握产品成本的情况。

(三)计算类内各种产品的成本

选择合理的标准,将每类产品的成本,在类内的各种产品之间进行分配,计算每类产品的成本。

类内各种产品之间的分配是以类别总成本为标准的。这里要注意分配标准与成本之间要联系紧密,否则会影响类内各种产品成本计算的正确性。可以根据相关依据与产品成本的关系是否密切,采用价值指标(如:销售价格、计划成本、定额成本等)或技术指标(如长度、重量、体积等),也可按成本项目进行划分,如直接材料可以按材料消耗重量比例分配,直接人工费用和制造费用按工时比例分配。

类内产品成本的计算,在一般情况下是采用系数法、按定额成本计价法或按定额比例法计算。

(1)系数法。系数法是指计算出各类产品总成本后,按照系数分配类内各种产品成本的方法。在确定系数时,一般在同类产品中选择一种产销量大、生产正常、售价稳定的产品,作为标准产品,并将其系数定为"1",其他各种产品的分配标准与标准产品的分配标准相比,其比率即为其他各种产品的系数;再将各种产品的实际产量,按系数折算为标准产品产量(即总系数),在产品可按约当产量先折算成该完工产品的产量,再按系数折算为标准产品产量;然后按标准产品产量的比例计算出各种产品的产成品成本和在产品成本。

系数分配法分配类内产品成本的有关计算步骤如下。

第一步,计算某产品系数,计算公式为:

$$系数=该产品分配标准额÷标准产品分配标准额$$

这里的分配标准额可是售价或定额消耗量或体积。

第二步,计算各产品总系数,即标准产量,计算公式为:

$$某种产品总系数(标准产量)=该产品实际产量×该产品的系数$$

第三步,计算类内各产品费用分配率,即标准产量单位成本,计算公式为:

$$费用分配率(标准产量单位成本)=应分配成本总额÷类内各产品系数之和$$

第四步,计算类内各产品的总成本和单位成本,计算公式为:

$$某种产品应负担费用=该产品总系数×费用分配率$$

$$某产品单位成本=某种产品应负担费用÷该产品产量$$

在运用上述公式分配类内各产品成本时,可直接按产品计算系数、总系数,费用分配率和单位成本。更多的是分成本项目分别计算某产品某成本项目的系数、总系数,费用分配率和应分配的费用,然后将各成本项目费用相加得到某产品应分配的总费用。

(2)定额比例法。定额比例法就是以类内各种产品的定额作为分配标准,确定类内各种产品成本的方法。这种方法一般适用于定额比较健全、稳定的企业。具体计算时,材料费用可采用材料的定额耗用量的比例进行分配,加工费用可采用定额工时的比例进行分配。

其计算程序如下。

首先,按成本项目分别计算出各类产品的本月定额成本或定额耗用量总数。在实际工作中通常计算原材料定额成本(定额耗用量)和工时定额耗用量,各成本项目则根据原材料定额成本(定额耗用量)或工时定额耗用量比例进行分配。

$$某种产品定额耗用量=该种产品的实际产量×单位该种产品材料消耗定额$$

然后,计算各产品的费用分配率:

$$某产品的费用分配率=需分配的费用总额÷各种产品材料定额耗用量之和$$

最后,计算类内各种产品应分配的材料费用:

$$某种产品应分配的费用＝该种产品定额耗用量×该产品费用分配率$$

【例 5-1】 分类法成本计算案例(定额比例法)

(一)企业基本情况

华新皮具厂采用分类法计算产品成本,其生产的钱包系列产品为一大类,包括钱包 10 和钱包 20 两种产品,一大类里的产品成本分配采用定额比例法。该类产品的月末在产品按照定额成本计价法进行计算。成本会计:彭英。

(二)成本计算的有关资料

华新皮具厂 2019 年 8 月有关成本资料如下。

月末在产品产量为 190 件,在产品直接材料消耗定额为 65 千克,材料单价为 5 元;在产品的加工工时消耗定额为 30 小时,每小时工资费用计划分配率为 6 元;每小时制造费用计划分配率为 4.5 元。当月其他各有关资料如下表 5-1、表 5-2 所示。

表 5-1

成本资料表

2019 年 8 月 31 日

产品名称	完工产品产量(件)	直接材料费用定额(元)	工时定额(小时)
钱包 10	500	35	4
钱包 20	800	25	5

制表:彭英

表 5-2

生产费用明细表

产品:钱包类产品　　　　　　　　　2019 年 8 月 31 日　　　　　　　　　单位:元

项　　目	直接材料	直接人工	制造费用	合　计
月初在产品成本	73 500	20 400	26 200	120 100
本月生产费用	250 750	46 800	23 450	321 000
生产费用合计	324 250	67 200	49 650	441 100

制表:彭英

(三)成本计算程序

1. 计算钱包类完工产品的生产成本

根据上述成本资料,运用品种法的成本计算原理,计算出本月钱包类产品的本月完工产品成本和月末在产品成本,如表 5-3 所示。

表 5 - 3

成本计算单

产品：钱包类产品　　　　　　2019 年 8 月 31 日　　　　　　单位：元

项　目	直接材料	直接人工	制造费用	合　计
月初在产品成本	73 500	20 400	26 200	120 100
本月生产费用	250 750	46 800	23 450	321 000
生产费用合计	324 250	67 200	49 650	441 100
月末在产品成本（定额成本）	61 750	34 200	25 650	121 600
完工产品成本	262 500	33 000	24 000	319 500

制表：彭英

备注：期末钱包类在产品成本计算方法：

① 直接材料＝190×65×5＝61 750（元）

② 直接人工＝190×30×6＝34 200（元）

③ 制造费用＝190×30×4.5＝25 650（元）

2. 计算钱包类产品的类内钱包 10、钱包 20 产品的生产成本

根据各产品所耗各种原材料的消耗定额、计划单价以及费用总定额，以及工时定额，编制该类各种产成品成本计算表如下，如表 5 - 4 所示。

表 5 - 4

成本计算单

产品：钱包类产品　　　　　　2019 年 8 月 31 日　　　　　　单位：元

项　目	直接材料	直接人工	制造费用	合　计
月初在产品成本	73 500	20 400	26 200	120 100
本月生产费用	250 750	46 800	23 450	321 000
生产费用合计	324 250	67 200	49 650	441 100
月末在产品成本	61 750	34 200	25 650	121 600
完工产品成本	262 500	33 000	24 000	319 500
类内产品成本分配标准	37 500	6 000	6 000	—
类内产品成本分配率	7	5.5	4	—
钱包 10 总成本	122 500	11 000	8 000	141 500
钱包 10 单位成本	245	22	16	283
钱包 20 总成本	140 000	22 000	16 000	178 000
钱包 20 单位成本	175	27.5	20	222.5

制表：彭英

备注：表中的直接材料费用分配标准＝500×35＋800×25＝37 500(元)

直接工资费用分配标准＝500×4＋800×5＝6 000(小时)

间接制造费用分配标准＝500×4＋800×5＝6 000(小时)

表中的直接材料费用分配率＝262 500÷37 500＝7

直接工资费用分配率＝33 000÷6 000＝5.5

间接制造费用分配率＝24 000÷6 000＝4

根据表5-4的成本计算单和产品入库单，编制结转完工入库产品成本的会计分录：

借：库存商品——钱包10   141 500

      ——钱包20   178 000

  贷：生产成本——钱包10——直接材料   122 500

          ——直接人工   11 000

          ——制造费用   8 000

        ——钱包20——直接材料   140 000

          ——直接人工   22 000

          ——制造费用   16 000

【例5-2】 分类法成本计算案例(系数法)

(一)企业基本情况

宁西集团下属的宁福公司第一分厂生产圆钢1号、2号、3号三种产品，所用原材料和工艺过程相似，合并为圆钢类产品进行生产成本计算。该企业规定：该类产品的原材料费用随生产进度逐步投入，材料费用按照各种产品的原材料费用系数进行分配；加工费用按照各种产品的工时系数进行分配。同类产品内各种产品的原材料费用，按原材料费用定额确定系数；同类产品内各种产品之间的直接工资和制造费用，均按各种产品的定额工时计算确定系数；该公司规定圆钢2号产品为标准产品。成本会计：马英。

(二)成本计算的有关资料

宁西集团下属的宁福公司第一分厂2019年9月生产圆钢类(圆钢1号、2号、3号三种产品)产品，有关成本资料如下。

(1)圆钢类产品成本资料，如表5-5所示。

表5-5

生产费用资料

产品：圆钢类产品   2019年9月30日   单位：元

项　目	直接材料	直接人工	制造费用	合　计
期初在产品成本(定额成本)	41 910	13 530	44 550	99 990
本月生产费用	53 340	18 500	60 090	131 930
生产费用合计	95 250	32 030	104 640	231 920

制表：马英

(2)圆钢类产品的工时定额和材料消耗定额分别为：① 工时定额为：圆钢1号产品16

小时,圆钢 2 号产品 10 小时,圆钢 3 号产品 11 小时。② 材料消耗定额为:圆钢 1 号产品212.80 元,圆钢 2 号产品 266.00 元,圆钢 3 号产品345.80 元。

(3) 9 月份各产品完工产品与在产品的实际产量分别为:① 完工产品产量:圆钢 1 号产品 120 件,圆钢 2 号产品 90 件,圆钢 3 号产品 150 件。② 在产品产量:圆钢 1 号产品 100件,圆钢 2 号产品 100 件,圆钢 3 号产品 50 件。

(4) 圆钢类各种产品在产品单位定额成本资料,如表 5-6 所示。

表 5-6

圆钢类各种产品在产品单位定额成本

产品:圆钢类产品 　　　　　　　　2019 年 9 月 30 日 　　　　　　　　单位:元

圆钢类产品	直接材料	直接人工	制造费用	合　计
圆钢 1 号	120.00	50.00	165.00	335.00
圆钢 2 号	110.00	60.00	158.00	328.00
圆钢 3 号	149.60	34.20	191.00	374.80

制表:马英

(三) 成本计算程序

1. 计算圆钢类完工产品的生产成本

根据上述成本资料,运用品种法的成本计算原理,计算出本月圆钢英产品的本月完工产品成本和月末在产品成本,如表 5-7 所示。

表 5-7

成本计算单

产品:圆钢类产品 　　　　　　　　2019 年 9 月 30 日 　　　　　　　　单位:元

项　　目	直接材料	直接人工	制造费用	合　计
期初在产品成本(定额成本)	41 910	13 530	44 550	99 990
本月生产费用	53 340	18 500	60 090	131 930
生产费用合计	95 250	32 030	104 640	231 920
完工产品成本	64 770	19 320	62 790	146 880
产品成本(定额成本)	30 480	12 710	41 850	85 040

制表:马英

备注:期末圆钢类在产品成本计算方法:

① 直接材料＝100×120＋100×110＋50×149.60＝30 480(元)

② 直接人工＝100×50＋100×60＋50×34.20＝12 710(元)

③ 制造费用＝100×165＋100×158＋50×191＝41 850(元)

2. 计算圆钢类产品的类内圆钢 1 号、2 号、3 号产品的生产成本

(1) 根据各产品所耗各种原材料的消耗定额、计划单价以及费用总定额,以及工时定

额编制系数计算表如表 5-8 所示。

表 5-8

各种产品系数计算表

产品：圆钢类产品 2019 年 9 月 30 日

产品名称		加工费用系数		直接材料系数	
		单位产品工时定额	人工和制造费用系数	单位产品材料定额	原材料费用系数
圆钢类产品	圆钢 1 号	16	16÷10=1.6	212.80	212.80÷266.00=0.8
	圆钢 2 号（标准产品）	10	1	266.00	1
	圆钢 3 号	11	11÷10=1.1	345.80	345.80÷266.00=1.3

制表：马英

（2）根据各种产品的产量、原材料费用系数、人工和制造费用系数计算总系数（或标准产量），如表 5-9 所示。

表 5-9

产品总系数计算表

产品：圆钢类产品 2019 年 9 月 30 日

品 名	产品产量（件）	加工费用总系数		材料费用总系数	
		系 数	总系数	系 数	总系数
圆钢 1 号	120	1.6	192	0.8	96
圆钢 2 号	90	1	90	1	90
圆钢 3 号	150	1.1	165	1.3	195
合 计			447		381

制表：马英

（3）根据圆钢类产品的生产成本明细账中 9 月份产成品的成本资料，编制该类各种产成品成本计算表如表 5-10 所示。

表 5-10

圆钢类内的各种产品成本计算表

产品类别：圆钢类产品 2019 年 9 月 30 日 金额单位：元

项 目	产量（件）	原材料费用总系数	直接材料分配额	加工费用总系数	直接人工分配额	制造费用分配额	各种产品总成本	单位成本
圆钢类产品成本			64 770		19 320	62 790	146 880	
分配率		170			43.221 5	140.469 8		

（续表）

项　　目	产量（件）	原材料费用总系数	直接材料分配额	加工费用总系数	直接人工分配额	制造费用分配额	各种产品总成本	单位成本
圆钢 1 号	120	96	16 320	192	8 298.53	26 970.20	51 588.73	429.91
圆钢 2 号	90	90	15 300	90	3 889.94	12 642.28	31 832.22	353.69
圆钢 3 号	150	195	33 150	165	7 131.53	23 177.52	63 459.05	423.06
合　　计		381	64 770	447	19 320	62 790	146 880	

制表：马英

备注：表中的直接材料费用分配率＝64 770÷381＝170

直接工资费用分配率＝19 320÷447＝43.221 5

间接制造费用分配率＝62 790÷447＝140.469 8

根据表 5-10 的成本计算单和产品入库单，编制结转完工入库产品成本的会计分录：

借：库存商品——圆钢 1 号　　　　　　　　　　　　　51 588.73

　　　　　　——圆钢 2 号　　　　　　　　　　　　　31 832.22

　　　　　　——圆钢 3 号　　　　　　　　　　　　　63 459.05

　　贷：生产成本——基本生产成本——圆钢类产品

　　　　　　　　——圆钢 1 号——直接材料　　　　　16 320

　　　　　　　　——直接人工　　　　　8 298.53

　　　　　　　　——制造费用　　　　　26 970.20

　　　　　　　　——圆钢 2 号——直接材料　　　　　15 300

　　　　　　　　——直接材料　　　　　3 889.94

　　　　　　　　——制造费用　　　　　12 642.28

　　　　　　　　——圆钢 3 号——直接材料　　　　　33 150

　　　　　　　　——直接人工　　　　　7 131.53

　　　　　　　　——制造费用　　　　　23 177.52

 **知识拓展**

一、联产品成本的计算

1. 联产品的含义及其成本计算的特点

联产品是指企业在生产过程中，使用相同的原材料，经过共同的生产工艺，进行相同的加工过程，生产出来的具有同等地位、不同用途的几种主要产品，如炼油厂从原油中可以同时提炼出汽油、煤油、柴油、机油等几种主要产品，这些产品都是炼油厂的联产品。

联产品在生产过程中使用同样的原材料，并且又是在同一生产过程中生产出来的。各种联产品一般要在生产过程结束时才能分离出来，有时也可能在生产过程的某一个步骤中先分离出来某一种产品，这个分离时的生产步骤称为分离点。在联产品分离之前,不可能按照每种产品归集和分配生产费用,只能将其归为一类,计算其总成本。然后,采用一定的分配标准,采用适当的方法,将联合成本在联产品之间进行分配,求出各个联产品应负担的联合成本;然可以按类别归集费用计算成本,但它与分类法是有区别的。有些联产品分离后有时还需要继续加工,这样,就需要按照分离后产品的生产特点,选择适当的方法计算分离后的产品成本。通常情况下,将分离前发生的成本称为联合成本,而把分离后每种产品发生的成本称为可归属成本,因此,联产品的成本包括其应负担的联合成本加上分离后的可归属成本。

2. 联产品成本的计算程序

(1) 采用分类法,计算联产品分离前的联合成本;

(2) 采用适当的标准在各种联产品之间分配联合成本;

(3) 将分配的联合成本和分离后的加工成本汇总,计算联产品的总成本和单位成本。

3. 联合成本的分配方法

采用什么样的方法分配联合成本,关系到联产品成本计算的准确性和合理性,因此,企业可根据具体情况确定应采用的分配方法,通常的分配方法包括:

(1) 实物量分配法。实物量分配法就是根据分离点上各种联产品的重量、长度、容积或其他实物量比例来分配联合成本的一种方法。其计算公式如下:

联产品成本分配率＝联合成本÷各种联产品实物产量之和

某种产品应分配的联合成本＝该种联产品实物产量×联合成本分配率

【例 5-3】　阳光公司 2019 年 9 月生产汽油、柴油、煤油三种联产品,本期发生的联合成本为 360 000 元,根据各种产品的重量分配联合成本,计算结果如表 5-11 所示。成本会计:汤英。

表 5-11

联合产品成本计算单

2019 年 9 月 30　　　　　　　　　　　　　　　　　　　单位:元

产品名称	实物量(千克)	分配率(元/千克)	应分配成本
汽　　油	500	300	150 000
柴　　油	400	300	120 000
煤　　油	300		90 000
合　　计	1 200		360 000

制表:汤英

(2) 系数分配法。系数分配法是根据各种联产品的实际产量,按系数将其折算为标准产量来分配联合成本的一种方法。具体计算程序是:第一,确定各种联产品的系数;第二,用每种产品的产量乘以各自的系数,计算出标准产量;第三,将联合成本除以各种联产品标准产量之和,求得联合成本分配率;第四,用联合成本分配率乘以每种产品的标准产量,就可以计算出各种产品应负担的联合成本。

【例 5-4】 太平洋公司 2019 年 9 月用同一原材料,在同一工艺过程中生产汽油 90#、汽油 93#、汽油 95#、汽油 98# 四种主要产品。分配联合成本时,以产品售价为标准确定系数,以汽油 93# 产品为标准产品,其系数为 1,汽油 90# 产品分离后还继续加工。有关资料如表 5-12、表 5-13 所示。成本会计:冯英。

表 5-12

联产品产量、售价和系数分配表

2019 年 9 月 30 日

产品名称	产量(吨)	单位售价(元)	系 数
汽油 90#	120	72	1.2
汽油 93#	600	60	1
汽油 95#	300	48	0.8
汽油 98#	150	42	0.7

制表:冯英

表 5-13

联产品成本计算资料

单位:元

2019 年 9 月 30 日

项 目	直接材料	直接人工	制造费用	合 计
分离前的联合成本	19 602	7 187.4	5 880.6	32 670
各成本项目占总成本比重(%)	60	22	18	
分离后甲产品的加工成本	900	400	200	1 500

制表:冯英

根据上述资料,编制联产品成本计算单,如表 5-14 所示。

表 5-14

联产品成本计算单

单位:元

2019 年 9 月 30 日

产品名称	产量(吨)	系 数	标准产量	联合成本	分配率	应分配的联合成本
	(1)	(2)	(3)=(1)×(2)	(4)	(5)=(4)÷(3)	(6)=(3)×(5)
汽油 90#	120	1.2	144			4 320
汽油 93#	600	1	600			18 000
汽油 95#	300	0.8	240			7 200
汽油 98#	150	0.7	105			3 150
合 计			1 089	32 670	30	32 670

制表:冯英

编制汽油 90#产品成本计算汇总表,如表 5-15 所示。

表 5-15

90#产品成本计算汇总表

2019 年 9 月 30 日　　　　　　　　　　　　　　　　单位:元

项　目	分配的联合成本		分离后的加工成本	总成本	单位成本
	比重%	金　额			
	(1)	(2)=(1)×总金额	(3)	(4)=(2)+(3)	(5)=(4)÷产量
直接材料	60	2 592	900	3 492	29.1
直接人工	22	950.4	400	1 350.4	11.25
制造费用	18	777.6	200	977.6	8.15
合　计	100	4 320	1 500	5 820	48.5

注:其他产品的单位成本可根据各成本项目的比例计算。　　　　　　　　制表:冯英

(3) 相对售价比例分配法。相对售价比例分配法是按照生产出的各联产品销售价格的比例,将联合成本在各种联产品之间进行分配,以计算各联产品的总成本和单位成本的一种联产品成本分配方法。在这种情况下,售价较高的联产品负担的联合成本较多,售价较低的联产品负担的联合成本较少,以使各联产品取得大致相同的毛利率。这种方法弥补了实物量比例分配法的缺陷,使各联产品应负担的联合成本与售价联系了起来。相对售价比例分配法的计算公式如下:

联合产品成本分配率=联合成本÷各种联产品销售价格之和

某种产品应分配的联合成本=该种联产品销售价格×联合成本分配率

应当指出,相对售价比例分配法中的销售价格即指产品的销售收入,但是,这里的销售收入不是按照产品销售量计算的,而是按照产品产量计算的。

【例 5-5】 华夏公司 2019 年 9 月生产机油 5#、机油 8#、机油 11#三种联产品,单位售价分别为 14 元、12 元和 10 元,2010 年 7 月份发生的联合成本为 89 216 元,其中:直接材料 60 000 元,直接人工 11 216 元,制造费用 18 000 元,生产完工机油 5#产品 3 200 件,机油 8#产品 4 000 件,机油 11#产品 1 600 件。成本会计:周英。

根据上述资料,按照相对售价比例分配联产品成本,计算结果如表 5-16 所示。

表 5-16

联产品成本计算表

2019 年 9 月 30 日　　　　　　　　　　　　　　　　金额单位:元

产品名称	产量(件)	单价(元)	销价(元)	分配率	分配联合成本(元)	单位成本(元)
机油 5#	3 200	14	44 800	0.82	36 736	11.48
机油 8#	4 000	12	48 000	0.82	39 360	9.84
机油 11#	1 600	10	16 000	0.82	13 120	8.2
合　计			108 800		89 216	

制表:周英

　　这一分配法将联产品成本与产品的销售价格联系在一起,可以避免售价低的产品可能因为分配标准的选用不当而造成其负担的费用较多的不合理现象。但是,产品成本的高低并非都与产品售价有关,价格高的产品不一定成本也高,因此,此种方法只适用成本高低与售价关系密切的联产品的成本分配。

　　二、副产品成本的计算

　　1. 副产品的含义及其成本计算的特点

　　副产品是指企业在生产主要产品的过程中,附带生产出一些非主要产品。它不是企业的主要产品,但它们却有一定的价值和用途。如,在制皂工业中产生的甘油、在生产生铁过程中产生的煤气以及炼油厂在提炼原油的过程中产生的渣油、石油焦等。有些企业在生产过程中所产生的一些废水、废气、废渣,对于"三废"的综合利用、回收或提炼出来的产品,也可以称为副产品。

　　联产品是企业生产的主要产品,是企业生产活动的主要目的;副产品是企业生产的次要产品,随主要产品附带生产出来,依附于主要产品,不是企业生产活动的主要目的。相对于主要产品而言,副产品的经济一般较小,销售价格往往较低。主副产品不是固定不变的,随着各种条件的变化,副产品也能转为主要产品。原来的副产品,由于新的用途而提高售价,就可能从副产品上升为主产品。

　　由于副产品和主要产品是在同一生产过程中生产出来的,它们发生的费用很难分开,因此,一般是将副产品和主要产品归为一类,按照分类法归集费用,计算总成本。主、副产品分离前的成本可视为共同成本。一般来说,副产品的价值相对较低,在企业全部产品中所占比例较小,所以,可将副产品按照简化的方法计价,从主副产品的总成本中扣除,从而确定主产品的成本。

　　2. 副产品成本的计算

　　副产品成本计算主要是指副产品成本计价,即就是要确定副产品应负担的分离点前的联合成本。副产品在分离后,可以作为产成品直接对外销售,也可以进一步加工后再出售。所以副产品成本计价将由于这两种不同的情况分别采用以下两种方法:

　　第一种,直接对外销售副产品的成本计算。

　　(1) 副产品不计价。对于分离后不再加工的副产品,如果价值较低,副产品可以不负担分离前的联合成本,联合成本全部由主产品负担,副产品的销售收入直接作为其他业务收入处理。这种计价方法简单方便,但由于副产品成本是由主要产品负担,因而会影响主要产品成本计算的准确性。

　　(2) 副产品作价扣除。如果副产品的价值较高,则必须分摊分离前的联合成本,一般是按销售价格扣除税金、销售费用和合理利润后的余额,作为副产品应负担的成本从联合成本中扣除。副产品的成本既可以从直接材料成本项目中扣除,也可以按比例从联合成本各成本项目中减除。这种计价方法比副产品不计价法有所改进,但如果副产品的市场售价波动较大时,也会影响产品成本计算的正确性。

　　第二种,需进一步加工的副产品的成本计算。

　　副产品在分离点分离后,需进一步加工后才能对外出售的,其计价方法也有两种:

　　(1)副产品只负担可归属成本。采用这种方法时,副产品不负担分离前的联合成本,联合成本全部由主产品负担,副产品只负担分离后进一步加工的成本。显而易见,这种方法简便易行,但是它少计了副产品的成本,多计了主产品的成本。

　　(2)副产品同时负担可归属成本和分离前的联合成本。采用这种方法时,副产品既负担分离前的联合成本,也负担分离后的可归属成本。此时,联合成本的分摊同样采用上述方法,用副产品的销售价格扣除税金和销售费用,再减去进一步加工的可归属成本后的价值作为副产品成本。

　　【例5-6】　远大公司2019年9月在生产主要产品汽油的同时,附带生产出天然气、石油焦、渣油三种副产品。天然气按售价扣除销售税金、销售费用等有关项目后的余额计价,并按比例从联合成本项目中进行扣除;石油焦按计划成本计价,从联合成本的直接材料项目中扣除;渣油由于数量较少、价值较低采用简化的方法不予计价。2019年9月份有关产量、成本资料如表5-17、表5-18所示。成本会计:姜英。

表5-17

产品、单价、计划成本资料

2019 年 9 月 30 日　　　　　　　　　　　　　　　　单位:元

产品名称	产量(吨)	单位售价	单位税金	单位销售费用	计划单位成本
汽　油	3 000				
天然气	540	40	5	6	
石油焦	160				20
渣　油	2				

制表:姜英

表5-18

有关成本费用资料

2019 年 9 月 30 日　　　　　　　　　　　　　　　　单位:元

项　　　目	直接材料	直接人工	制造费用	合　计
本月主副产品共同成本	72 000	8 000	20 000	100 000
天然气分离后加工费用		1 000	1 160	2 160

制表:姜英

　　根据以上资料,各种副产品成本计算过程如下:

　　石油焦:总成本=160×20=3 200(元)
　　天然气:总成本=540×(40-5-6)=15 660(元)
　　　　　　其中分离前的总成本=15 660-2 160=13 500(元)
　　　　　　直接材料=13 500×72%=9 720(元),其中 72%=72 000÷100 000
　　　　　　直接人工=13 500×8%+1 000=2 080(元),其中 8%=8 000÷100 000
　　　　　　制造费用=13 500×20%+1 160=3 860(元),其中 20%=20 000÷100 000

汽油：总成本＝100 000－3 200－13 500＝83 300(元)

        直接材料＝72 000－3 200－13 500＝59 080(元)

        直接人工＝8 000－1 080＝6 920(元)

        制造费用＝20 000－2 700＝17 300(元)

计算结果编制完工产品成本计算表如表 5-19 所示。

表 5-19

主、副产品成本计算表

2019 年 9 月 30 日   金额单位：元

项目	共同成本		石焦油(160 吨)		天然气(540 吨)			汽油(3 000 吨)		
	金额	比重	总成本	单位成本	总成本			单位成本	总成本	单位成本
					分离前	分离后	合计			
	(1)	(2)	(3)	(4)	(5)	(6)	(7)	(8)	(9)	(10)
直接材料	72 000	72%	3 200	20	9 720		9 720	18	59 080	19.69
直接人工	8 000	8%			1 080	1 000	2 080	3.85	6 920	2.31
制造费用	20 000	20%			2 700	1 160	3 860	7.15	17 300	5.77
合计	100 000		3 200	20	13 500	2 160	15 660	29	83 300	27.77

制表：姜英

任务二　定额法成本计算

 任务描述

(1) 根据消耗定额和费用定额,按照产品品种和规定的成本项目,计算产品定额成本,编制产品定额成本计算表。

(2) 按成本计算对象设置产品成本明细账,专栏内各成本项目分设"定额成本"、"脱离定额差异"、"定额变动差异"等各小栏。

(3) 在定额成本修订的当月,应调整月初在产品的定额成本,计算月初定额变动。

(4) 生产费用发生时,按成本项目将符合定额的费用和脱离定额的差异分别核算,并予以汇总。

(5) 按确定的成本计算基本方法,汇集各项费用和定额成本差异,按一定标准在完工产品和在产品之间进行分配。

(6) 将本月完工产品的定额成本加减各种差异,调整计算出完工产品的实际成本。

 **相关知识**

一、定额法的基本特点及适用范围

在前述各种成本计算方法——品种法、分批法、分步法和分类法下，生产费用的日常核算是按照生产费用的实际发生额进行的，产品的实际成本也是根据实际生产费用计算的。这样，生产费用和脱离定额的差异及其发生的原因，只有在月末时通过实际资料与定额资料的对比、分析才能得到反映，不能在费用发生的当时就能得到反映，这样，不利于更好地加强定额管理，加强成本控制，更有效地发挥成本核算对于节约生产费用、降低产品成本的作用。产品成本计算的定额法（也称定额成本法），就是为了及时反映和监督生产费用和产品脱离定额的差异，加强成本管理和成本控制而采用的一种成本计算方法。

定额法是以产品定额成本为基础，加脱离现行定额差异（如：脱离定额的差异、材料成本差异）及定额变动差异来计算产品实际生产成本的一种方法。采用定额法计算产品成本，可以及时地反映和监督产品成本脱离定额成本的状况，为加强定额管理提供了相关信息。采用定额法时，产品实际成本与定额成本的关系可用下列公式表示：

产品实际成本＝产品定额成本＋脱离定额成本差异＋材料成本差异＋定额变动差异

定额成本是根据企业现行材料消耗定额、工时定额、费用定额及其他有关资料计算的一种目标成本。产品定额成本的制定过程也是对产品成本事前控制的过程。定额成本是计算实际产品成本的基础，也是企业对生产费用进行事中和事后分析的依据。

脱离定额差异是指产品生产过程中各项费用（实际费用）脱离现行定额的差异。脱离定额差异反映了企业各项生产费用支出的合理程度以及执行现行定额的质量。

材料成本差异也是产品生产费用脱离定额的一部分。采用定额法计算产品成本的企业，原材料日常核算是按计划成本进行的，所以，原材料项目的脱离定额差异，仅指消耗数量的差异（量差），其金额为原材料消耗数量差异与其计划单位成本的乘积，不包括材料成本差异（价差）。因此，企业应当单独计算产品成本应负担的材料成本差异，其金额为按计划单位成本和材料实际消耗量计算的材料总成本与材料成本差异率的乘积。

定额变动差异是指由于修订定额而产生的新旧定额之间的差异，它反映的是定额自身变动的结果，与生产费用支出的节约与超支无关。新定额的执行一般从月初开始，这样，当月投入的生产费用在计算其脱离定额差异时一般都按新标准执行，但月初在产品一般是按旧定额计算的，所以，月初在产品的生产费用和本月发生的生产费用就产生了定额标准不一致的现象，为了调整月初在产品定额成本，必须先计算月初在产品的定额变动差异。定额变动差异主要是指月初在产品账面定额成本与按新定额计算定额成本之间的差异。

定额成本法是将成本核算与成本控制相结合的一种成本方法，它不仅能达到成本的事前和事后控制，关键是能做到成本的日常控制，从而，更有效的地发挥成本核算对于节约生产费用、降低产品成本的作用。

（一）定额法的基本特点

定额法不仅是一种产品成本计算方法，还是一种对产品成本进行控制和管理的方法。

其特点如下：

（1）事前制定产品的定额成本。定额法与产品成本计算的品种法、分批法、分步法和分类法不同，它是以产品的定额成本为基础来计算产品实际成本的一种方法。采用定额法计算产品成本，企业必须事前制订好产品的各项消耗定额和费用定额，并以此为依据制订产品的定额成本，作为降低成本、节约费用支出的目标。

（2）分别核算符合定额的费用和脱离定额的差异。在生产费用发生地当时，将符合定额的费用和发生的差异分别核算，以加强对成本差异的日常核算、分析和控制。

（3）以定额成本为基础，加减各种成本差异来求得实际成本。在定额成本法下，本月完工产品的实际成本是以本月完工产品的定额成本为基础，加上本月完工产品应负担的脱离定额差异、材料成本差异、定额变动差异等成本差异来求得的。

（4）只能和成本计算的基本方法结合运用。定额法不是一种独立的产品成本计算方法，而是为了加强成本控制而采用的辅助成本计算方法，它必须结合品种法、分批法或分步法成本计算基本方法使用。

（二）定额法的适用范围

定额法不是产品成本计算的基本方法，它是为了加强成本控制与管理而采用的一种成本计算与管理相互融洽的方法。该方法主要适用于企业定额管理制度比较健全、定额管理基础工作比较好、产品生产已经定型、各项消耗定额比较准确、稳定的企业，与企业生产类型没有直接联系。

二、定额法成本计算的程序

采用定额法计算产品成本，其程序基本如下。

（1）事先制订产品定额成本。根据消耗定额和费用定额，按照产品品种和规定的成本项目，计算产品定额成本，编制产品定额成本计算表。

（2）按成本计算对象设置产品成本明细账，专栏内各成本项目分设"定额成本""脱离定额差异""定额变动差异"等各小栏。

（3）在定额成本修订的当月，应调整月初在产品的定额成本，计算月初定额变动。

（4）生产费用发生时，按成本项目将符合定额的费用和脱离定额的差异分别核算，并予以汇总。

（5）按确定的成本计算基本方法，汇集各项费用和定额成本差异，按一定标准在完工产品和在产品之间进行分配。

（6）将本月完工产品的定额成本加各种差异，调整计算出完工产品的实际成本。

上述程序中的关键问题是定额成本及其差异的计算，下面分别说明。

（一）产品定额成本的制定

采用定额法，必须先制定单位产品的消耗定额、费用定额，并据以制定单位产品的定额成本。

1. 定额成本与计划成本的异同

两者相同之处是：① 它们都是以产品生产耗费的消耗定额和计划价格确定的目标成本；② 定额成本和计划成本的制定过程，都是对产品成本进行事前反映和监督，并实行事前控制的过程。

两者不同之处是：① 计划成本在计划期内通常是不变的，而定额成本在计划期内是变动的；② 在国家或主管企业的上级机构对企业下达指令性计划成本指标的情况下，计划成本是国家或上级机构对企业进行成本考核的依据；在国家或主管企业的上级机构不对企业下达指令性计划成本指标的情况下，为了使企业产品成本有一个长期努力目标，企业也应制订计划成本。定额成本是企业自行制定的，是企业对当时的产品成本进行自我控制和考核的依据。

2. 产品定额成本的计算程序

产品的定额成本一般由企业的计划、技术、会计等部门共同制定。

（1）如果产品的零、部件不多，一般先计算零件定额成本，然后再汇总计算部件和产成品的定额成本。

（2）如果产品的零、部件较多，为了简化成本计算工作，也可以不计算零件定额成本，而根据所有零件原材料消耗定额、工序计划和工时消耗定额的零件定额卡，以及原材料计划单价、计划的工资率和其他费用率，计算部件定额成本，然后汇总计算产成品定额成本；或者根据零、部件的定额卡直接计算产成品的定额成本。

为了便于进行成本分析和考核，定额成本包括的成本项目和计算方法，应该与计划成本、实际成本包括的成本项目和计算方法一致。

确定产品定额成本，必须先制定产品的消耗定额，然后，再根据材料计划单价、计划工资率、计划费用率等确定各项费用定额和单位产品定额成本。

产品的定额成本包括直接材料定额成本、直接人工定额成本、制造费用定额成本，其计算公式分别如下：

产品直接材料定额成本＝产品原材料消耗定额×原材料计划单价

产品直接人工定额成本＝产品生产工时定额×计划小时工资率

产品制造费用定额成本＝产品生产工时定额×计划小时费用率

【例5-7】　华谊公司生产钻机产品耗用钢材、铜、铝三种材料，钢材单位消耗定额为100千克，计划单价为8元；铜单位消耗定额为130千克，计划单价为9元；铝单位消耗定额为14千克，计划单价为20元，2019年8月投产量为110件。则钻机的直接材料定额成本计算如表5-20所示。成本会计：陈英。

华谊公司2019年8月实际耗用的材料成本为242 500元。

表5-20

电机产品直接材料定额成本计算表

2019年8月31日　　　　　　　　　　　　　　　　　　金额单位：元

材料名称	单　位	计划单价	定额耗用		
			单位定额消耗量	耗用量	金　额
钢材	千克	8	100	11 000	88 000
铜	千克	9	130	14 300	128 700

（续表）

材料名称	单　　位	计划单价	定额耗用		
			单位定额消耗量	耗用量	金　　额
铝	千克	20	14	1 540	30 800
合　计					247 500

制表：陈英

此外，我们还可以根据上述公式计算直接人工和制造费用项目的定额成本（甲产品的直接人工和制造费用项目的定额成本在以后的内容中要涉及，此处从略）。

（二）脱离定额差异的计算

脱离定额的差异是指实际费用与定额费用之间的差额。以定额成本作为企业日常成本控制的目标，必须进行脱离定额差异的日常核算，及时分析差异产生的原因，确定差异的责任，并及时采取措施进行处理。所以，在发生生产费用时，应为符合定额的费用和脱离定额的差异分别编制定额凭证和差异凭证，并在有关的费用分配表和明细帐中分别予以登记。脱离定额差异的计算应分别按成本项目逐项进行，它的计算是定额法的主要内容。

1. 直接材料定额差异（量差）的计算

直接材料脱离定额差异只包括产品生产过程中实际材料耗用量和其定额耗用量之间的差异，其计算公式为：

$$直接材料脱离定额差异 = \sum (材料实际耗用量 - 材料定额耗用量) \times 该材料的计划单价$$

在实际工作中，计算直接材料脱离定额差异，一般有限额法、切割法和盘存法三种。

（1）限额法。采用定额法时，直接材料的领用一般实行限额料单（定额领料）制度，符合定额规定的领料应根据限额领料单等定额凭证发放，若由于增加产量而追加领料，必须办理追加限额的手续，由相关部门签字后，根据定额凭证领用。由于其他原因需要超额领料的，应根据专设的超额领料凭证，经过一定的审批手续后领用。在实际工作中，为减少凭证的种类，经常采用在普通限额领料单以不同颜色或加盖专用的"超额领料"章来代替超额领料凭证。每批生产任务完成后，应根据车间余料编制退料单，办理退料手续；退料单也视为差异凭证，退料单中所列的原材料数额与限额领料单中的原材料余额，都是直接材料项目脱离定额的差异。

【例5-8】 清乡电机厂2019年9月电机的投产数量为1 000件，限额领料单上电机的生产数量为1 000件，每件电机的原材料消耗定额为5千克，则领取原材料的限额为5 000千克。9月实际领料4 900千克，月末车间开出退料单数量为200千克，车间无余料。该材料的计划单价为10元/千克。假设该厂期初有余料为100千克。采用限额法计算本月电机原材料脱离定额的差异。本月原材料的实际领用数量是4 900千克，实际耗用的数量应为车间期初的余料加上本月领用的材料再减去退回的材料数量。

原材料实际耗用量＝100＋4 900－200＝4 800（千克）

原材料定额消耗量＝1 000×5＝5 000（千克）

原材料脱离定额差异＝（材料实际耗用量－材料定额耗用量）×该材料计划单价

$$＝（4\,800－5\,000）×10$$

$$＝－2\,000（元）（节约）$$

编制直接材料脱离定额差异的会计分录如下：

借：生产成本——基本生产成本——电机——直接材料（脱离定额差异） 2 000

　　贷：原材料 2 000

注：□ 表示框内数字为红字。

（2）切割法。切割法是指在某些加工企业，某些需要经过在准备车间切割后才能进一步进行加工的贵重或经常大量使用的材料，通过"材料切割核算单"来核算材料定额消耗量和脱离定额差异的一种方法。材料切割单应根据切割材料的批别开设，单中应填明切割材料的种类、数量、消耗定额和应切割成的毛坯数量。切割完后再填列实际切割的毛坯数量和材料的实际消耗量，然后计算出材料定额消耗量，再将定额消耗量与实际消耗量相比较，计算材料脱离定额的差异，如表5-21所示。

切割核算单

材料编号或名称：L201　　　　　　　　　　　　　　材料计划单价：20元
产品名称：M100钢管　　　　　　　　　　　　　　废料计划单价：5元
切割工人工号和姓名：马力　　　　　　　　　　　材料计量单位：平方米
切割时间：2019年9月5日　　　　　　　　　　　完工时间：2019年9月20日

发 料 数 量		退回余料数量		材料实际消耗量		回收实际废料数量
800		80		750		10
单件消耗定额	单件回收废料定额	应切割的毛坯数量		实际切割的毛坯数量	材料定额消耗量	废料定额回收量
30	0.2	24		22	660	4.4
材料脱离定额差异		废料脱离定额差异		差异原因		责任者
数量	金额	数量	金额			
60	1200	－5.6	－28	未按规定操作，废料增多		操作人：马力

采用"材料切割核算单"进行材料切割的核算，能及时反映材料的使用情况和发生差异的具体原因，有利于加强对材料消耗的监督和控制，降低产品成本，尤其是与车间或班组的经济核算结合起来可以收到更好的效果。

（3）盘存法。盘存法是根据完工产品数量和在产品实地盘存或账面结存数量，来计算投产数量的方式计算材料脱离定额差异的一种方法。其计算步骤如下。

第一步，首先对在产品进行盘存，可以实地盘存或账面盘存，确定期末在产品数量；再根据产量凭证（即入库单）所列完工产品数量，计算产品投产量。

产品投产量＝完工产品数量＋期末在产品数量－期初在产品数量

第二步，根据原材料消耗定额计算原材料定额耗用量。其计算公式为：

$$原材料定额耗用量＝产品投产数量×材料消耗定额$$

第三步,根据限额领料单、超额领料单、退料单等凭证,以及车间余料的盘存资料,计算出材料的实际耗用量。

第四步,将实际耗用量与定额耗用量进行比较,乘以原材料计划单价,计算原材料脱离定额差异。其计算公式为:

$$原材料脱离定额差异＝(材料实际耗用量－材料定额耗用量)×该材料的计划单价$$

【**例 5－9**】 湘华板式弹簧厂生产汽车用板式弹簧耗用钢材。2019 年 9 月汽车用板式弹簧期初在产品为 50 件,本期入库单中该弹簧入库数量为 1 000 件,经盘点车间期末在产品为 150 件。生产汽车用板式弹簧原材料是在生产开始时一次投入,原材料消耗定额为 2 千克/件,原材料计划单价为 10 元/千克。限额领料单中载明本期已实际领料数量为 2 100 千克,车间余料为 50 千克,期末盘点余料为 20 千克。计算本期直接材料脱离定额差异并编制差异分录。

$$投产产品数量＝1 000＋150－50＝1 100(件)$$

$$原材料定额消耗量＝1 100×2＝2 200(千克)$$

$$原材料实际消耗量＝2 100＋50－20＝2 130(千克)$$

$$直接材料脱离定额差异(金额)＝(2 130－2 200)×10＝－700(元)(节约)$$

借:生产成本——基本生产成本——弹簧——直接材料(脱离定额差异) $\boxed{700}$

　　贷:原材料——钢材 $\boxed{700}$

注:$\boxed{}$表示框内数字为红字。

直接材料脱离定额差异不论采用上述哪种方法核算,都应分批或定期地将这些核算资料按照成本计算对象汇总,编制原材料定额费用和脱离定额差异汇总表,反映材料脱离定额差异的总额。

2. 直接人工费用定额差异的计算

(1) 计件工资制度下直接人工脱离定额差异的计算。在计件工资下,直接人工为直接计入费用,在计件单价不变的情况下,按计件单价支付的生产工人薪酬就是定额工资,没有脱离定额的差异。因此,在计件工资制下,脱离定额的差异往往仅指因工作条件变化而在计件单价之外支付的工资、津贴、补贴等。企业应当将符合定额的工资,反映在产量记录中;脱离定额的差异应当单独设置"工资补付单"等凭证,并经过一定的审批手续。

计件工资制下,生产工人工资属于直接计入费用,其脱离定额差异的计算与原材料脱离定额差异的计算相似。

(2) 计时工资制度下直接人工脱离定额差异的计算。在计时工资制下,直接人工一般为间接计入费用,其脱离定额的差异不能在平时分产品(成本计算对象)计算,只有在月末确定本月实际直接人工费用总额和产品生产总工时后才能计算。有关计算公式如下:

$$计划小时工资率＝计划产量的定额直接人工费用÷某车间计划产量的定额生产工时$$

$$实际小时工资率＝某车间实际直接人工费用总额÷某车间实际生产总工时$$

某产品定额直接人工费用＝该产品实际完成的定额生产工时×计划小时工资率

某产品实际直接人工费用＝该产品实际生产工时×实际小时工资率

某产品直接人工脱离定额的差异＝该产品实际直接人工费用－该产品定额直接人工费用

由以上公式可知,直接工资定额差异是由工时差异和单位小时工资差异形成的。要降低产品的工资,一方面应控制生产工人的工资总额不超过计划,另一方面应充分利用工时,使生产工时总额不低于计划;另外还要控制单位产品的生产工时不超过工时定额。在日常核算中,应按照产品分别计算工时定额、实际工时和工时脱离定额的差异,及时分析差异产生的原因。

不论采用哪种工资形式,都应根据上述核算资料,按照成本计算对象编制生产工资和脱离定额差异汇总表。

【例 5－10】　华谊公司 2019 年 8 月生产钻机、鼓风机、发电机三种产品实际生产工时为 200 000 小时,其中,钻机 85 000 小时,鼓风机 50 000 小时,发电机 65 000 小时,8 月三种产品实际完成定额工时 205 000 小时,其中钻机 86 000 小时,鼓风机 55 000 小时,发电机 64 000 小时;8 月实际产品生产工人薪酬为 820 800 元,8 月计划小时工资率为 4 元,实际小时工资率为 4.104(820 800÷200 000)。根据上述资料,编制直接人工费用定额和脱离定额差异汇总表如表 5－22 所示。成本会计:李英。

表 5－22

直接人工费用定额和脱离定额差异汇总表

2019 年 8 月 31 日　　　　　　　　金额单位:元

产品名称	定额人工费用			实际人工费用			脱离定额差异
	定额工时(小时)	计划小时工资率	定额工资	实际工时(小时)	实际小时工资率	实际工资	
钻　机	86 000		344 000	85 000		348 840	4 840
鼓风机	55 000		220 000	50 000		205 200	－14 800
发电机	64 000		256 000	65 000		266 760	10 760
合　计	205 000	4	820 000	200 000	4.104	820 800	800

制表:李英

3. 制造费用定额差异的计算

制造费用大多为间接费用,不能在费用发生时直接按产品确定其定额差异。只能在月末将实际费用总额计算出来后才能与定额费用对比,确定差异定额。计算公式如下:

$$\frac{\text{计划小时制造费用}}{\text{分配率}}=\frac{\text{某车间计划制造费用总额}}{\text{某车间计划产量的定额生产工时总数}}$$

实际小时制造费用分配率＝某车间实际制造费用总额÷某车间实际生产工时总数

某产品定额制造费用＝该产品定额生产工时×计划小时制造费用分配率

某产品实际制造费用＝该产品实际工时×实际小时制造费用分配率

某产品制造费用定额差异＝某产品实际制造费用－某产品定额制造费用

【例 5 - 11】 华谊公司 2019 年 8 月各种产品实际生产工时和实际完成定额工时同 [例 5 - 10]，本月实际制造费用总额为 413 000 元，本月制造费用计划分配率为每小时 2 元（见表 5 - 28）；实际制造费用分配率为每小时 2.065 元（413 000÷200 000）。根据上述资料，编制"制造费用定额和脱离定额差异汇总表"如表 5 - 23 所示。成本会计：李英。

表 5 - 23

制造费用定额和脱离定额差异汇总表

2019 年 8 月 31 日   金额单位：元

产品名称	定额制造费用			实际制造费用			脱离定额差异
	定额工时（小时）	计划小时费用率	定额费用	实际工时（小时）	实际小时费用率	实际费用	
钻　机	86 000	2	172 000	85 000	2.065	175 525	3 525
鼓风机	55 000	2	110 000	50 000	2.065	103 250	−6 750
发电机	64 000	2	128 000	65 000	2.065	134 225	6 225
合　计	205 000		410 000	200 000		413 000	3 000

制表：李英

（三）计算材料成本差异

采用定额法计算产品成本的企业，应当按照计划成本来组织原材料的日常核算，因此，直接材料费用定额成本和脱离定额的差异都是按照原材料的计划单位成本计算的。这样，在月末计算产品的实际原材料费用时，还必须考虑所耗原材料应负担的成本差异，即所耗原材料的价差。其计算公式如下：

某产品应负担的原材料成本差异＝（该产品的原材料定额费用＋原材料脱离定额差异）
×材料成本差异率

为简化核算，各种产品应分配的材料成本差异，一般由该产品的完工产品成本负担，月末在产品不负担材料成本差异。在实际工作中，材料成本差异的计算和分配是通过编制"耗用材料汇总表"、"材料成本差异分配表"进行的。

【例 5 - 12】 接[例 5 - 7]，[例 5 - 10]钻机产品所耗直接材料定额费用为 247 500 元，材料脱离定额差异为节约 5 000 元，本月材料成本差异率为节约 1.2%，则电机产品应负担的材料成本差异可计算如下：

电机产品应负担的材料成本差异＝（247 500−5 000）×（−1.2%）＝−2 910（元）

（四）定额变动差异的计算

定额变动差异是指由于修订消耗定额或生产耗费的计划价格而产生的新旧定额之间的差额。产品定额成本是根据现行定额（包括材料消耗定额、工时定额和费用定额等）计算确定的，现行定额修订以后，定额成本也应随之修订。月初，产品定额成本修订以后，当月投产的产品应按照新的定额成本计算，而月初在产品的定额成本是上月末按旧的定额计算的，为了将按旧定额计算的月初在产品定额成本和按新定额计算的本月投入产品的定额成本,在新定额的同一基础上相加起来,以便计算产品的实际成本,还应计算月初在产品的定额变动差异,用以调整月初在产品的定额成本。

定额变动差异计算,一般有两种方法。

1. 直接计算法

月初在产品定额变动差异,可以根据消耗定额发生变动的在产品盘存数量或在产品账面结存数量和修订后的定额消耗,计算出月初在产品新的定额消耗量和新的定额成本,再与修订前月初在产品定额成本比较计算得出。其计算公式为:

月初在产品定额变动差异=(新定额-旧定额)×月初在产品中定额变动的零部件数量

在构成产品的零部件种类较多的情况下,直接计算法要按照零部件和工序进行计算,工作量就会很大,一般适用于产品零部件较少的企业。

2. 系数计算法

为简化计算工作,也可以按照单位费用的折现系数进行计算。即将按新旧定额所计算出的单位产品费用进行对比,求出系数,然后根据系数按产品成本项目计算月初在产品定额变动差异。计算公式如下:

定额变动系数=按新定额计算的单位产品定额费用÷按旧定额计算的单位产品定额费用

月初在产品定额变动差异=按旧定额计算的月初在产品费用×(1-定额变动系数)

【例 5-13】　华谊公司钻机产品的一些零件从 2019 年 8 月 1 日起修订原材料消耗定额,单位产品新的直接材料费用为 2 250 元,旧的直接材料费用定额为 2 343.75 元,电机产品月初在产品按旧定额计算的直接材料费用为 46 875 元。根据以上资料,钻机产品月初在产品定额变动差异计算如下:成本会计:王英。

定额变动系数=2 250÷2 343.75=0.96

钻机产品月初在产品定额变动差异=46 875×(1-0.96)=1 875(元)

采用系数法计算月初在产品定额变动差异虽然比较简便,但由于系数是按照单位产品计算的,而不是按照产品的零部件计算的,因而它只适合于在零部件成套生产或零部件成套性较大的情况下采用。也就是说,在零部件生产不成套或成套性较差的情况下,采用系数法,就会影响计算结果的正确性。

月初在产品定额变动差异是定额本身变动的结果,与实际生产费用的节约或浪费无关,但应当指出,定额成本是计算实际成本的基础。通常情况下,消耗定额的变动表现为不断降低的趋势,因而月初在产品定额变动差异通常表现为月初在产品价值的降低。此时,应从月初在产品定额费用中扣除该项差异,但是,由于该项差异是月初在产品生产费用的实际支出,因此还应将该项差异加入本月产品成本中。反之,若消耗定额是增加的,月初在产品增值的差异则应加入月初在产品定额费用中,同时,从本月产品成本中扣除同等金额,因为实际上并未发生这部分支出。也就是说,月初在产品定额成本调整的数额与计入产品实际成本的定额变动差异之和应当等于零。

(五)计算产品实际成本

1. 登记本月发生的生产费用

根据本月实际发生的生产费用,将符合定额的费用和脱离定额的差异分别核算,编制有关会计分录,计入产品生产成本明细账(产品成本计算单)的相应项目。

【例5-14】 根据[例5-10]和[例5-11],编制有关会计分录,计入华谊公司钻机产品生产成本明细账。[例5-13]月初在产品定额调整不属于实际发生费用,可以直接计入钻机产品生产成本明细账相应栏内,不编制会计分录。有关会计分录如下:

(1)结转产品生产领用材料计划成本。

借:生产成本——基本生产成本——钻机(定额成本)   247 500

                 ——钻机(脱离定额差异)   5 000

    贷:原材料   242 500

    注:□表示框内数字为红字。

(2)分配职工薪酬。[例5-10]中,华谊公司本月应付产品生产工人薪酬为820 800元(见表5-26)。

借:生产成本——基本生产成本——钻机(定额成本)   344 000

                 ——钻机(脱离定额差异)   4 840

                 ——鼓风机(定额成本)   220 000

                 ——鼓风机(脱离定额差异)   14 800

                 ——发电机(定额成本)   256 000

                 ——发电机(脱离定额差异)   10 760

    贷:应付职工薪酬   820 800

    注:□表示框内数字为红字。

(3)分配结转制造费用。[例5-11]中华谊公司2019年8月实际制造费用413 000元(见表5-27)。

借:生产成本——基本生产成本——钻机(定额成本)   172 000

                 ——钻机(脱离定额差异)   3 525

                 ——鼓风机(定额成本)   110 000

                 ——鼓风机(脱离定额差异)   6 750

                 ——发电机(定额成本)   128 000

                 ——发电机(脱离定额差异)   6 225

    贷:制造费用   413 000

(4)分配结转材料成本差异。[例5-12]中华谊公司钻机应负担的材料成本差异为2 910元。

借:生产成本——基本生产成本——钻机(材料成本差异)   2 910

    贷:材料成本差异   2 910

    注:□表示框内数字为红字。

2. 分配脱离定额差异

登记本月生产费用后,应将月初在产品成本、月初在产品定额变动和本月生产费用各相同项目分别汇总,计算出生产费用合计数(见表5-24)。生产费用合计数包括定额成本、脱离定额差异、材料成本差异和定额变动差异。为了简化计算,材料成本差异和定额变动差异全部由完工产品成本负担,脱离定额差异则要在本月完工产品和月末在产品之间进行分配。脱离定额差异一般按照本月完工产品定额成本和月末在产品定额成本的比例进行分配,具体方法和过程如表5-24所示。

表5-24

产品成本计算单

产品:钻机　产量:120件　　　　2019年8月31日　　　　　　金额单位:元

项　　目	行次	直接材料	直接人工	制造费用	合　计
一、月初在产品成本					
定额成本	1	46 875	31 000	15 500	93 375
脱离定额差异	2	−850	410	225	−215
二、月初在产品定额调整					
定额成本调整	3	−1 875	0	0	−1 875
定额变动差异	4	1 875	0	0	1 875
三、本月发生生产费用					
定额成本	5	247 500	344 000	172 000	763 500
脱离定额差异	6	−5 000	4 840	3 525	3 365
材料成本差异	7	−2 910			
四、生产费用合计					
定额成本	8	292 500	375 000	187 500	855 000
脱离定额差异	9	−5 850	5 250	3 750	3 150
材料成本差异	10	−2 910			−2 910
定额变动差异	11	1 875	0	0	1 875
差异分配率	12	−2%	1.4%	2%	
六、完工产品成本					
定额成本	13	270 000	360 000	180 000	810 000
脱离定额差异	14	−5 400	5 040	3 600	3 240
材料成本差异	15	−2 910			−2 910
定额变动差异	16	1 875	0	0	1 875
实际成本	17	263 565	365 040	183 600	812 205
七、月末在产品成本					
定额成本	18	22 500	15 000	7 500	45 000
脱离定额差异	19	−450	210	150	−90

制表:王英

（1）直接材料项目：

$$直接材料脱离定额差异分配率＝（-5\,850）÷（270\,000＋22\,500）＝-2\%$$

$$完工产品分配脱离定额差异＝270\,000×（-2\%）＝-5\,400（元）$$

$$月末在产品分配脱离定额差异＝22\,500×（-2\%）＝-450（元）$$

（2）直接人工项目：

$$直接人工脱离定额差异分配率＝5\,250÷（360\,000＋15\,000）＝1.4\%$$

$$完工产品分配脱离定额差异＝360\,000×1.4\%＝5\,040（元）$$

$$月末在产品分配脱离定额差异＝30\,000×1.4\%＝210（元）$$

（3）制造费用项目：

$$制造费用脱离定额差异分配率＝3\,750÷（180\,000＋7\,500）＝2\%$$

$$完工产品分配脱离定额差异＝180\,000×2\%＝3\,600（元）$$

$$月末在产品分配脱离定额差异＝7\,500×2\%＝150（元）$$

（4）本月在完工产品和在产品之间分配脱离定额差异：

$$本月完工产品分配脱离定额差异＝-5\,400＋5\,040＋3\,600＝3\,240（元）$$

$$月末在产品分配脱离定额差异＝-450＋210＋150＝-90（元）$$

上述计算结果在甲产品"产品成本计算单"中登记见表 10-18。

3. 计算结转完工产品实际成本

通过以上分配和计算，华谊公司 2019 年 8 月完工钻机 120 件的实际总成本为 812 105＝[810 000＋3 240＋（-2 910）＋1 775]元。编制的会计分录如下：

借：库存商品——钻机 812 205

　　贷：生产成本——基本生产成本——钻机——直接材料——定额成本 270 000

　　　　　　　　　　　　　　　　　　　　——脱离定额差异 5 400

　　　　　　　　　　　　　　　　　　　　——材料成本差异 2 910

　　　　　　　　　　　　　　　　　　　　——定额变动差异 1 875

　　　　　　　　　　　　　　——直接人工——定额成本 360 000

　　　　　　　　　　　　　　　　　　——脱离定额差异 5 040

　　　　　　　　　　　——制造费用——定额成本 180 000

　　　　　　　　　　　　　　——脱离定额差异 3 600

三、定额法的优缺点

由上可知，定额法是将产品成本的计划工作、核算工作和分析工作有机结合起来，将事前、事中、事后反映和监督融为一体的一种产品成本计算方法和成本管理制度。

定额法的主要优点如下。

（1）通过对生产耗费及其脱离定额差异的日常核算，能够及时反映和监督各项耗费发生及其脱离定额的差异,从而有利于加强成本控制,及时有效地促进生产耗费的节约,降低产品成本。

(2) 由于产品实际成本是按照定额成本和各种差异分别核算的,因而,便于对各项生产耗费和产品成本进行定期分析,有利于进一步挖掘降低产品成本的潜力。

(3) 通过脱离定额差异和定额变动差异的核算,还有利于提高成本的定额管理和计划管理的水平。

(4) 由于存在现成的定额成本资料,因而能够较为合理、简便地解决完工产品和月末在产品之间的分配费用问题。

定额法的主要缺点是:计算产品成本的工作量较大。因为采用定额法必须制定定额成本,单独核算脱离定额差异。在定额变动时还必须修订定额成本,计算定额变动差异。

【例 5-15】 江华公司 2019 年 9 月大批生产电钻,企业定额管理基础扎实,各项消耗定额比较准确、稳定,为了加强定额管理和成本控制,采用定额法计算成本。2019 年 9 月产品成本计算的有关资料如下。成本会计:钟英。

1. 产品定额成本计算表 5-25 所示。

表 5-25

产品定额成本计算表

产品:电钻　　　　　　　　　2019 年 9 月 30 日　　　　　　　　　金额单位:元

材料名称	单 位	计划单价	材料消耗定额	材料费用定额
钢 材	千 克	10	50	500

工时定额	直接人工		制造费用		产品定额成本合计
	工资率	金额	费用率	金额	
50	3	150	2.5	125	775

制表:钟英

该企业钢材在生产开始时一次投入。由于工艺技术的改进,于 2019 年 9 月对材料消耗定额进行修订,原材料消耗定额 50 千克,材料费用定额为 475 元。

2. 9 月初在产品定额成本和脱离定额差异,如表 5-26 所示。

表 5-26

月初在产品定额成本和脱离定额差异

产品:电钻　　　　　　　　　2019 年 9 月 30 日　　　　　　　　　单位:元

成本项目	定额成本	脱离定额差异
直接材料	5 000	－100
直接人工	750	＋50
制造费用	625	＋25
合 计	6 375	－25

制表:钟英

3. 9月生产量和生产费用。电钻 9 月月初在产品 10 件,本月投产 100 件,本月完工 80 件,月末在产品 30 件;月初、月末在产品完工程度均为 50%。9 月投入定额工时 4 500 小时。9 月实际领用材料 4 800 千克,金额 48 000 元,材料成本差异率为 +2%,实际生产工人工资 13 950 元,实际制造费用 10 800 元。

(1) 计算 9 月定额成本和脱离定额差异。

$$直接材料定额成本 = 100 \times 475 = 47\ 500(元)$$

$$直接人工定额成本 = 4\ 500 \times 3 = 13\ 500(元)$$

$$制造费用定额成本 = 4\ 500 \times 2.5 = 11\ 250(元)$$

表 5 - 27

定额成本和脱离定额差异汇总表

产品:电钻   2019 年 9 月 30 日   单位:元

成本项目	定额成本	实际费用	脱离定额差异
直接材料	47 500	48 000	+500
直接人工	13 500	13 950	+450
制造费用	11 250	10 800	−450
合　计	72 250	72 750	+500

制表:钟英

(2) 计算材料成本差异。

$$材料成本差异 = (47\ 500 + 500) \times 2\% = +960(元)$$

(3) 计算月初定额变动差异。

$$定额变动系数 = 475 \div 500 = 0.95$$

$$月初定额变动差异 = 5\ 000 \times (1 - 0.95) = 250(元)$$

(4) 汇总编制产品成本计算单,如表 5 - 28 所示。

表 5 - 28

产品成本计算单

产品:电钻   产量:80 件   2019 年 9 月 30 日   金额单位:元

项　目	行次	直接材料	直接人工	制造费用	合　计
一、月初在产品成本					
定额成本	1	5 000	750	625	6 375
脱离定额差异	2	−100	+50	+25	−25
二、月初在产品定额调整					
定额成本调整	3	−250	0	0	−250

（续表）

项　　目	行次	直接材料	直接人工	制造费用	合　计
定额变动差异	4	+250	0	0	+250
三、本月发生生产费用					
定额成本	5	47 500	13 500	11 250	72 250
脱离定额差异	6	+500	+450	−450	+500
材料成本差异	7	+960			+960
四、生产费用合计					
定额成本	8	52 250	14 250	11 875	78 735
脱离定额差异	9	+400	+500	−425	+475
材料成本差异	10	+960			+960
定额变动差异	11	+250	0	0	+250
脱离定额差异分配率(%)	12	0.765 6	3.509	−3.579	
六、完工产品成本					
定额成本	13	38 000	12 000	10 000	60 000
脱离定额差异	14	291	+421.1	+357.9	+354.2
材料成本差异	15	+960			+960
定额变动差异	16	+250	0	0	+250
实际成本	17	39 501	12 421.1	9 642.1	61 564.2
七、月末在产品成本					
定额成本	18	14 250	2 250	1 875	18 375
脱离定额差异	19	109	79	−67.1	120.9

制表：钟英

（1）产品定额成本：

$$直接材料 = 80 \times 475 = 38\ 000(元)$$

$$直接人工 = 80 \times 150 = 12\ 000(元)$$

$$制造费用 = 80 \times 125 = 10\ 000(元)$$

（2）完工产品、月末在产品脱离定额差异的计算过程如下：

直接材料项目：

直接材料脱离定额差异分配率＝400÷(38 000＋14 250)＝0.765 6%

完工产品分配脱离定额差异＝38 000×0.765 6%＝－291(元)

月末在产品分配脱离定额差异＝142 500×0.765 6%＝－109(元)

直接人工项目：

直接人工脱离定额差异分配率＝500÷(12 000＋2 250)＝3.509%

完工产品分配脱离定额差异＝12 000×3.509%＝421.1(元)

月末在产品分配脱离定额差异＝2 250×3.509%＝79(元)

制造费用项目：

制造费用脱离定额差异分配率＝(－425)÷(10 000＋1 875)＝－3.579 2%

完工产品分配脱离定额差异＝10 000×(－3.579 2%)＝－357.9(元)

月末在产品分配脱离定额差异＝1 875×(－3.579 2%)＝－67.1(元)

上述计算结果在电钻"产品成本计算单"中登记如表 5 - 32 所示。

可见,定额法是将产品成本的计划、核算、控制、分析工作有机结合起来的一种产品成本计算方法。

任务三　各种成本计算方法的实际应用

 任务描述

(1) 根据企业生产经营的特点和管理要求,正确选择成本计算方法。

(2) 编制原材料费用分配表、工资及职工福利费分配表。

(3) 根据资料内容以及原材料费用分配表、工资及职工福利费分配表,编制会计分录。

(4) 根据会计分录,登记制造费用明细账和生产成本明细账。

 相关知识

在实际工作中,由于企业生产工艺过程的复杂性、生产组织特点和产品生产的多样性,对成本计算工作提出的问题,不是单一的成本计算方法就能解决,往往要求多种成本计算方法相结合。

一些大型企业生产车间较多,生产的产品种类也较多,因此,不同的车间、生产不同的产品,可根据具体情况采用不同的成本计算方法。即使在同一企业中,由于管理要求不同,也可以采用不同的成本计算方法。因此,企业应全面考虑具体企业不同的生产特点和管理的要求,并根据企业的规模和管理水平等具体条件,从实际出发,科学合理地安排成本计算程序和方法,对各种成本计算方法加以灵活应用以达到最佳的成本计算和最优的成本控制。

一、各种成本计算方法的同时运用

在实际工作中,在同一企业的不同生产车间中,由于各个生产车间的生产特点和管理要求不同,不同的生产车间可以应用不同的成本计算方法,从而形成几种成本计算方法同时应用于同一企业的不同生产车间的状况。

1. 车间生产类型不同,成本计算方法不同

一个企业的各个生产车间的生产类型不同,可以采用不同的成本计算方法。

同一制造业企业的基本生产车间和辅助生产车间往往应用不同的成本计算方法:不同的基本生产车间,不同的辅助生产车间,也可以应用不同的成本计算方法。例如,机床制造厂属于大量大批复杂生产类型企业,其基本生产车间适宜应用分步法计算产品成本,而辅助生产的供电和供水车间属于大量大批简单生产,适宜应用品种法计算成本。

2. 车间生产类型相同,成本计算方法不同

一个企业的各个生产车间的生产类型相同,但由于管理要求不同,可以采用不同的成本计算方法。

例如,发电厂的基本生产车间——发电车间和辅助生产车间——供水车间,都属于大量大批简单生产类型,均可应用品种法计算成本,但由于供水车间不是该厂的主要生产车间,企业的规模又较大,管理上不要求单独计算供水成本,因而,供电车间可应用品种法计算成本,供水车间则不需要单独应用品种法计算成本。

3. 车间生产多种产品,成本计算方法不同

同一个企业或同一生产车间,由于生产的各种产品具有不同的生产类型,因而对不同的产品,可应用不同的成本计算方法。

一个企业或一个车间生产的老产品和生产的新产品,由于生产类型不同,其成本计算方法也不一样。例如:自行车厂生产的老产品定型名牌自行车,属大量大批复杂生产类型,可应用分步法计算名牌自行车的成本;对正在试制或者刚刚试制成功而未大量投入生产的新产品——各种赛车,属于单件小批复杂生产类型,则应用分批法计算赛车成本。

二、各种成本计算方法的结合运用

在实际工作中,一个企业或一个车间即便是生产同一种产品,由于该产品的各生产步骤,具有不同的生产特点和管理要求,也往往结合采用几种成本计算方法来计算该产品成本。因此,同一种产品的成本计算,可以采用不同的成本计算方法。

1. 一种产品不同步骤,可采用不同方法

一个企业生产同一种产品,由于该产品的各生产步骤,具有不同的生产特点和管理要求,因此,同一种产品的成本计算,可以以一种产品成本计算方法为基础,并结合应用几种不同的成本计算方法。

例如,在小批单件生产的机械厂,最终产品是经过铸造、机械加工、装配等相互关联的生产阶段完成的。就其最终产品来看,产品成本的计算应采用分批法,但从其产品生产的

各阶段来看,铸造车间可以采用品种法计算铸件的成本;加工、装配车间之间则可采用分批法计算各批产品的成本;而铸造和加工、装配车间之间,则可采用逐步结转分步法结转铸件的成本;如果在加工和装配车间之间要求分步骤计算成本,但加工车间所产半成品种类较多,又不外售,不需要计算半成品成本,则在加工和装配车间之间可以采用平行结转分步法结转成本。这样,该厂就在分批法的基础上,结合采用了品种法和分步法,在分步法中还结合采用了逐步结转和平行结转的方法。

2. 一种产品不同零部件,可采用不同方法

在同一产品的不同零、部件之间,由于生产特点和管理要求不同,也可以采用不同的成本计算方法。

例如,某种产品由若干种零部件组装而成,其中不外售的零部件,一般不要求单独计算成本;经常外售的零部件,管理上要求计算零部件成本,则应按照这些零部件的生产类型和管理的要求,采用适当的成本计算方法单独计算成本。

3. 一种产品的不同项目,可采用不同方法

同一产品的不同成本项目,由于管理要求不同,也可以应用不同的成本计算方法。

例如,在大批大量多步骤生产某种产品,该产品的原材料费用比重较大的情况下,则原材料费用可以采用逐步结转分步法,分步骤计算该产品的原材料费用;其他成本项目的比重较小,则可以采用品种法等成本计算方法,不分步计算该产品的其他成本项目的费用。

另外,分类法和定额法,是为了简化成本计算工作和加强定额管理而采用的两种辅助方法,它们与生产类型的特点没有直接联系,在各种类型的生产中都可以应用,但必须与基本的成本计算方法,即品种法、分批法、分步法,结合起来应用。例如,机床厂是大批量装配式生产,必须运用平行结转分步法计算机床成本。如果该机床厂生产的机床有两大类六个系列,那么要先用平行结转分步法计算两大类机床的成本,再用分类法计算类内各系列机床的成本。再比如食品厂生产的各种饼干(单步骤大量生产)的成本,可以采用品种法和分类法相结合的方法计算:先采用品种法计算饼干这一类产品的成本,然后再采用分类法分配计算其中各种饼干的成本。又如,在大批大量、多步骤生产的企业中,若消耗定额比较准确、稳定,定额管理基础比较好,就可以在采用分步法的基础上,结合定额法来计算产品成本。

企业情况错综复杂,在实际工作中,应全面考虑具体企业不同的生产特点和管理的要求,并根据企业的规模和管理水平等具体条件,从实际出发,科学合理地安排成本计算程序和方法,对各种成本计算方法加以灵活应用以达到最佳的成本计算和最优的成本控制。

【例5-16】 成本计算方法的结合运用案例

利民公司2019年9月采用品种法与分类法结合进行产品成本计算,箱包类产品包括旅行箱、皮包、钱包三个品种,旅行箱为标准产品,生产费用按类归集,类内各种产品之间费用分配的方法是:原材料按定额费用系数为标准分配,其他费用按定额工时比例分配。成本会计朱英根据成本费用分配表,采用品种法计算出箱包类完工产品总成本为480 920元。其中原材料为269 700元,工资及福利费为96 760元,制造费用为114 460元。产量及定额资料如表5-29所示。

表 5 - 29

产量及定额资料表

2019 年 9 月 30 日

产　品	产量(个)	单位产品原材料 费用定额(元/个)	单位工时定额 (元/工时)
旅行箱	400	240	20
皮　包	600	312	15
钱　包	300	216	22

制表:朱英

成本会计朱英根据产量和定额资料计算箱包类各种产品的原材料费用系数,如表 5 - 30 所示。

表 5 - 30

原材料费用系数计算表

2019 年 9 月 30 日

产　品	单位产品原材料费用定额(元/个)	原材料费用系数
旅行箱(标准产品)	240	1
皮　包	312	312/240＝1.3
钱　包	216	216/240＝0.9

制表:朱英

会计王明根据填制箱包类产品成本计算单,分配计算类内各种产品的总成本和单位成本。

表 5 - 31

产品成本计算单

产品:箱包类　　　　　　　　　　　2019 年 9 月 30 日　　　　　　　　　　　单位:元

项目	产量 (件)	原材料 费用 系数	原材料 费用 总系数	工时 定额	定额 工时	原材料 费用	人工 费用	制造 费用	总成本	单位 成本
分配率						186	4.1	4.85		
旅行箱	400	1	400	20	8 000	74 400	32 800	38 800	146 000	365
皮　包	600	1.3	780	15	9 000	145 080	36 900	43 650	225 630	376.05
钱　包	300	0.9	270	22	6 600	50 220	27 060	32 010	109 290	364.3
合　计			1 450		23 600	269 700	96 760	114 460	480 920	

制表:朱英

其中:原材料费用分配率＝269 700÷1 450＝186

人工费用分配率＝96 760÷2 360＝4.1

制造费用分配率＝114 460÷23 600＝4.85

 引导案例分析

引导案例中，新华皮具厂属于大批单步骤生产的企业，按产品的特点和所耗原材料以及工艺技术的不同将产品分成了皮包和旅行箱两大类，这显然可以采用分类法来核算产品的成本，采用一定的分配方法将各项费用分配计入皮包和旅行箱两大类产品中，然后将生产费用在皮包和旅行箱这两类产品中进行分配，计算出这两类产品的总成本，再将总成本在类内各种产品之间进行分配，可采用系数法或定额比例法进行分配计算类内各种产品的总成本和单位成本。

 认知实习

班上分成 5～10 人一组前往学校附近的企业调查，每组分别联系一家采用分类法或定额法核算成本的企业进行专访，主要访问财务部、生产车间以及企业管理部门，了解企业的基本情况，企业生产产品的工艺流程，产品成本核算的流程，每组根据调查了解的情况写份图文并茂的调查报告。

其他行业成本核算

 学习目标

知识目标：理解和掌握其他行业企业成本构成内容及核算特点；掌握其他行业企业成本计算的基本方法。

技能目标：能区别工业企业产品成本计算与其他行业成本计算的不同；正确运用其他行业成本计算基本方法进行其他行业成本计算。

 引导案例

在前面项目的学习中，我们掌握了制造企业成本会计工作过程中成本核算的方法，具备了运用各种成本核算方法解决制造企业实际问题的基本技能，那么，其他行业企业的成本核算与制造企业的成本核算相同吗？下面，让我们一起走进物流企业、交通运输企业、建筑施工企业、餐饮企业和农业企业，认识这些企业的经营特点，了解它们的成本构成并掌握与之相关的成本核算方法。

任务一　物流企业成本核算

任务描述

了解物流企业成本核算特点,运用物流企业成本计算基本方法进行成本计算并进行账务处理。

相关知识

一、物流企业的经营特点

物流企业指从事物流活动的经济组织,至少从事运输(含运输代理、货物快递)或仓储一种经营业务,并能够按照客户物流需求对运输、储存、装卸、包装、流通加工、配送等基本功能进行组织和管理,具有与自身业务相适应的信息管理系统,实行独立核算、独立承担民事责任的经济组织,其特点如下。

(1)不创造新的物质产品,只是使劳动对象发生位置变化。

(2)只消耗劳动手段,不消耗劳动对象。

(3)运输生产和消费同时进行。

(4)各种运输成本之间的替代性和协作性比较强。

(5)消耗的固定资产比重大,流动资产比重小。

二、物流企业的成本核算特点

物流成本核算是根据企业确定的成本计算对象,采用相应的成本计算方法,按照规定的成本项目,通过一系列物流费用的汇集与分配,从而计算出各物流环节成本计算对象的实际总成本和单位成本。

企业物流的一切活动最终体现为经济活动,经济活动必然要求进行经济核算,计算成本、考核业绩。因此物流成本核算贯穿于企业整个物流活动的全过程。由于企业的物流活动包括运输、仓储、装卸、搬运、包装、流通加工、配送和信息处理等多个环节,所以企业物流成本主要包括运输成本、包装成本、仓储成本、装卸成本、配送成本等,也决定了物流企业的成本核算具有物流成本核算主体多层次、物流成本核算对象复杂、物流成本核算项目多样化等特点。

三、物流企业成本核算账户

为正确核算企业发生的各项成本费用,物流企业应设置"主营业务成本""营运间接费用""辅助营运费用""管理费用"和"财务费用"等账户。

(1)"主营业务成本"账户:主要核算物流企业因提供物流服务而发生的实际成本。发生物流服务实际成本时,记入该账户的借方,期末应将本账户的余额转入"本年利润"账户,结转后该账户无余额。本账户可按主营业务的种类"仓储成本""运输成本""装卸成本"设置明细账户。

（2）"营运间接费用"账户：主要核算物流企业在营运过程中发生的、不能直接计入成本计算对象的各种间接费用。借方登记实际发生的各项间接费用，贷方登记期末分配转入各成本计算对象的费用，期末结转后无余额。

（3）"辅助营运费用"账户：主要核算物流企业修理等辅助部门发生的各项支出。借方登记实际发生的各项辅助营运费用，贷方登记期末分配转入各成本计算对象的费用，期末结转后无余额。

【例 6-1】 物流企业的成本核算案例

海南光阳物流有限责任公司是一家物流企业，该公司拥有一座普通货物仓库、一座冷藏库，设有一个车队运输部管理两个运输车队（第一运输车队和第二运输车队），设有装卸搬运部管理两个搬运队（机械装卸搬运队和人工装卸搬运队）。2019 年 9 月份该公司发生以下费用：成本会计：鲁英。

1. 9 月仓储作业人员工资合计 64 000 元，其中座普通货物仓库仓储作业人员工资 34 000 元，冷藏库仓储作业人员工资 30 000 元；汽车运输部人员工资合计 98 000 元，其中第一运输车队人员工资 55 000 元，第二运输车队人员工资 25 000 元，运输部管理人员工资 15 500 元；装卸搬运部人员工资合计 39 000 元，其中机械装卸搬运队人员工资 24 000 元，人工装卸搬运队人员工资 6 000 元，队部管理人员工资 8 400 元；公司行政管理部门人员工资 30 000 元。编制会计分录如下：

借：主营业务成本——仓储成本（普通货物仓库）	34 000
——仓储成本（冷藏库）	30 000
——运输成本（第一运输车队）	55 000
——运输成本（第二运输车队）	25 000
——装卸成本（机械装卸搬运队）	24 000
——装卸成本（人工装卸搬运队）	6 000
营运间接费用——车队运输部	15 500
——装卸搬运部	8 400
管理费用——仓储费	30 000
贷：应付职工薪酬——工资	227 900

2. 9 月共领用燃料 88 000 元，其中：第一车队领用燃料 42 000 元，第二车队领用燃料 21 000 元，机械装卸搬运队领用燃料人工装卸搬运队领用燃料。编制会计分录如下：

借：主营业务成本——运输成本（第一运输车队）	42 000
——运输成本（第二运输车队）	23 000
——装卸成本（机械装卸搬运队）	18 000
——装卸成本（人工装卸搬运队）	5 000
贷：原材料——燃料	88 000

3. 9 月应计提固定资产折旧如下：普通货物仓库折旧 1 300 元，冷藏库折旧 2 500 元，车队运输部用固定资产折旧 300 元，第一车队运输设备折旧 28 000 元，第二车队运输设备折旧 12 000 元；装卸搬运部用固定资产折旧 200 元，机械装卸搬运队用机械装卸搬运机械折旧 13 000 元，人工装卸搬运队装卸搬运机械折旧 2 000 元，公司行政管理部门用固定资产折旧

1 200 元。编制会计分录如下：

借：主营业务成本——仓储成本（普通货物仓库）　　　　　　　　　1 300
　　　　　　　　　——仓储成本（冷藏库）　　　　　　　　　　　2 500
　　　　　　　　　——运输成本（第一运输车队）　　　　　　　 28 000
　　　　　　　　　——运输成本（第二运输车队）　　　　　　　 12 000
　　　　　　　　　——装卸成本（机械装卸搬运队）　　　　　　 13 000
　　　　　　　　　——装卸成本（人工装卸搬运队）　　　　　　　2 000
　　营运间接费用——车队运输部　　　　　　　　　　　　　　　　500
　　　　　　　　　——装卸搬运部　　　　　　　　　　　　　　　　600
　　管理费用——折旧费　　　　　　　　　　　　　　　　　　　 1 200
　　贷：累计折旧　　　　　　　　　　　　　　　　　　　　　　61 100

4. 支付 9 月水电费共计 6 300 元，其中车队运输部 2 500 元，装卸搬运部 1 600 元，行政管理部门 2 200 元。

营运间接费用——车队运输部　　　　　　　　　　　　　　　　2 500
　　　　　　　——装卸搬运部　　　　　　　　　　　　　　　　1 600
管理费用——水电费　　　　　　　　　　　　　　　　　　　　2 200
　　贷：银行存款　　　　　　　　　　　　　　　　　　　　　 6 300

5. 月末编制营运间接费用表（见表 6 - 1，表 6 - 2）分配各基层单位发生的营运间接费用。车队运输部的营运间接费用按本月车队营运车日比例进行分配，当月营运车日总计为 2 500 日，其中第一车队 1 800 日，第二车队 700 日。装卸搬运部的营运间接费用按直接费用比例分配计入各类装卸搬运成本。

表 6 - 1

营运间接费用分配表

2019 年 9 月 30 日

成本计算对象	分配标准（营运车日）	分配率	分配金额（元）
第一运输车队	1 800	7.4	13 320
第二运输车队	700	7.4	5 180
合　　计	2 500		18 500

制表：鲁英

表 6 - 2

营运间接费用分配表

2019 年 9 月 30 日

成本计算对象	分配标准（营运车日）	分配率	分配金额（元）
机械装卸搬运队	42 000	0.2	8 400
人工装卸搬运队	11 000	0.2	2 200
合　　计	53 000		10 600

制表：鲁英

根据营运间接费用分配表，编制会计分录如下：

借：主营业务成本——运输成本（第一运输车队）　　　　　　　　13 320
　　　　　　——运输成本（第二运输车队）　　　　　　　　　　　5 180
　　　　　　——装卸成本（机械装卸搬运队）　　　　　　　　　　8 400
　　　　　　——装卸成本（人工装卸搬运队）　　　　　　　　　　2 200
　　贷：营运间接费用——车队运输部　　　　　　　　　　　　　18 500
　　　　　　　　　　——装卸搬运部　　　　　　　　　　　　　10 600

任务二　交通运输业成本核算

任务描述

（1）了解交通运输企业成本核算特点，运用交通运输企业成本计算基本方法进行成本计算。

（2）编制材料费用分配表、工资费用分配表、折旧费用分配表、辅助营运费用分配表和营运间接费用分配表。

（3）根据资料内容以及材料费用分配表、工资费用分配表、折旧费用分配表，编制会计分录。

（4）根据会计分录，登记公路运输成本明细账。

相关知识

一、交通运输企业的经营特点

交通运输企业是指利用运输工具，专门从事运输游客和货物等经营活动的生产经营单位。包括公路运输、铁路运输、水路运输、航空运输四种类型的运输企业。交通运输企业生产经营主要有以下特点。

（1）生产行为是联络生产领域、流通领域及消费领域的桥梁和纽带。

（2）营运生产过程不是生产具有实物形态的产品，而是提供运输劳务。其劳务的生产过程和销售过程是统一而不可分的，生产的完成也是销售的完成。

（3）营运生产过程只消耗劳动工具和人工，不消耗劳动对象，也不改变劳动对象的属性及性态，只是使其空间位置发生移动。

（4）营运生产过程具有很大的流动性、分散性，整个运输过程在一个广阔的空间内不断流动，往往出现中转地区、国家之间的运输行为。

（5）各种运输方式之间具有较强的替代性，公路、铁路、水路、航空等运输方式各有优缺点，但存在明显的替代性。

（6）运输企业生产周期相对较短。

二、交通运输企业的成本核算特点

1. 成本计算对象多样化

交通运输业的成本计算对象是其经营各类运输业务以及构成各类运输业务的具体项

目,包括货物运输业务、旅客运输业务和客货综合运输业务。也可根据成本管理的需要,可按使用的运输工具如客车、客轮、货轮或按运输工具运行情况如运输线路、运输航次类确定成本计算对象。

2. 成本计算单位不同

交通运输企业采用的基本成本计算单位为周转量,即按业务量及其相关指标计算的工作量。由于各类企业所使用的运输工具不同,运输距离和运输时间等也不相同,若采用单一计量单位,难以全面反映运输工作量和消耗水平,因此需要综合考虑运送数量和运输距离等因素,采用复合计量单位如吨千米(海里)、人千米(海里)、换算吨千米等来计算单位成本。

3. 成本计算期一般按月计算

交通运输企业的生产过程就是销售过程,两者往往同时进行,营运周期较短,一般按月计算运输成本。运输生产周期与制造生产相比要短得多(除远洋运输),在成本计算期(一般按月)末没有或很少有未完成运输工作量,一般不存在将营运费用划分为当期营运成本和下期运营成本的问题。一个运输过程完成即可计算其营运成本。但是远洋运输企业的航行距离、时间较长,一般应以航次时间为成本计算期。

4. 成本计算过程相对简单

由于运输企业没有在产品,也没有储存代销的产成品,所以在运输过程中发生的可计入成本计算对象的各种耗费就直接构成了运输企业的营运成本。

5. 成本构成的独特性

由于运输企业不创造实物产品,不消耗劳动对象,因而其成本支出中没有构成产品实体的原材料支出,占运输支出比重较大的是运输设备和工具的燃料费、折旧费、修理费等。运输成本受自然地理环境、运输距离的长短、空驶运行等的影响较大。比如地处山区的铁路,由于坡度陡,弯道多,机车牵引列车数、行车速度等都要受到限制,使燃料消耗、检修等各项支出相应提高。运输成本具有联合成本的性质。这主要是在运输生产过程中为了充分利用运输工具的载重能力和空间,往往采用客货混载的方式,在计算旅客运输成本和货物运输成本时,要将这些共同发生的费用进行合理的分配。

6. 采用制造成本法计算各种营运成本

只汇集和分配与营运生产直接有关的各项费用支出,即只将营运过程中发生的直接材料费用、直接人工费用、营运间接费用等分配计入营运成本,而将管理费用、财务费用等与营运业务没有直接联系的支出计入当期损益。

三、交通运输企业的成本核算账户

交通运输企业的营运业务涉及面较广,交通运输企业的营运成本就是指运输企业在营运生产过程中实际发生的各项直接支出。具体内容包括:在营运生产过程中实际消耗的各种燃料、材料、油料、备品配件、航空高价周转件、隔热材料、轮胎、专用工具器具、动力照明、低值易耗品等物质性支出;直接从事生产活动人员的工资及按工资总额计提并交纳的社会保险费、住房公积金等;以及在营运生产过程中实际发生固定资产折旧费、修理费、租赁费(不包括融资租赁费)、取暖费、水电费、办公费、保险费、劳动保护费、季节性、修理期间的停工损失、事故净损失等支出。此外,不同类型的交通运输企业还包括不同的费用项目。为正确核算企业发生的各项成本费用,交通运输企业应设置"主营业务成本"、"营运间接费用"、"辅助营运费用"、"管理费用"和"财务费用"等账户。

各类交通运输企业成本的计算方法与程序基本相同,下面仅以公路运输企业为例。公路运输企业又称汽车运输企业,是以汽车作为运输工具,以运送游客和货物作为主要经营活动,以公路连接各发送和接纳车站所形成的汽车运输组织的生产单位。公路运输企业可以根据规模的大小和管理的需要,分设若干分公司和车队。分别进行成本核算。汽车运输企业成本核算的特点主要有以下几个方面:汽车运输成本计算对象是客运成本和货运成本的运输支出,即按客车运输和货车运输分别汇集计算成本。凡作为成本计算对象的车型,都要单独汇集成本。汽车运输成本核算中,周转量的计量单位采用复合单位,即一般客车运输以载乘客为主,其周转量单位为"人千米";货车运输周转量单位为"吨千米";客货综合运输业务应换算为"人千米"或"吨千米",换算比例为:1吨千米=10人千米。客车营运单位成本=客车营运总成本÷客车运输周转量,货车营运单位成本=货车营运总成本÷货车运输周转量,客货车运输换算单位成本=客货车营运总成本÷客货车运输换算周转量。汽车运输成本核算期按月、季、年计算。

公路运输企业为了全面核算其成本,应当设置以下账户。

(1)"主营业务成本"账户。该账户用来核算客车运输业务和货车运输业务的营运成本。为加强营运成本管理,也可以按车辆类型或单车进行成本核算。发生车辆营运的各种费用如司助人员工资及社保费、燃料费、轮胎费、保修费、大修费、折旧费、养路费、运输管理费等直接费用,以及分配转入营运辅助费用、其他间接费用时记入本账户的借方,期末应将本账户的余额转入"本年利润"账户,结转后该账户无余额。

(2)"辅助营运费用"账户。该账户用来核算运输企业中为客运和货运提供劳务的辅助部门(如车场、修理保养车间等)发生的生产费用,并按不同的辅助部门分设明细账户进行核算。发生辅助部门的材料费、折旧费、工资及社保费、劳动保护费、水电费、办公费等记入本账户的借方,月末按一定的标准分配转入主营业务成本时记入本账户的贷方,分配后无余额。

(3)"营运间接费用"账户。该账户用来核算运输企业发生的不能直接计入营运成本和辅助成本的各种间接费用。发生车队管理人员工资及福利费、办公费、水电费、差旅费、劳动保护费、折旧费和其他费用等间接费用时,记入本账户的借方,月末按一定的标准分配转入主营业务成本时记入本账户的贷方,分配后本账户无余额。

【例6-2】 公路运输企业的成本核算案例

海南金长城汽车运输公司是一家公路运输企业,经营客运和货运服务,公司设有一个车队管理部,管理客运车队和货运车队,设有保养车间进行车辆的保修与维护工作,保养车间发生的各种费用在"辅助营运成本"账户中归集,月终按受益对象的机修工时采用直接分配法进行分配;企业燃料费用按计划成本进行核算,燃料消耗按实际耗用数计入各类营运成本;对营运车辆的折旧按工作量法计提,其余各类固定资产采用年限平均法计提折旧;营运间接费用按直接工资进行分配;按月编制汽车运输成本明细表。当月客车大修及保养2 800小时,货车大修及保养3 400小时,公司小车保养108小时。客运车队运输周转量 6 000 千人/千米,货运车队运输周转量 1 000 千吨/千米。

1. 2019 年 8 月末,财务部门成本会计黄英对本月发生的人工费用、燃料费用、折旧费用等进行归集与分配。各类费用分配表如表 6-3,表 6-4,表 6-5 所示。

表 6-3

工资费用分配汇总

2019 年 8 月 31 日   单位:元

应 借 账 户		工资总额	五险一金(43.2%)	合 计
总账科目	明细科目			
主营业务成本	客 运	120 000	51 840	171 840
主营业务成本	货 运	50 000	21 600	71 600
辅助营运费用	保养车间	10 000	4 320	14 320
营运间接费用	人工费	15 000	6 480	21 480
管理费用	人工费	30 000	12 960	42 960
合　计		225 000	97 200	322 200

制表:黄英

根据表中有关资料,编制会计分录如下:

借:主营业务成本——客运　　　　　　　　　　　　　　　　　171 840
　　　　　　　　——货运　　　　　　　　　　　　　　　　　 71 600
　　辅助营运费用(保养车间)　　　　　　　　　　　　　　　　 14 320
　　营运间接费用——人工费　　　　　　　　　　　　　　　　 21 480
　　管理费用——人工费　　　　　　　　　　　　　　　　　　 42 960
　　贷:应付职工薪酬——工资及五险一金　　　　　　　　　　 322 200

表 6-4

燃料费用分配表

2019 年 8 月 31 日   单位:元

应 借 账 户		汽　油		柴　油		合 计
总账科目	明细科目	计划成本	成本差异1%	计划成本	成本差异2%	
主营业务成本	客 运	10 000	1 00	60 000	1 200	71 300
主营业务成本	货 运	20 000	2 00	10 000	200	30 400
辅助营运费用	保养车间	2 000	20			2 020
营运间接费用	燃料费	1 000	10			10 10
管理费用	燃料费	3 000	30			3 030
	合　计	36 000	360	70 000	1 400	107 760

制表:黄英

根据表中有关资料,编制会计分录如下:

借：主营业务成本——客运　　　　　　　　　　　　　　　　　　　　71 300
　　　　　　　　——货运　　　　　　　　　　　　　　　　　　　　30 400
　　辅助营运费用(保养车间)　　　　　　　　　　　　　　　　　　　2 020
　　营运间接费用——燃料费　　　　　　　　　　　　　　　　　　　1 010
　　管理费用——燃料费　　　　　　　　　　　　　　　　　　　　　3 030
　　贷：燃料——汽油　　　　　　　　　　　　　　　　　　　　　　　　36 000
　　　　　——柴油　　　　　　　　　　　　　　　　　　　　　　　　70 000
　　　　材料成本差异　　　　　　　　　　　　　　　　　　　　　　　1 760

表 6 - 5

折旧费用分配表

2019 年 8 月 31 日　　　　　　　　　　　　　　　　　　　单位：元

应借账户		使用部门	8 月计提折旧额					合计
总账科目	明细科目		客车	货车	非营运车	机器设备	房屋建筑物	
主营业务成本	客 运	客车队	40 000					40 000
	货 运	货车队		60 000				60 000
辅助营运费用	保养车间				5 000	6 000	4 200	15 200
营运间接费用	折旧费				2 000		4 000	6 000
管理费用	折旧费				10 000		6 000	16 000
合　　计			40 000	60 000	17 000	6 000	14 200	137 200

制表：黄英

根据表中有关资料，编制会计分录如下：

借：主营业务成本——客运　　　　　　　　　　　　　　　　　　　40 000
　　　　　　　　——货运　　　　　　　　　　　　　　　　　　　　60 000
　　辅助营运费用(保养车间)　　　　　　　　　　　　　　　　　　　15 200
　　营运间接费用——折旧费　　　　　　　　　　　　　　　　　　　6 000
　　管理费用——折旧费　　　　　　　　　　　　　　　　　　　　　16 000
　　贷：累计折旧　　　　　　　　　　　　　　　　　　　　　　　　　137 200

2. 月终分配辅助营运费用。编制辅助营运费用分配表如表 6 - 6 所示。

表 6 - 6

保养车间费用分配表

2019 年 8 月 31 日　　　　　　　　　　　　　　　　　　　单位：元

应 借 账 户		工 时	分配率	金 额
总账科目	明细科目			
主营业务成本	客 运	2 800		14 000
	货 运	3 400		17 000
管理费用	保养费	108		540
合　　计		6 308	5	31 540

制表：黄英

根据表中有关资料,编制会计分录如下:

借:主营业务成本——客运　　　　　　　　　　　　　　　　　　14 000

　　　　　　　　——货运　　　　　　　　　　　　　　　　　　17 000

　　管理费用——保养费　　　　　　　　　　　　　　　　　　　　540

　　贷:辅助营运费用(保养车间)　　　　　　　　　　　　　　　　31 540

3. 月终分配营运间接费用。编制间接费用分配表如表6-7所示。

表6-7

间接费用分配表

2019 年 8 月 31 日　　　　　　　　　　　　　　　　　　单位:元

应 借 账 户		直接工资	分配率	金　额
总账科目	明细科目			
主营业务成本	客　运	120 000		20 112
	货　运	50 000		8 378
合　　计		170 000	0.167 6	28 490

制表:黄英

根据表中有关资料,编制会计分录如下:

借:主营业务成本——客运　　　　　　　　　　　　　　　　　　20 112

　　　　　　　　——货运　　　　　　　　　　　　　　　　　　8 378

　　贷:营运间接费用——人工费　　　　　　　　　　　　　　　　21 480

　　　　　　　　　　　——燃料费　　　　　　　　　　　　　　　　1 010

　　　　　　　　　　　——折旧费　　　　　　　　　　　　　　　　6 000

4. 登记公路运输成本明细账。如表6-8、表6-9所示。

表6-8

公路运输成本明细账

客运车队

2019年		凭证	摘　要	直接人工	直接材料	其他直接费用		营运间接费用	合　计
月	日	(略)				折旧费	保养维护费		
8	31		工资费用分配	171 840					171 840
			燃料费用分配		71 300				71 300
			折旧费用分配			40 000			40 000
			营运辅助费用分配				14 000		14 000
			营运间接费用分配					20 112	20 112
			合　　计	171 840	71 300	40 000	14 000	20 112	317 252

表 6-9

公路运输成本明细账

货运车队

2019年		凭证	摘　要	直接人工	直接材料	其他直接费用		营运间接费用	合　计
月	日	(略)				折旧费	保养维护费		
8	31		工资费用分配	71 600					71 600
			燃料费用分配		30 400				30 400
			折旧费用分配			60 000			60 000
			营运辅助费用分配				17 000		17 000
			营运间接费用分配					8 378	8 378
			合　计	71 600	30 400	60 000	17 000	8 378	187 378

5. 编制公路运输企业成本计算表。如表 6-10 所示。

运输企业对发生各种费用通过一系列的归集和分配,将生产经营费用最终归集到了各个成本计算对象,从而可以通过公路运输成本明细账的记录,按月编制公路运输成本明细表,计算运输总成本和单位成本。

表 6-10

公路运输成本计算表

2019 年 8 月 31 日　　　　　　　　　　　　　　　　　单位:元

项　　目	本月实际数			本年累计数		
	合　计	客　车	货　车	合计	客车	货车
一、直接人工	243 440	171 840	71 600			
二、直接材料	101 700	71 300	30 400			
三、其他直接费用	131 000	54 000				
1. 折旧费	100 000	40 000	60 000			
2. 保养维护费	31 000	14 000	17 000	(略)	(略)	(略)
四、营运间接费用	28 490	20 112	8 378			
五、运输总成本	504 630	317 252	187 378			
六、运输周转量	1 600 千换算吨公里	6 000 千人公里	1 000 千吨公里			
七、单位成本	315.39	52.88	187.38			

制表:黄英

任务三　建筑施工业成本核算

 任务描述

(1) 了解建筑施工企业成本核算特点,运用建筑施工企业成本计算基本方法进行成

本计算。

（2）编制材料费用分配表、人工费用分配表、机械使用费用分配表和间接费用分配表。

（3）根据资料内容材料费用分配表、人工费用分配表、机械使用费用分配表和间接费用分配表，编制会计分录。

 相关知识

一、建筑施工业的经营特点

建筑施工企业是指从事建筑安装及其他专业工程施工的生产经营性企业。建筑施工企业的基本生产活动就是生产建筑安装产品。它生产的产品按其性质可分为建筑工程和安装工程两种。

建筑工程主要有房屋和建筑物建造，设备基础的砌筑和金属结构工程，以及建筑物的拆除、清理；各种管道的铺设；石油和天然气的钻井工程；矿井开凿工程和铁路、公路工程、桥梁、水利工程等。设备安装工程主要有生产动力等机械设备的装配装置工程及为测定安装工程质量而进行的设备试运行工作。

从建筑安装工程内容可以看出来，建筑安装工程的产品一般为不动产，与工业企业相比，建筑施工企业生产经营具有以下特点。

（一）建筑施工生产的流动性

建筑施工生产的流动性源于建筑产品场地的固定性。建筑产品必须在建设单位事先规定的地点、地段上从事建筑安装工程施工。因此，产品从开工建设到施工完毕，其生产地点是固定的。一项工程结束后，施工人员及施工设备就转移到其他施工场地，使建筑施工企业的施工生产有较大的流动性。

（二）建筑施工生产的单件性

建筑施工企业生产施工是按照建设单位的要求进行的，而每一个建设单位工程设计几乎都有其独特形式、结构、特定目的及专门用途，所以每一项工程之间不可能完全相同。即便采用标准设计也会由于施工地点的不同而受到例如地形、地质、水文等自然条件和交通运输等的影响和制约。因此，在某种情况下往往对设计图纸及施工方法、施工组织作出相应调整，使建筑安装工程极少完全相同。这就决定了建筑施工企业生产只能单件生产。

（三）施工生产周期长

建筑安装工程一般规模都比较大，建筑产品体积庞大，一般生产周期也较长，往往需要跨年度生产。如民用建筑工程一般需要半年至一年的施工时间，施工企业的建筑工程一般需要一、二年的施工时间，甚至需要更长的施工时间。

（四）受气候条件的影响

建筑安装工程大都在露天进行施工，施工机械设备的使用寿命除了受到使用磨损影响外，在很大程度上还会受到自然力侵蚀的影响，因此，施工机械设备的折旧方法既要考虑机械设备的实际使用时间，又要考虑其预计的使用期限。由于受气候条件的影响，施工企业每月完成的工作量也很难各月均衡，一般在冬季和雨季完成的工程数量较少,因此在费用分配上,往往不宜将当月发生的费用全部计入当月的工程成本,而采用按全年工程数量平均分配的方法。

二、建筑施工业的成本核算特点

建筑施工业的生产特点,决定了建筑施工企业成本计算与其他企业成本计算有很大的不同,其成本计算的特点主要表现在以下几个方面。

(一)成本计算对象

建筑施工企业确定工程成本核算对象的基本原则是以施工图预算为依据。结合施工现场条件、施工工程特点和施工管理要求而定。工程成本核算对象的确定方法主要有:

(1)施工企业一般将单位工程作为施工工程成本核算的对象;

(2)如果单位工程规模较大,工期较长,为了及时分析工程成本,可将部分工程作为工程成本计算的对象;

(3)在某一建设项目中有若干个单位工程的施工地点相同、结构类型相同、开竣工时期接近(如住宅建筑工程),或者若干个预算造价较低的单位工程,为了简化工程成本核算,也可以将其合并为一个成本核算的对象。

(4)如果一个单位工程是几个施工单位分包施工的,各施工单位以同一单位工程成本核算对象,各自计算其在该单位工程上完成的部分成本。

(5)工业设备安装工程一般按单位工程分别专业项目,如设备安装、管道通风、管道排水等作为成本核算对象。

(6)土石方工程、打桩工程,可以根据实际情况和管理要求,以一个单位工程为成本核算对象,或将同一施工地点的若干个工程量较小的单位工程合并作为一个成本核算对象。

(二)成本计算期

由于施工工程一般规模较大,生产周期较长,若等工程全部竣工后才计算成本,则不利于施工企业的会计核算。因此,施工企业一般按工程进度预算要求,当完成预算定额规定部分的工程时应视为完工工程进行成本计算,并按预算价格向建设单位收取价款。也就是说,建筑施工企业成本的核算是按工程进度、分阶段、分期进行核算的。

(三)成本项目

施工企业的工程成本分为直接成本和间接成本。

1. 直接成本

(1)直接材料费。企业在工程施工过程中耗用的构成工程实体的各种原材料、辅助材料、结构件、零配件的费用及周转材料的摊销和租赁费用。

(2)直接人工费。施工企业从事建筑安装施工人员(不包括机械施工人员)的工资、奖金及计提的各种社会保险费用。

(3)机械使用费。工程施工过程中使用自有施工机械所发生的机械使用费(包括机械操作人员的工资及社保费、燃料动力费、机械折旧及修理费等)及租用外单位施工机械的租赁费以及施工机械安装拆卸和进出场费。

(4)其他直接费。指施工现场直接耗用的水、电、风、气等费用;冬季雨季施工增加费；夜间施工增加费；材料二次搬运费；临时设施摊销费；生产工具使用费；检验试验费；工程定位复测费和场地清理费等。

2. 间接成本

间接成本是建筑施工企业各施工单位为组织和管理施工生产活动发生的各项间接费用，包括施工单位管理人员工资、奖金、计提并交纳的养老保险费、医疗保险费、失业保险费、工伤保险费、生育保险费及住房公积金、工具用具使用摊销费、工程保修费、水电费、财产保险费、排污费、办公费及其他费用等。

三、建筑施工业的成本核算账户

建筑施工企业核算施工成本一般以工程作为核算对象，按照一定的程序组织核算工作，以便及时准确核算工程实际成本。为了反映建筑施工企业在工程施工过程中发生的各项费用支出，建筑施工企业一般应设置以下几个成本类账户进行核算。

（一）账户设置

（1）"工程施工"账户。该账户用以核算建筑施工企业实际发生的合同成本和合同毛利。在本账户下按建造合同分别"合同成本"、"间接费用"、"合同毛利"进行明细核算。企业进行合同建造时发生的材料费、人工费、机械使用费以及施工现场材料的二次搬运费、生产工具和用具使用费、检验试验费、临时设施折旧费等其他直接费用，记入本账户（合同成本）的借方。对发生的施工、管理人员职工薪酬、固定资产折旧费、财产保险费、工程保修费、排污费等间接费用计入本账户（间接费用）借方。期末再按一定分配标准分配将间接费用分配计入各项工程成本时，借记本账户（合同成本），贷记本账户（间接费用）。确认合同收入、合同费用时，将其差额借记或贷记本账户（合同毛利）。合同完工时，将本账户余额与相关工程施工合同的"工程结算"账户余额对冲，借记工程结算，贷记本账户。本账户的期末借方余额反映企业未完工的建造合同成本和合同毛利。

（2）"工程结算"账户。该账户核算企业根据建造合同约定向业主办理结算的累计金额。应按建造合同进行明细核算。企业向业主办理工程价款结算，按应收金额借记"应收账款"等账户，贷记本账户。合同完工时，将本账户余额与"工程施工"账户对冲，借记本账户。期末贷方余额反映企业未完工建造合同已办理结算的累计金额。

（3）"机械作业"账户。该账户核算施工企业及内部独立核算的施工单位、机械站、运输队在使用自有施工机械和运输设备进行机械作业时所发生的各项费用。应当按施工机械或运输设备的种类进行明细核算。该账户借方登记发生的各项费用，包括人工费、燃料及动力费、折旧及修理费、其他直接费用。贷方登记分配结转的费用，期末应无余额。

（二）成本计算程序

（1）将本期发生的施工费用按经济用途和发生地分别归集到有关施工成本账户。

（2）将归集在"工程施工——间接费用"账户的费用按照一定分配标准计入有关工程成本。

（3）将归集在"机械作业"账户的费用按各受益对象进行分配，转入"工程施工"等账户。

（4）工程完工时将"工程施工"账户余额与相关建造合同的"工程结算"账户对冲。

【例 6－3】　建筑施工业的成本核算案例

海南第一建筑安装工程公司是一家建筑施工企业,2019 年 8 月承包海南西海岸房地产公司两栋住宅楼(A 号住宅楼和 B 号住宅楼)的建筑工程并开始施工。该公司材料费用按计划成本核算,租赁机械发生的租赁费直接计入"工程施工"账户,自行管理的各种施工机械所发生的各项费用,通过"机械作业"账户核算。月末,将"机械作业"账户归集的费用按各合同项目使用施工机械的台时(台班)数为标准进行分配。8 月记录的机械台班数为 1 200 个台班,其中 A 住宅楼工程合同项目为 800 个台班,B 住宅楼工程合同项目为 400 个台班。间接费用的归集和分配通过"工程施工——间接费用"账户,8 月月末按人工费比例法分配计入各有关合同项目工程成本。8 月 A 号住宅楼和 B 号住宅楼均未施工完。

1. 2019 年 8 月末,财务部门成本会计丁英对本月发生的材料费用、人工费用等进行归集与分配。各类费用分配表如表 6－11、表 6－12、表 6－13 所示。

表 6－11

材料耗用分配表

2019 年 8 月 31 日　　　　　　　　　　　　　　　　　　　金额单位:元

应借账户		主要材料			结　构　件			周转材料			实际成本合计
总账科目	明细科目	计划	差异 1%	实际	计划	差异 1%	实际	计划	差异 1%	实际	
工程施工	A 号住宅工程	350 000	3 500	353 500	220 000	2 200	222 200	50 000	500	50 500	626 200
	B 号住宅工程	380 000	3 800	383 800	180 000	1 800	181 800	40 000	400	40 400	606 000
	间接费用	36 000	360	36 360							36 360
机械作业		15 000	150	15 150							15 150
合计		781 000	7 810	788 810	400 000	4 000	404 000	90 000	900	90 900	1 283 710

制表:丁英

根据材料耗用分配表编制会计分录:

借:工程施工——A 号住宅楼工程(合同成本)　　　　　　　　　 626 200
　　　　　　　——B 号住宅楼工程(合同成本)　　　　　　　　　 606 000
　　工程施工——间接费用　　　　　　　　　　　　　　　　　　 36 360
　　机械作业　　　　　　　　　　　　　　　　　　　　　　　　 15 150
　贷:原材料——主要材料　　　　　　　　　　　　　　　　　　　 781 000
　　　　　　　——结构件　　　　　　　　　　　　　　　　　　　 400 000
　　周转材料　　　　　　　　　　　　　　　　　　　　　　　　 90 000
　　材料成本差异　　　　　　　　　　　　　　　　　　　　　　 12 710

表 6 - 12

人工费用分配表

2019 年 8 月 31 日 单位：元

应借账户		工资总额	五险一金 （43.2%）	合　计
总账科目	明细科目			
工程施工	A 号住宅工程	100 000	43 200	143 200
工程施工	B 号住宅工程	80 000	34 560	114 560
工程施工	间接费用	20 000	8 640	28 640
机械作业		15 000	6 480	21 480
合　计		215 000	92 880	307 880

制表：丁英

根据上表资料编制如下会计分录：

借：工程施工——A 号住宅工程（合同成本）　　　　　　　　143 200
　　　　——B 号住宅工程（合同成本）　　　　　　　　114 560
　　　　——间接费用　　　　　　　　　　　　　　　　28 640
　　机械作业　　　　　　　　　　　　　　　　　　　21 480
　贷：应付职工薪酬——工资及五险一金　　　　　　　　307 880

2. 月末分配机械使用费用。编制机械使用费用分配表如表 6 - 13 所示。

表 6 - 13

机械使用费用分配表

2019 年 8 月 31 日 金额单位：元

成　本　对　象	台时数	分配率	分配金额
工程施工——A 号住宅工程	800		24 420
工程施工——B 号住宅工程	400		12 210
合　　计	1 200	30.525	36 630

制表：丁英

根据分配结果编制如下会计分录：

借：工程施工——A 号住宅工程（合同成本）　　　　　　　　24 420
　　　　——B 号住宅工程（合同成本）　　　　　　　　12 210
　贷：机械作业　　　　　　　　　　　　　　　　　　36 630

3. 月末分配间接费用。编制间接费用分配表如表 6 - 14 所示。

表 6-14

间接费用分配表

2019 年 8 月 31 日 金额单位：元

成 本 对 象	人工费用	分配比例	分配金额
工程施工——A 号住宅工程	143 200		36 115.04
工程施工——B 号住宅工程	114 560		28 884.96
合　　计	257 760	0.252 2	65 000.00

制表：丁英

根据分配结果编制会计分录：

借：工程施工——A 号住宅工程(合同成本) 36 115.04

　　　　——B 号住宅工程(合同成本) 28 884.96

　　贷：工程施工——间接费用 65 000.00

任务四 餐饮业成本核算

 任务描述

了解餐饮企业成本核算特点，能运用餐饮企业成本计算基本方法进行成本计算并进行账务处理。

 相关知识

一、餐饮业的经营特点

餐饮业又称饮食业，是国民经济中第三产业的重要组成部分，餐饮业以服务设施为条件，在一定场所，对食物进行现场烹饪、调制出售给顾客主要供现场消费，同时提供消费设施、场所和服务为主要业务的以商业赢利为目的餐饮服务机构。主要包括饭店、酒楼、宾馆、中餐馆、西餐馆、酒馆、咖啡馆、小吃店、冷饮店、茶馆、饮食制品以及副食品加工等企业。其经营活动一般都以服务为中心，辅之以生产和流通，直接为消费者服务，所以餐饮业的商品生产和销售具有其独特的特点。

(1) 具有加工生产、商品销售、消费服务三种职能。餐饮业在业务经营过程中，除以服务为中心外，还应根据消费者的需要，加工烹制各种菜肴和食品，然后将烹制品直接供应给消费者，并为消费者提供消费的场所、设施和时间。这是一个集生产、销售和服务的过程。

(2) 餐饮生产过程时间短。餐饮业的经营管理同其他生产部门不同，餐饮生产的特点是先有买主，后生产，现生产现销售，生产、销售、服务全过程所要求的时间很短。客人进入餐厅点菜、烹饪、消费、收款等一系列活动在短时间内完成，体现了餐饮服务过程与客人消费过程的统一。

（3）餐饮生产量难以预测。餐饮业通常是客人上门才算有生意，客人人数其所消费的品名很难预测，随机性强，对所需食品的原材料难以做出精确的估计，给管理和核算带来一定的难度，因此要求做好预测和充足的原材料储存。

（4）餐饮收入的可变性大。由于餐饮每日的客人入数和人均消费额不固定，其饮食收入的可变性很大，经济效益有较大的伸缩性，餐饮业应加强经营管理，突出风味特色，从而扩大销售量，增加收入；通过精打细算，减少原材料消耗，降低饮食成本，增加毛利，提高经济效益。

（5）餐饮服务要求严格。餐饮企业要满足客人饮食、文化、精神上的享受，要求餐饮企业服务设施要清洁卫生，服务人员服务态度要热情，因此要对服务人员进行严格培训，提高工作人员素质，使服务达到标准要求。

二、餐饮业的成本核算特点

餐饮企业提供劳务发生的劳动耗费主要是人工和经营过程中的物化劳动耗费。餐饮企业将企业成本中能按受益原则细化的各项费用归集到各成本对象，其余均作为期间费用处理，期间费用的范围较大。餐饮企业成本核算有如下特点。

（1）餐饮企业的成本计算习惯以原材料作为其成本要素。餐饮企业的生产经营过程往往就是销售过程甚至消费过程。企业一定期间的直接成本既是生产成本，又是销售成本。由于这类企业提供的服务往往是综合性的，除原材料成本外，其他如职工工资、固定资产折旧等很难分清用于哪个环节，也很难确定哪种劳务花费了多少工作时间，应负担多少人工，餐饮企业的人工费用、燃料和其他费用作为期间费用处理。所以餐饮业的成本，只包括所耗用的原材料，其耗用的原材料包括三大类：第一大类是主食，如大米、面粉和杂粮等；第二大类是副食品，如肉类、鱼类、禽蛋类和豆制品等；第三大类是调味品，如食盐、糖、油、酱油、醋等。可见，餐饮业的食品原材料是个大类，在饭店、酒楼、度假村的原材料中占较大比重。

（2）餐饮企业一般只计算总成本，不计算单位成本。由于餐饮业具有经营内容繁多，品种规格不一，边做边卖，生产和销售紧密相连，生产销售时间短等特点，因此决定了餐饮业成本计算不可能像制造企业那样，按产品逐次逐件的进行完整的成本计算。餐饮业的成本通常只计算所耗原材料的总成本，不计算单位成本。

（3）餐饮企业在生产经营中使用的各种材料，一经领用即计入主营业务成本，不管其是否已经投入使用。

（4）生产耗用原材料的总成本的核算方法，分领料制和非领料制有所不同。领料制就是对餐饮用原材料的收、发、存设有专人负责，购进原材料时经验货员验收合格后办理入库手续，填制收料单等相关会计凭证；领用原材料时要根据当日用料计划填写领料单，交仓库保管员办理领料手续，并填制有关会计凭证。这种方法适用于酒店和大中型餐馆。非领料制是指原材料的购进和领用不办理入库和领发手续，而是根据原材料购进的原始凭证，直接计入主营业务成本。在这种方法下，餐馆不设置专职保管人员，只对原材料的购进和使用实行现场监督。这种方法适用于小型餐饮业。

三、餐饮业的成本核算账户

餐饮企业在经营过程中发生的各种直接耗费，均通过"主营业务成本"账户进行核算。

该账户损益类账户,费用发生时记入本账户的借方,期末转入"本年利润"账户记贷方,结转后无余额。本账户可按业务性质、劳务服务内容或业务类别设置明细账户。

另外,餐饮企业为组织和管理经营活动而发生的销售费用、管理费用和财务费用,均应设置相应的账户,作为期间费用,计入当期损益。

【例 6-4】 餐饮业的成本核算案例

案例一:海南金银岛酒店是一家中型餐饮企业,餐饮业务量较大,实行领料制方法。2019 年 9 月 10 日该公司发生以下业务:

1. 厨房从食品仓库领用大米 200 千克,价值 1 200 元,面粉 100 千克,价值 400 元,已办理领料手续。财会部门根据领料汇总表,作如下会计分录:

借:主营业务成本 1 600
　　贷:原材料——大米 1 200
　　　　　　——面粉 400

2. 开出转账支票发放本月工资 90 000 元。

借:销售费用——人工费 90 000
　　贷:银行存款 90 000

3. 以现金购入消毒液 38 元。

借:销售费用——办公费 38
　　贷:库存现金 38

4. 以银行存款支付本月水电费 2 800 元,燃料费 1 800 元。

借:销售费用——水电费 4 600
　　贷:银行存款 4 600

案例二:海南风雅饭店是一家小型餐饮企业,实行非领料制方法。2011 年 3 月 3 日该公司发生以下业务:

1. 用现金购入副食品 850 元,调味品 20 元,配料 30 元,当即交操作间使用。

借:主营业务成本 900
　　贷:库存现金 900

2. 用现金购入鲜海虾 5 千克,每千克单价 50 元;母鸡 1 只,重 2 千克,每千克 30 元。

借:主营业务成本 310
　　贷:库存现金 310

任务五　农业企业成本核算

任务描述

了解各类农业企业成本核算特点,运用农业企业成本计算基本方法进行成本计算。

相关知识

一、农业企业的经营特点

农业企业是指从事农、林、牧、副、渔业等生产经营活动,具备较高的商品率,实行自主经营,独立经济核算,具有法人资格的盈利性的经济组织。农业企业的经营有如下特点:

(1) 土地是农业生产的重要生产资料,是农业生产的基础。

(2) 农业企业生产具有明显的季节性和地域性,生产周期长。农业生产的对象植物和动物,这些植物和动物有其自身的繁殖、发育和生长规律,产品产出受季节性影响大,而且生产周期一般较长。所以其成本计算只能按产品产出月份或年进行。

(3) 农业生产中部分劳动资料和劳动对象可以相互转化,部分产品可作为生产资料重新投入生产。致使成本核算具有一定的特殊性和复杂性。

(4) 种植业和养殖业之间存在相互依赖、相互促进的关系,从而要求经营管理上必须与之相适应,一般都实行一业为主,多种经营,全面发展的经营方针。

(5) 农业生产不仅在经营上实行一业为主,多种经营,而且在管理上实行联产承包、统分结合、双层经营的体制。

二、农业企业的成本核算特点

各类农业企业的生产经营活动不尽相同,但其成本核算流程基本相似,农业企业的成本核算的特点主要表现在如下几方面。

(一) 成本计算对象

(1) 农业产品成本计算对象。为了适应成本管理的要求和简化核算手续,在进行农业产品的成本核算时,企业首先要区分主要作物与次要作物。对主要作物应当以每种作物为成本计算对象,单独核算其产品成本;次要作物则以作物类别作为成本计算对象,先计算出各类作物的产品总成本,再按一定标准确定类内各种作物的产品成本。对不同收获期的同一种作物必须分别核算。企业主要农产品一般确定为小麦、水稻、大豆、玉米、棉花、糖料、烟叶等。

(2) 林业产品成本计算对象。林业产品成本计算以苗圃育苗、幼树培育和成林管理三个阶段为成本计算对象。

(3) 畜牧业产品成本计算对象。实行分群核算,可以按不同种类畜禽的不同畜龄,以各种畜禽的群别作为成本计算对象。如养猪业可分为基本猪群、2~4 个月幼猪、4 个月以上的幼畜和育肥猪等作为成本计算对象。混群核算是只按畜禽种类划分,不按畜禽的畜龄分群,其生产费用的归集和成本计算都按畜群种类进行。

(4) 渔业产品成本计算对象。渔业产品成本计算按鱼苗、成鱼品种或类别为成本计算对象。

(二) 成本计算期

在种植业中,由于农作物的生产周期较长,产品单一,收获期比较集中,在年度中间各项费用和用工发生又不均匀,适应这些特点,农产品的成本计算期,一般规定为一年计算一次成本。

经济林木和农作物一样,都属于种植业,但林木是多年生植物,生长期较长,按其生长过程一般要经过苗圃育苗、幼树培育和成林管理三个阶段。林产品的成本计算期一般是一年。

畜牧业产品的成本计算期,一般规定为一年计算一次,对经常有产品产出的单位,也可以按月计算成本。

（三）成本项目

1. 农业产品成本项目

（1）直接材料。指在农业生产中直接耗用的自产或外购的种子、种苗、肥料、农药等价值。

（2）直接人工。指直接从事农业生产人员的工资及按规定计提并交纳的社会保险费用及住房公积金。

（3）其他直接费用。指除直接材料、直接工资以外的其他直接支出。包括机械作业费、灌溉费、田间运输费等。

（4）制造费用。指按一定标准分配计入农产品成本的制造费用。包括生产单位（如生产队）为组织和管理生产所发生的管理人员工资及社保费用、住房公积金、折旧费、修理费、差旅费、业务招待费、水电费、办公费等。

（5）往年费用。指多年生作物投产前发生的按规定的摊销方法计算并摊入本期产品成本的费用。由上年结转本年的农业在产品成本,如秋耕地、越冬作物等的成本,应按成本项目还原后,再计入本年各有关农产品的成本,不在本项目核算。

2. 林业产品成本项目,与农业产品成本项目基本相同

3. 畜牧业产品成本项目

（1）直接材料。指饲养中耗用的精饲料、粗饲料、动物饲料和矿物饲料等饲料费用,以及粉碎和蒸煮饲料、孵化增温等耗用的燃料和动力费用。

（2）直接人工。指直接从事畜牧业生产人员的工资及及按工资总额计提并交纳的社会保险费用及住房公积金。

（3）其他直接费。指专用设备折旧费、产畜折旧费、畜禽医疗费等。

（4）制造费用。指分配计入产品成本的制造费用。包括生产单位管理人员工资及社保费、折旧费、修理费、水电费、办公费等。

4. 渔业产品的成本项目

（1）直接材料。主要是饲养中耗用的鱼种、鱼苗、饲料等费用。

（2）直接人工。直接从事渔业生产人员的工资及计提并交纳的社会保险费用及住房公积金。

（3）其他直接费。主要是专用设备折旧费鱼病防治费等。

（4）制造费用。主要是生产部门在组织和管理渔业生产中发生的其他费用。

三、农业企业的成本核算账户

企业为了归集农业生产费用和计算产品成本,应合理设置账户和核算程序。

（一）账户设置

（1）"农业生产成本"账户。该账户是成本类账户，借方归集农业生产所发生的各项费用，贷方登记转出完工农产品的实际成本，期末余额一般在借方，表示期末在产品成本。"农业生产成本"账户应按成本核算对象设置明细分类账，并按成本项目分设专栏。农业企业生产成本明细账的格式见表 6-15 所示。

表 6-15

农业生产成本明细账

明细科目：　　　　　　　　　　　　　　　　　　　　　　　总第　　页
　　　　　　　　　　　　　　　　　　　　　　　　　　　　　字第　　页

年		凭证号数	摘要	借　方									贷　方	
月	日			直接材料				直接人工	其他直接费用	制造费用	往年费用	合计	数量	金额
				种子和种苗	肥料	农药	小计							

（2）"农产品"账户。该账户是资产类账户，借方登记验收入库完工农产品的实际成本，贷方登记发出农产品的实际成本，期末余额一般在借方，表示库存农产品成本。

（二）成本核算程序

农业成本的核算程序包括归集农业生产费用、分配农业生产费用和计算农产品成本的全过程。在农产品生产过程中（包括农产品生产、林产品生产、畜禽产品生产、水产品生产以及副业产品生产）所发生能直接计入农产品生产成本的费用，如直接材料、直接人工、其他直接费等，记入"农业生产成本"账户，对于发生的间接费用，先在"制造费用"账户的借方进行归集，期末按一定的标准分配计入"农业生产成本"各明细账户，期末将完工农产品成本从"农业生产成本"账户转入"农产品"账户。

【例 6-5】　农业企业的成本计算案例

案例一：海南桂林洋农场胜利生产队 2019 年 7 月收获水稻 200 000 千克，每千克计划成本为 0.5 元，稻草 250 000 千克，每千克计划成本为 0.02 元，7 月发生的实际生产费用总额为 94 500 元，成本会计傅英用比率法计算水稻和稻草的实际成本如表 6-16 所示。

表 6-16

农产品成本计算表

2019 年 7 月 31 日　　　　　　　　　　　　单位：元/千克

产品名称	实际产量（千克）	计　划　成　本		实　际　成　本	
		单位成本	总成本	单位成本	总成本
水　稻	200 000	0.50	100 000	0.45	90 000
稻　草	250 000	0.02	5 000	0.018	4 500
合　计			105 000		94 500

制表：傅英

$$实际成本分配率 = \frac{94\,500}{105\,000} \times 100\% = 90\%$$

$$水稻实际总成本 = 100\,000 \times 90\% = 90\,000(元)$$

$$水稻实际单位成本 = \frac{90\,000}{200\,000} = 0.45(元/千克)$$

$$稻草实际总成本 = 5\,000 \times 90\% = 4\,500(元)$$

$$稻草实际单位成本 = \frac{4\,500}{250\,000} = 0.018(元/千克)$$

 **知识拓展**

> 农作物在完成生产过程时，一般可以产出主产品和副产品两种产品。主产品是生产主要目的的产品，如小麦、水稻。副产品不是生产的主要目的，而是在生产过程中随着主产品附带获得的产品，如麦秸、稻草。由于主产品和副产品是同一个生产过程的结果，所以它们的各种费用是联系在一起的。因此，必须将费用在主产品和副产品之间进行分配，以分别确定其成本。分配方法一般有以下两种：
>
> 一种方法是估价法。就是对副产品按市场价格进行估价，以此作为副产品成本。从生产费用总额中减去副产品的价值，就是生产品总成本。
>
> 另一种方法是比率法。就是按照一定比率把生产费用总额在主产品和副产品之间进行分配的方法。这种方法要先求出生产费用总额对主副产品计划总成本的百分比，即实际总成本对计划总成本的百分比，再以主产品和副产品的计划成本乘以该百分比，即可计算出主产品和副产品的成本。
>
> 若副产品既不能利用，又不能出售，则可不予计价，其生产费用全部由主产品负担。

案例二：海南桂林洋农场向阳生产队栽培海南绿橙，于 2019 年 10 月发生实际费用 160 000 元，10 月的副产品价值 7 000 元。生产一级品 10 000 千克，二级品 20 000 千克，三级品 25 000 千克，等外品 20 000 千克。每千克计划成本分别为 4 元、3 元、2 元和 1 元。成本会计傅英编制海南绿橙成本计算单如表 6-17 所示。

表 6-17

各级海南绿橙成本计算表

2019 年 10 月 31 日 （金额单位：元）

品　级	产　量（千克）	计　划　成　本		分配率（%）	实　际　成　本	
		单　价	金　额		单　价	金　额
一级品	10 000	4	40 000		3.6	36 000
二级品	20 000	3	60 000		2.7	54 000
三级品	25 000	2	50 000		1.8	45 000
等外品	20 000	1	20 000		0.9	18 000
合　计			170 000	90		153 000

制表：傅英

各等级海南绿橙的实际总成本＝160 000－7 000＝153 000(元)

各等级海南绿橙的计划总成本＝(10 000×4)＋(20 000×3)＋(25 000×2)＋(20 000×1)

　　　　　　　　　　　　　＝170 000(元)

海南绿橙实际成本分配率＝$\dfrac{153\,000}{170\,000}×100\%＝90\%$

 知识拓展

> 　　同一果品由于大小和质量有差异,在出售前还要按一定标准进行分级。因此,果品的总成本还要按计划成本或产值的比例在各级果品间分配。

　　案例三：海南桂林洋农场养猪场 2019 年 10 月发生 2～4 个月幼猪饲养费用为 10 000 元,厩肥价值为 860 元。期初结转幼猪 10 头,活重 200 千克,成本 1 060 元;期内由两个月内仔猪群转入 40 头,活重 560 千克,成本 2 000 元;购入幼猪 20 头,活重 300 千克,成本 1 800 元;转出 60 头,活重 5 400 千克;死亡 2 头,活重 30 千克;期末结存 4 头,活重 200 千克。2～4 个月幼猪群的增重成本计算如下：

2～4 个月幼猪增加重量＝200＋5 400＋30－(200＋560＋300)＝4 570(千克)

2～4 个月幼猪增重单位(千克)成本 ＝$\dfrac{10\,000－860}{4\,570}＝2$(元)

2～4 个月幼猪活重量＝200＋5 400＝5 600(千克)

2～4 个月幼猪活重量的单位(千克)成本 ＝$\dfrac{1\,060＋2\,000＋1\,800＋10\,000－860}{5\,600}＝2.5$(元)

2～4 个月幼猪转出活重总成本＝5 400×2.5＝13 500(元)

2～4 个月幼猪期末存栏活重总成本＝200×2.5＝500(元)

 知识拓展

> 　　畜龄在两个月以上、4 个月以下的猪为幼猪;畜龄在 4 个月以上的猪为育肥猪。幼猪和育肥猪的主要产品是增加的重量。其副产品是指厩肥、猪鬃以及猪的残值。幼猪和育肥猪的增重成本和活重成本计算公式如下：
>
> 幼猪(育肥猪)增重的单位(千克)成本 ＝$\dfrac{该猪群全部饲养费用－副产品价值}{该猪群的增加重量}$
>
> 幼猪(育肥猪)群增加的重量(千克)＝该群期末存栏活重＋本期离群活重(含死猪重量)－期初结转、期内购进和转入活重
>
> 幼猪(育肥猪)活重的单位(千克)成本 ＝$\dfrac{期初结存成本＋转入购入价值＋本期该群全部饲养费用－副产品价值}{该群期末存栏活重＋本期离群活重(不含死猪重量)}$

案例四：海南桂林洋农场捕捞队 2019 年 10 月发生的全部捕捞费用为 50 985 元，按售价比例计算各类鱼品的总成本和单位成本。计算结果如表 6-18 所示。

表 6-18

各类鱼品成本计算表

2019 年 10 月 31 日　　　　　　　　　　　　　　金额单位：元

品种	销售价格 （元/100 千克）	测定产量 （100 千克）	售价总额 （元）	分配系数 （%）	实际总成本 （元）	实际单位 成本（元）
	①	②	③＝①×②	④	⑤＝③×④	⑥＝⑤÷②
花鲢	480	50	24 000		10 800	216
白鲢	450	80	36 000		16 200	202.5
青鱼	640	45	28 800		12 960	288
草鱼	600	40	24 000		10 800	270
鲤鱼	50	10	500		225	22.5
合计		225	113 300	45	50 985	

制表：傅英

$$分配系数 = \frac{50\ 985}{113\ 300} \times 100\% = 45\%$$

知识拓展

> 捕捞是指在天然湖泊、江河、海洋捕捞自然生长的渔业产品，当年发生的全部捕捞费用，应当完全由当年捕捞的渔业分摊，对不同的渔业产品，可按计划成本或销售价格的比例，将总成本在不同渔业产品之间进行分配。

引导案例分析

从物流企业、交通运输企业、建筑施工企业、餐饮企业和农业企业里走出来，我们发现这些企业具有不同的经营特点，涉及的经营范围不同，成本核算对象不同，在成本核算上也具有不同的特点，如成本项目的内容有差异，成本核算账户的设置有区别。

认知实习

班上分成 5～10 人一组到学校附近专访调查各种类型的农业企业，主要了解企业的经营特点，成本核算的方法等，要求每组撰写一份图文并茂的调查报告。

成本报表的编制与分析

学习目标

知识目标：了解成本报表的概念、种类；明确成本报表的编制要求和各种成本报表的结构；掌握各种成本报表的编制方法和分析方法。

技能目标：能编制商品产品成本表、主要产品单位成本表、制造费用明细表、期间费用明细表；能运用成本报表分析方法对成本报表进行一般分析和评价；能参与管理部门的成本决策。

引导案例

诺基亚公司在固定成本方面投入很大，用最好的设备和仪器、最先进的工具，投入巨大的研发和产品试制费用，这些费用都将在未来的产品毛利中摊销。一方面，投入大，当然摊销也大，但是，如果你有足够的销售量来支撑，平均每台的摊销成本将会大大降低；另一方面，研发和生产过程的高投入导致的另一个直接结果就是产品的变动成本非常低，质量非常好。一个手机的材料用量和价格低到了业界难以想象的程度，低变动成本带来大量的边际贡献足以弥补固定投入，并且高质量带来了极低返修成本。

这个成本结构在正常市场竞争中表现并不明显，一旦竞争对手开始打价格战，诺基亚的优势就会显现出来了。它可以将价格降到非常低的水平，只要超过材料和加工成本就可以，每多卖一台，都可以分担前期的投入，当前期的投入分担完后，剩下的都是毛利；而竞争对手的产品结构中，前期投入少，导致材料成本和维修成本高，稍微一降价，就进入亏损的漩涡,在这种情况下,每多卖一台,公司都要亏损若干。
所以,同样降价卖,底气和结果完全不同。

任务一　认知成本报表

任务描述

(1) 成本报表的概念和种类。

(2) 成本报表的编制要求。

(3) 成本报表分析的基本方法。

相关知识

一、成本报表的含义

成本报表是根据企业日常产品成本和期间费用的核算资料和其他有关资料编制的,用来反映企业一定时期内产品成本和期间费用水平、构成及其变动情况的书面报告文件。

成本报表是向企业经营管理者提供成本信息的内部管理会计报表。通过编制和分析成本报表可以考核企业成本计划和费用预算的执行情况,为正确进行成本决策提供资料。它是企业编制产品成本和各项费用计划,制定产品价格的重要依据。

二、成本报表的种类

(一) 按成本报表反映的经济内容分类

成本报表按其反映的经济内容不同可分为反映产品成本计划完成情况的报表和费用支出情况的报表。

(1) 反映产品成本计划完成情况的报表。这类成本报表主要揭示企业为生产一定产品所耗费的成本费用是否达到预定的目标。该类报表主要有产品生产成本表、主要产品单位成本表等。

(2) 反映费用支出情况的报表。这类成本报表主要揭示企业一定时期内生产经营费用支出的总额及其构成情况。该类报表主要有制造费用明细表、管理费用明细表、销售费用明细表等。

(二) 按成本报表编制的时间分类

成本报表按其编制时间可分为定期报表和不定期报表。

(1) 定期报表。定期报表是为了满足企业日常成本管理的需要,及时反馈成本信息而编制的。这类报表主要有年报、季报、月报、旬报、日报等。

(2) 不定期报表。不定期报表是为了满足企业内部管理的特殊要求在需要时随时编报的。

三、成本报表编制要求

（一）针对管理需要编制成本报表

成本报表主要是为了满足内部管理需要。因此，成本报表的种类、格式、项目、内容和编制方法，可由企业自行确定，也可以由企业的上级主管部门根据管理的需要会同企业共同确定。

为了加强企业生产成本的日常管理，除了定期编制成本报表外，企业还要涉及和编制如主要产品成本旬报、日报等提供日常产品成本信息的报表。

（二）按照财务报表的要求编制成本报表

1. 真实可靠，计算正确

成本报表的数字必须真实可靠，保证账账相符，账实相符。严禁弄虚作假，不得人为地随意篡改，能客观、公正地反映企业的成本费用水平。

成本报表中的各项指标数据计算应准确无误，不能因为成本会计人员的工作失误，造成成本报表信息失真，不准确的成本报表就不可能达到客观性的要求。

2. 全面反应，突出重点

企业编制成本报表的种类应当全面，表内项目和表外补充资料应当齐全。能全面反映成本核算和管理的基本情况。并且通过对成本报表的分析，能够抓住成本核算和管理的主要或重点问题。

3. 指标一致，数据可比

在编制成本报表时，采用的指标应当一致，相互可比，才能在不同企业之间、不同时期之间进行比较。从而使管理者正确地分析和使用报表信息。

4. 编报及时，说明清楚

成本报表应按规定的日期编报，不得延误。保证企业管理者能及时作出正确的比较、判断、评价和决策。同时，成本报表还应当清晰明了，不能少编漏填，以便于对报表资料的理解和使用。

四、成本报表分析的基本方法

成本报表中的成本资料，只有经过一定的技术方法，将其加工处理，揭示出成本变动的实质，找出其内在的规律，才有利于实现降低成本的目标，并对成本计划的执行情况进行有效地控制和对执行结果正确地评价。

成本报表分析的基本方法包括：对比分析法、比率分析法、因素分析法等。

（一）对比分析法

对比分析法是将两个以上的同类经济指标进行各种对比，揭示差异、分析原因的一种分析方法。

应用对比分析法时，首先应确定比较哪些内容。常用的比较标准有以下几种：

（1）实际指标与计划指标（或标准指标）对比，用于分析企业成本计划指标的完成情况。

（2）本期实际指标与前期实际指标对比，用于分析企业成本指标的变动趋势。

（3）本企业指标与同类型企业的先进指标对比,用于分析企业的先进(落后)程度及其差距,推动企业改进经营管理,向更高的目标努力。

对比分析法是一种最基本的分析方法,它只适用与同质指标的数量对比。因此,要充分考虑指标计算口径、计价标准、计算时间和计算方法、资料依据的可比性。在对同类型企业进行指标对比时,还要考虑到各自的有关条件基本接近或类似,也就是指在技术上、经济上具有可比性。这是正确运用对比分析法的重要条件。

（二）比率分析法

比率分析法是利用两个指标的相互关系,通过计算它们的比率来分析成本活动的质量、水平和结构的一种分析方法。根据分析的内容和要求不同,比率分析法主要有以下几种:

（1）相关比率分析。是指以同一时期某个和其他相关但性质不同的指标进行对比。计算相关指标间的比率,以便更深入地分析和比较生产耗费的情况。例如将利润指标同销售成本指标对比,求出成本利润率,从而可以比较企业成本效益水平的高低。其计算公式为:

$$相关指标比率 = \frac{某项经济指标的数值}{另一项经济指标的数值} \times 100\%$$

（2）趋势比率分析。是指将几个时期同类指标的数字进行对比,求出比率,并分析它增减速度和发展趋势。由于对比的标准不同,它可分为定基比率和环比比率两种。

定基比率是以某一时期的数量为基数,将分析期各个时期的数量均与基期相比,计算出各个时期的增减比率。环比比率是将分析期各个时期的数量都和其前一期数量对比,计算出各个时期的增减比率。其计算公式为:

$$定基比率 = \frac{报告期发展水平}{某固定基期发展水平} \times 100\%$$

$$环比比率 = \frac{报告期发展水平}{上期发展水平} \times 100\%$$

（3）结构比率分析。是指通过计算某一经济指标的各个组成部分占总体的比率,来分析其结构以及变化。通过分析可从中了解到成本结构的变化,明确进一步降低成本的重点。其计算公式为:

$$某项结构比率 = \frac{某项经济指标的部分数值}{某项经济指标的全部数值} \times 100\%$$

（三）因素分析法

因素分析法也称连环替代法,是根据分析指标与其影响因素之间的数量关系,按照一定程序和要求,从数值上测定各因素对有关经济指标差异影响程度的一种分析方法。这种方法是在假定其他因素不变而其中一个因素变化,求出指标的差异,就是该变化因素对经济指标的影响程度。其计算程序如下:

（1）根据影响某项经济指标完成情况的因素,按其依存关系将经济指标的基数和实际数分解成几个指标。

（2）以基数指标为计算基础，用实际指标中每项因素的实际数去逐次有顺序地替换其基数。有几个因素就替换几次，每一次替换后实际数就被保留下来，并计算出由于该因素变动产生的结果。

（3）将每次替换所得结果，与这一因素被替换前的结果进行比较，两者的差额，就是这一因素对指标差异的影响程度。

（4）将各个因素的影响数值相加，其代数和应同该经济指标的实际数与基数之间的总差异数相符。

因素分析法既可以全面分析各因素对某一经济指标的影响，又可以单独分析某个因素对某一经济指标的影响。但在运用因素分析法时应注意以下几个问题。

（1）要注意因素分解的相关性。既确定构成经济指标的因素，必须在客观上存在着因果关系，是产生该项指标差异的内在原因。否则就失去了其存在的价值。

（2）要注意因素替代的顺序性。进行替代时，必须按照各因素的依存关系，排列成一定顺序并依次替代，不可随意颠倒，否则就会得出不同的计算结果。一般来说，正确排列因素替代顺序的原则是：数量指标在前，质量指标在后；实物量指标在前，价值量指标在后；主观指标在前，客观指标在后。

（3）要注意顺序替代的连环性。在计算每一个因素变动影响时，都是在前一次计算的基础上进行，并采用连环比较的方法确定因素变化的影响结果。只有保持计算程序的连环性，才能使各个因素的影响结果之和等于分析指标的总差异，以全面说明指标变动的原因。

（4）要注意计算结果的假定性。即在确定某个因素的影响结果时，是以其前各因素已经变动而其后各因素尚未变动为假设条件。

任务二　商品产品成本报表的编制与分析

任务描述

（1）商品产品成本报表的含义和结构。
（2）商品产品成本报表的编制方法。
（3）商品产品成本报表的分析方法。

相关知识

一、商品产品成本报表的含义

商品产品成本报表是反映企业在报告期内所生产的全部商品产品（包括可比产品和不可比产品）的总成本和各种主要商品产品的单位成本和总成本的报表。利用该表，可以考核和分析全部商品产品和主要商品产品成本计划的完成情况；考核和分析其中可比产品成本降低计划的完成情况。

二、商品产品成本报表的结构

商品产品成本报表分为正表和补充资料两部分。正表项目栏的纵栏分为可比产品和不可产品两部分。

可比产品是指上年或以前年度正式生产过,拥有较完备的成本资料的产品。

不可比产品是指过去未进行正式生产过,没有成本资料的产品。

本表中可比产品由于需要同上年度实际成本进行比较,因此,表中不仅要反映本期计划成本和实际成本,还要反映按上年实际平均单位成本计算的总成本。不可比产品由于没有上年度实际单位成本资料,所以只需反映本年度的计划成本和实际成本。

正表项目栏的横栏,分别反映各种产品的产量、单位成本、本月总成本、本年累计总成本。产量栏中又分为本年(月)计划、本年(月)实际、本年累计实际。其他各栏又分别根据实际产量、按上年实际平均数、本年计划数、本月实际数、本年实际数,分品种分栏目进行反映。

补充资料部分一般按年填报。主要内容有可比产品成本降低额、可比产品成本降低率、产值成本率等。商品产品成本报表的格式如表 7-1 所示。

表 7-1

商品产品成本表

编制单位: 　　　　　　　　　　　年　　月　　　　　　　　　　金额单位:元

产品名称	规格	计量单位	实际产量		单位成本				本月总成本			本年累计总成本		
			本月	本年累计	上年实际平均	本年计划	本月实际	本年累计实际平均	按上年实际平均单位成本计算	按本年计划单位成本计算	本月实际	按上年实际平均单位成本计算	按本年计划单位成本计算	本年实际
			(1)	(2)	(3)	(4)	$(5)=(9)\div(1)$	$(6)=(12)\div(2)$	$(7)=(1)\times(3)$	$(8)=(1)\times(4)$	(9)	$(10)=(2)\times(3)$	$(11)=(2)\times(4)$	(12)
可比产品合计														
1. 甲产品														
2. 乙产品														
不可比产品合计														
1. 丙产品														
全部商品产品成本														

补充资料(本年实际数):

① 可比产品成本降低额　　　元(本年计划成本降低额为　　　元)。

② 可比产品成本降低率　　　(本年计划成本降低额率为　　　)。

③ 按现行价格计算的商品产值　　　元。

④ 产值成本率　　　元/百元(本年计划产值成本率为　　　元/百元)。

三、商品产品成本报表的编制方法

（一）"产量"项目

本项目反映本月和从年初起至报表编制月月末止各种主要商品产品的实际产量。应根据成本计算单或者产成品明细账中的产量记录计算填列。

（二）"单位成本"项目

（1）"上年实际平均"，根据上年度各种可比产品的全年实际平均单位成本填列。

（2）"本年计划"，根据年度成本计划的有关数字填列。

（3）"本月实际"，根据有关产品成本计算单中的资料计算填列。

（4）"本年实际平均"，根据本年累计成本计算单中的资料计算填列。

（三）"本月总成本"项目

（1）"按上年实际平均单位成本计算"，根据本月实际产量乘以上年实际平均单位成本计算填列。

（2）"按本年计划单位成本计算"，根据本月实际产量乘以本年计划单位成本计算填列。

（3）"本月实际"，根据本月产品成本计算单的资料填列。

（四）"本年累计总成本"项目

（1）"按上年实际平均单位成本计算"，根据本年累计实际产量乘以上年实际平均单位成本计算填列。

（2）"按本年计划单位成本计算"，根据本年累计实际产量乘以本年计划单位成本计算填列。

（3）"本年实际"，根据本年成本计算单的资料填列。

（五）补充资料的有关项目

（1）可比产品成本降低额。指可比产品累计实际总成本比按上年实际单位成本计算的累计总成本降低的数额，超支用负数表示。其计算公式如下：

$$可比产品成本降低额 = \frac{可比产品按上年实际平均}{单位成本计算的总成本} - \frac{可比产品本年}{累计实际总成本}$$

（2）可比产品成本降低率。指可比产品本年累计实际总成本比按上年实际平均单位成本计算的累计总成本降低的比率，超支用负数表示。其计算公式如下：

$$可比产品成本降低率 = \frac{可比产品成本降低额}{可比产品按上年实际平均单位成本计算的总成本} \times 100\%$$

（3）按现行价格计算的商品产值，根据有关统计资料填列。

（4）产值成本率。指商品产品总成本与商品产值的比率，通常以每百元商品产值总成本表示。其计算公式如下：

$$产值成本率 = \frac{商品产品成本}{商品产值} \times 100\%$$

四、商品产品成本报表的分析方法

对于商品产品成本报表的分析,一般包括全部商品产品成本计划完成情况分析和可比产品成本分析。

(一)全部商品产品成本计划完成情况分析

进行全部商品产品成本计划完成情况的分析,就是将全部商品本年实际总成本与按本年计划单位成本计算的本年累计计划总成本进行比较,确定全部商品产品实际成本与计划成本的差异,考核企业成本指标的完成情况。为进一步分析指明方向。在实际工作中,一般按产品成本项目和产品类别两个方面进行分析。

1. 按成本项目进行分析

这种分析是将全部商品产品的总成本按成本项目汇总,以实际总成本的成本项目构成与计划总成本的成本项目构成进行对比,确定每个成本项目的降低额和降低率。

2. 按产品类别进行分析

这种分析是按产品类别将本期实际总成本与计划总成本进行比较,确定全部产品的实际成本脱离计划成本的差异,并查明差异主要由哪几种产品造成的。

(二)可比产品成本降低任务完成情况的分析

可比产品成本降低任务,是指本年度计划总成本与按上年实际单位成本计算的产品总成本进行对比所要求达到的降低额和降低率。可比产品成本降低任务完成情况的分析,就是将可比产品的实际总成本比上年实际总成本的降低额和降低率,与计划成本降低额和降低率进行对比,以检查可比产品成本降低任务的完成情况。如果实际的成本降低额和降低率等于或大于计划水平,说明完成或超额完成了任务;反之,则说明没有完成计划降低任务。

分析中常用到的指标及计算公式如下:

$$可比产品成本计划降低额 = \sum\left[计划产量 \times (上年实际单位成本 - 本年计划单位成本)\right]$$

$$可比产品成本计划降低率 = \frac{可比产品成本计划降低额}{\sum(计划产量 \times 上年实际单位成本)} \times 100\%$$

$$可比产品成本实际降低额 = \sum\left[实际产量 \times (上年实际单位成本 - 本年实际单位成本)\right]$$

$$可比产品成本实际降低率 = \frac{可比产品成本实际降低额}{\sum(实际产量 \times 上年实际单位成本)} \times 100\%$$

【例 7 - 1】 商品产品成本报表的编制与分析案例

一、资料

长沙大华制造有限责任公司是一家生产电机的小型企业,设有两个基本生产车间。一车间生产 CZ - 16 电机、CY - 18 电机,二车间生产 CT - 20 电机。其中 CZ - 16 电机、CY - 18 电机为可比产品,CT - 20 电机为不可比产品,2019 年 12 月份成本会计冷英整理有关成本资料如表 7 - 2 所示。

表 7 - 2

商品产品生产资料

2019 年 12 月 31 日   金额单位：元

	可比产品 （CZ - 16 电机）	可比产品 （CY - 18 电机）	不可比产品 （CT - 20 电机）
单位生产成本（元）			
上年实际成本	65	150	
本月实际	63	155	108
本年累计实际成本	61	156	106
本年计划	62	140	105
生产量（件）			
本月实际	16	8	4
本年累计实际	200	100	50
本年计划	180	100	

制表：冷英

补充资料如下。

（1）可比产品本年计划成本降低额为 1 540 元。

（2）可比产品本年计划成本降低率为 5.768%。

（3）按现行价格计算的商品产值 93 500 元。

（4）本年计划产值成本率为 35 元/百元。

二、商品产品成本报表的编制

长沙大华制造有限责任公司公司成本会计冷英根据上述资料情况，编制 2019 年 12 月份商品产品成本表如表 7 - 3 所示。

表 7 - 3

商品产品成本表

编制单位：长沙大华制造有限责任公司   2019 年 12 月 31 日   金额单位：元

产品名称	计量单位	实际产量		单位成本				本月总成本			本年累计总成本		
		本月	本年累计	上年实际平均	本年计划	本月实际	本年累计实际平均	按上年实际平均单位成本计算	按本年计划单位成本计算	本月实际	按上年实际平均单位成本计算	按本年计划单位成本计算	本年实际
		(1)	(2)	(3)	(4)	(5)= (9)÷ (1)	(6)= (12)÷ (2)	(7)= (1)× (3)	(8)= (1)× (4)	(9)	(10)= (2)× (3)	(11)= (2)× (4)	(12)= (2)× (6)
可比产品合计								2 240	2 112	2 248	28 000	26 400	27 800
1. CZ - 16 电机	台	16	200	65	62	63	61	1 040	992	1 008	13 000	12 400	12 200

（续表）

产品名称	计量单位	实际产量		单位成本				本月总成本			本年累计总成本		
		本月	本年累计	上年实际平均	本年计划	本月实际	本年累计实际平均	按上年实际平均单位成本计算	按本年计划单位成本计算	本月实际	按上年实际平均单位成本计算	按本年计划单位成本计算	本年实际
		(1)	(2)	(3)	(4)	(5)=(9)÷(1)	(6)=(12)÷(2)	(7)=(1)×(3)	(8)=(1)×(4)	(9)	(10)=(2)×(3)	(11)=(2)×(4)	(12)=(2)×(6)
2. CY-18电机	台	8	100	150	140	155	156	1 200	1 120	1 240	15 000	14 000	15 600
不可比产品合计									420	432		5 250	5 300
1. CT-20电机	件	4	50		105	108	106		420	432		5 250	5 300
全部商品产品成本									2 532	2 680		31 650	33 100

制表：冷英

补充资料（本年实际数）如下。

（1）可比产品成本降低额 200 元（本年计划成本降低额为 1 540 元）。

（2）可比产品成本降低率 0.714%（本年计划成本降低率为 5.768%）。

（3）按现行价格计算的商品产值 93 500 元。

（4）产值成本率 35.40 元/百元（本年计划产值成本率为 35 元/百元）。

三、商品产品成本报表的分析

根据上述长沙大华制造有限责任公司 2019 年 12 月份的商品产品成本资料，分析该公司商品产品成本计划完成情况和可比产品成本降低任务完成情况。

（一）全部商品产品成本计划完成情况分析

1. 按产品类别分析全部商品产品成本计划完成情况

（1）将全部产品的实际总成本与计划总成本进行对比，确定实际总成本比计划总成本的成本降低额与成本降低率。

$$成本降低额 = 计划总成本 - 实际总成本$$
$$= \sum[实际产量 \times (计划单位成本 - 实际单位成本)]$$
$$= 31\ 650 - 33\ 100 = -1\ 450（元）$$

$$计划总成本 = \sum(各种产品实际产量 \times 各该产品计划单位成本)$$
$$= 31\ 650$$

$$成本降低率 = -1\ 450/31\ 650 = -4.58\%$$

（2）按产品类别分析考核可比产品和不可比产品成本计划的完成情况，分别计算可比产品和不可比产品的成本降低额和降低率。

$$可比产品成本降低额 = 可比产品计划总成本 - 可比产品实际总成本$$
$$= 26\ 400 - 27\ 800 = -1\ 400（元）$$

$$可比产品成本降低率=\frac{可比产品成本降低额}{可比产品计划总成本}\times100\%$$

$$=\frac{-1\,400}{26\,400}\times100\%$$

$$=-5.3\%$$

$$不可比产品成本降低额=不可比产品计划总成本-不可比产品实际总成本$$

$$=5\,250-5\,300$$

$$=-50(元)$$

$$不可比产品成本降低率=\frac{不可比产品成本降低额}{不可比产品计划总成本}\times100\%$$

$$=\frac{-50}{5\,250}\times100\%$$

$$=-0.95\%$$

（3）按每种产品考核其成本计划的完成情况，计算每种产品的成本降低额和成本降低率。根据计算结果，编制全部商品产品成本计划完成情况，如表 7-4 所示。

表 7-4

全部商品产品成本计划完成情况表（按产品类别）

2019 年 12 月 31 日   金额单位：元

产品名称	单位	产量		单位成本			总成本			降低指标	
		计划	实际	上年	计划	实际	按上年单位成本计算	按计划单位成本计算	按实际单位成本计算	成本降低额	成本降低率
可比产品							28 000	26 400	27 800	−1 400	−5.3%
CZ-16 电机	台	180	200	65	62	61	13 000	12 400	12 200	200	1.61%
CY-18 电机	台	100	100	150	140	156	15 000	14 000	15 600	−1 600	−11.43%
不可比产品								5 250	5 300	−50	−0.95%
CT-20 电机	件		50		105	106		5 250	5 300	−50	−0.95%
全部商品产品								31 650	33 100	−1 450	−4.58%

制表：冷英

从以上分析中可以看出，该企业全部商品产品未能完成成本降低任务，实际成本比计划成本超支 1450 元，成本降低率为−4.58%。其中，可比产品总成本超支 1 400 元，降低率为−5.3%；不可比产品成本超支 50 元，降低率为−0.95%。在可比产品成本中，CY-18 电机成本较计划成本超支了 1 600 元，CZ-16 电机成本较计划成本降低了 200 元。显然，对产品成本进一步分析的重点，应当是查明 CY-18 电机超支的原因。

2. 按成本项目进行分析全部商品产品成本计划完成情况

假设长沙大华制造有限责任公司 2019 年度生产的全部商品产品成本的各成本项目

的计划与实际构成情况如表7-5所示。

从表7-5可以看出,全部商品产品总成本超支的原因,主要是直接材料成本项目超支造成的,而直接人工和制造费用等成本项目是降低的。所以,还需要进一步对各成本项目进行分析,特别是直接材料成本项目,通过分析找出成本超支和降低的具体原因。

表7-5

全部商品产品成本计划完成情况表(按成本项目)

2019年12月31日　　　　　　　　　　　金额单位:元

成本项目	全部商品产品成本		降低指标	
	计划	实际	降低额	降低率
直接材料	21 300	24 000	−2 700	−12.68%
直接人工	6 200	5 360	840	13.55%
制造费用	4 150	3 740	410	9.88%
生产成本	31 650	33 100	−1 450	−4.58%

制表:冷英

(二)可比产品成本降低任务完成情况分析

长沙大华制造有限责任公司生产的CZ-16电机、CY-18电机两种可比产品,假设该公司确定的可比产品成本降低任务如表7-6所示。其成本降低任务的完成情况如表7-7所示。

表7-6

可比产品成本降低任务表

2019年12月31日　　　　　　　　　　　金额单位:元

可比产品名称	计划产量	单位成本		总成本		计划成本降低任务	
		上年	计划	上年	计划	降低额	降低率
CZ-16电机	180	65	62	11 700	11 160	540	4.615%
CY-18电机	100	150	140	15 000	14 000	1 000	6.667%
合　　计				26 700	25 160	1 540	5.768%

制表:冷英

表7-6

可比产品成本降低任务完成情况分析表

2019年12月31日　　　　　　　　　　　金额单位:元

可比产品名称	实际产量	单位成本			总成本			降低情况	
		上年	计划	实际	上年	计划	实际	降低额	降低率
CZ-16电机	200	65	62	61	13 000	12 400	12 200	800	6.154%
CY-18电机	100	150	140	156	15 000	14 000	15 600	−600	−4%
合　　计					28 000	26 400	27 800	200	0.714%

制表:冷英

从表 7-6 中可知,该公司可比产品成本计划降低额为 1 540 元,计划成本降低率为 5.768%。通过表 7-7 的计算,该公司可比产品成本实际降低额为 200 元,降低率为 0.714%。从总体上分析,该公司的可比产品成本降低额计划和成本降低率计划均未完成。按产品品种进行具体分析,CZ-16 电机计划成本降低额为 540 元,实际成本降低额为 800 元;计划成本降低率为 4.615%,实际成本降低率为 6.154%;成本降低额和降低率计划均超额完成。而 CY-18 电机的计划成本降低额和降低率分别为 1 000 元和 6.667%,实际却超支了 600 元,使成本降低率成为-4%。

据此,计算实际脱离计划差异如下:

$$降低额:200-1\,540=-1\,340(元)$$

$$降低率:0.714\%-5.768\%=-5.054\%$$

通过对比,说明该公司未能完成成本降低计划。但这种实际脱离计划的差异只是成本降低计划执行的结果,并不能说明成本执行背离计划的原因。为此,有必要对成本降低计划的执行情况作进一步的分析。

任务三 主要产品单位成本表的编制与分析

任务描述

(1) 主要产品单位成本表的含义与结构。

(2) 主要产品单位成本表的编制。

(3) 主要产品单位成本表的分析。

相关知识

一、主要产品单位成本表的含义

主要产品单位成本表是反映企业在一定时期内生产的各种主要产品单位成本的构成情况和各项主要经济指标执行情况的报表。该表按主要产品分别编制,它是对商品产品成本表的补充说明。

利用主要产品单位成本表,可以分析各种主要产品单位成本水平和结构比例;可以比较各种主要产品单位成本计划、定额执行情况;可以寻找产生差距的原因,挖掘降低单位产品成本的潜力,提高企业的经济效益。

二、主要产品单位成本表的结构

主要产品单位成本表应按每种主要产品分别编制,其结构可分为两部分:第一部分为本表的基本部分,是分别按每一种主要产品编制的。表中除反映产品名称、规格、计量单位、产量、售价之外,主要是按成本项目反映单位成本的构成和水平及各项主要技术经济指标的执行情况。第二部分为本表的补充资料,反映上年和本年的几项经济指标,为分析、考核提供简便的资料。

主要产品单位成本的格式如表 7-8 所示。

表 7-8

主要产品单位成本表

编制单位:　　　　　　　　　　　年　月　　　　　　　　　金额单位:元

产品名称			本月计划产量		
规　格			本月实际产量		
计量单位			本年累计计划产量		
销售单价			本年累计实际产量		
成本项目	历史先进水平	上年实际平均	本年计划	本月实际	本年实际平均
直接材料					
直接人工					
制造费用					
产品生产成本					
主要技术 经济指标	单位	耗用量	耗用量	耗用量	耗用量
1. 材料甲					
2. 材料乙					
3. 工时					

补充资料

项　目	上 年 实 际	本 年 实 际
成本利润率/%		
资金利润率/%		
净产值率/%		
流动资金周转次数/次		
实际利税总额/元		
职工工资总额/元		
年末职工人数/人		
全年平均职工人数/人		

三、主要产品单位成本表的编制方法

（1）"本月计划产量"和"本年累计计划产量"项目，根据本月和本年产品产量计划资料填列。

（2）"本月实际产量"和"本年累计实际产量"项目，根据统计提供的产品产量资料，或产品入库单填列。

（3）"主要技术经济指标"项目，反映主要产品每一单位产量所消耗的主要原材料、燃料、工时等的数量，根据产品成本计算资料以及统计资料整理填列。

（4）"历史先进水平"项目，根据成本资料在历史上该种产品成本最低年度的实际平均单位成本填列。

（5）"上年实际平均"项目，根据上年度表中的实际平均单位成本填列。

（6）"本年计划"项目，根据本年成本计划资料填列。

（7）"本月实际"项目，根据本月完工的该种产品成本明细账上的有关数字计算后填列。

（8）"本年累计实际平均"项目，根据年初至本月末止已完工产品成本计算单等有关资料，用该产品累计总成本除以累计产量计算后填列。

（9）补充资料部分的有关指标主要根据企业上年和本年统计、会计资料计算填列。

四、主要产品单位成本表的分析方法

企业对主要产品单位成本进行具体的分析，以便找出主要产品单位成本升降的原因，寻求降低成本的途径。

主要产品单位成本表分析的内容包括：主要产品单位成本计划完成情况的分析、产品单位成本项目的因素分析、主要技术经济指标对产品单位成本影响的分析。

（一）主要产品单位成本计划完成情况的分析

对主要产品单位成本计划完成情况进行分析时，要依据产品单位成本各项目的实际单位成本与计划单位成本，确定其差异额和差异率，以及各成本项目变动对单位成本计划的影响程度。

（二）影响主要产品单位成本变动的因素分析

1. 直接材料成本项目的分析

当企业生产的产品只耗用一种材料，或虽耗用几种材料，但它们之间不存在配比关系时，对单位材料成本的变动，可结合单位产品材料消耗量（简称单耗）和材料单价两个因素的变动，运用因素法进行分析。其因素分解公式为：

$$单位产品材料成本 = \sum（单位产品材料消耗量 \times 材料单价）$$

从因素分解公式可以看出，影响单位产品材料成本的因素有单耗和材料单价。测定各因素变动对单位材料成本的影响。具体计算公式如下：

$$单耗变动对单位材料成本的影响 = \sum\left[（实际单耗 - 计划单耗）\times 计划材料单价\right]$$

$$单价变动对单位材料成本的影响 = \sum\left[实际单耗 \times（实际材料单价 - 计划材料单价）\right]$$

在单耗变动中,影响单耗变动的原因有:材料质量的变化、材料加工方式的改变、利用废料或代用材料、材料利用程度的变化、产品零部件结构的变化、废料回收情况等。应结合上述原因深入生产环节进行具体分析。

在材料单价变动中,影响材料单价变动的原因有:材料采购地点、采购方式、材料买价、运费、运输途中的损耗、材料入库前的挑选整理费用等因素的变动。这些原因既有主观的因素,又有客观的因素,应结合具体情况进行深入分析。

2. 直接人工成本项目的分析

(1) 当企业只生产一种产品时,单位产品人工的成本等于人工成本总额除以产品总量,其计算公式为:

$$单位产品人工成本 = \frac{生产工人薪酬总额}{完工产品产量}$$

这种情况下,影响单位产品人工成本的因素只有两个:工人薪酬和产品产量。这两个因素变动对单位人工成本变动的影响可用如下公式测定:

$$\begin{matrix}产品产量变动对单位\\产品人工成本的影响\end{matrix} = \frac{计划工人薪酬总额}{实际产品产量} - \frac{计划工人薪酬总额}{计划产品产量}$$

$$\begin{matrix}工人薪酬总额变动对单位\\产品人工成本的影响\end{matrix} = \frac{实际工人薪酬总额 - 计划工人薪酬总额}{实际产品产量}$$

(2) 在多数企业中,生产的产品品种往往不是单一的,各产品的人工费用一般按生产工时比例分配计入各种产品成本。因此单位产品的人工成本的高低取决于单位产品的生产工时和小时薪酬率这两个因素。其计算公式为:

$$单位产品人工成本 = 单位产品生产工时 \times 小时薪酬率$$

每项因素变动对单位产品人工成本的影响,可用下列公式测定:

$$\begin{matrix}单位产品工时变动对单位\\产品人工成本的影响\end{matrix} = \left(\begin{matrix}单位产品\\计划工时\end{matrix} - \begin{matrix}单位产品\\实际工时\end{matrix}\right) \times \begin{matrix}计划小时\\薪酬率\end{matrix}$$

$$\begin{matrix}小时薪酬率的变动对单位\\产品人工成本的影响\end{matrix} = \begin{matrix}单位产品\\实际工时\end{matrix} \times \left(\begin{matrix}实际小时\\薪酬率\end{matrix} - \begin{matrix}计划小时\\薪酬率\end{matrix}\right)$$

单位产品工时上升,意味着劳动生产率有所下降,劳动生产率变动应从以下几个方面深入分析:生产工艺及产品设计的改变、机器设备的性能、工人技术熟练程度等。

小时薪酬率是生产工人的薪酬总额除以生产工时总额计算求出的,薪酬总额控制得好,会使小时薪酬费用节约。对生产工人薪酬总额变动的分析,可以与前述按成本项目反映的产品生产成本表中直接人工费用的分析结合起来进行。

3. 制造费用成本项目的分析

制造费用是企业为组织和管理生产所发生的各项费用,是生产车间的间接费用。单位产品制造费用的分析方法,取决于车间生产的产品品种的多少。

(1) 当企业只生产一种产品时,单位产品制造费用的计算方式为:

$$单位产品制造费用 = \frac{制造费用总额}{完工产品产量}$$

上式中各因素变动对单位产品制造费用的影响测定公式为：

$$\frac{产品产量变动对单位}{产品制造费用的影响} = \frac{计划制造费用}{实际产品产量} - \frac{计划制造费用}{计划产品产量}$$

$$\frac{制造费用总额变动对}{单位产品制造费用的影响} = \frac{实际制造费用总额 - 计划制造费用总额}{实际产品产量}$$

（2）如果企业生产多种产品，单位产品的制造费用应按以下公式计算：

$$单位产品制造费用 = 单位产品生产工时 \times 小时制造费用率$$

上式每项因素变动对单位制造费用的影响可按以下公式测定：

$$\frac{单位产品工时变动对单位}{产品制造费用的影响} = \left(\frac{单位产品}{实际工时} - \frac{单位产品}{计划工时}\right) \times \frac{计划小时}{制造费用率}$$

$$\frac{小时制造费用率的变动对单位}{产品制造费用的影响} = \frac{单位产品}{实际工时} \times \left(\frac{实际小时}{制造费用率} - \frac{计划小时}{制造费用率}\right)$$

（三）主要核技术经济指标的分析

技术经济指标是指从各种生产资源利用情况和产品质量等方面反映生产技术水平的各种指标的总和，如劳动生产率、产品质量、材料利用率、设备利用率等，这些技术经济指标的变动，直接或间接地影响到产品成本。因此对产品成本的技术经济分析有利于企业从生产技术领域查明影响成本升降的内在因素，采取相应的技术组织措施，从而使产品成本不断降低，达到提高成本管理水平的目的。

这一分析主要是通过本月实际数和本年累计实际平均数与本年计划数、上年实际平均数和历史先进水平分别进行比较来进行的，揭示差异，进一步查明发生差异的具体原因。

【例 7 - 2】 主要产品单位成本表的编制与案例分析

一、资料

天华机械厂生产的小型 JC - 18 机床，2019 年 12 月成本会计蒋凤君整理的有关资料如表 7 - 9、表 7 - 10 和表 7 - 11 所示。

表 7 - 9

JC - 18 机床成本资料

2019 年 12 月 31 日 金额单位：元

单位生产成本（元）	直接材料	直接人工	制造费用	合计
历史先进水平	98	20	12	130
上年实际平均	102	22	19	143
本年计划	100	22	16	138
本月实际	104	25	14	143
本年累计实际平均	108	23	14	145

表 7-10

JC-18 机床其他资料

2019 年 12 月 31 日

项 目	单 位	本月实际	本年累计实际	上年累计实际
单位产品售价	元	160	165	155
产品计划产量	件	6	90	95
产品实际产量	件	8	100	106

制表:蒋凤君

表 7-11

JC-18 机床单耗资料

2019 年 12 月 31 日 金额单位:元

成 本 项 目	历史先进水平	上年实际平均	本年计划	本月实际	本年累计实际平均
1#钢材单耗(千克)	10	10.5	10	11	10.25
2#钢材单耗(千克)	20	21	21	22	21.5
1#钢材单价(元)			5.8		5.503
2#钢材单价(元)			2		2.4
工 时	8	9	8	8.5	8.2
小时费用率			2		1.71

制表:蒋凤君

二、主要产品单位成本表的编制

天华机械厂根据上述资料情况,成本会计蒋凤君编制 2019 年 12 月份主要产品单位成本表如表 7-12 所示。

表 7-12

主要产品单位成本表

编制单位:天华机械厂 2019 年 12 月 31 日 金额单位:元

产品名称	JC-18 机床		本月计划产量	6
规 格			本月实际产量	8
计量单位	件		本年累计计划产量	90
销售单价	165		本年累计实际产量	100

成本项目	历史先进水平	上年实际平均	本年计划	本月实际	本年累计实际平均
直接材料	98	102	100	104	108
直接人工	20	22	22	25	23
制造费用	12	19	16	14	14

（续表）

成本项目		历史先进水平	上年实际平均	本年计划	本月实际	本年累计实际平均
产品生产成本		130	143	138	143	145
主要技术经济指标	单位	耗用量	耗用量	耗用量	耗用量	耗用量
1. 1♯钢材	千克	10	10.5	10	11	10.25
2. 2♯钢材	千克	20	21	21	22	21.5
3. 工时	小时	8	9	8	8.5	8.2

补充资料

项　目	上　年　实　际	本　年　实　际
成本利润率/%		
资金利润率/%		
净产值率/%		
流动资金周转次数/次		
实际利税总额/元		
职工工资总额/元		
年末职工人数/人		
全年平均职工人数/人		

制表：蒋凤君

三、主要产品单位成本表的分析

根据上述天华机械厂 2019 年 12 月份的主要产品单位成本资料，分析该厂主要产品单位成本计划完成情况和影响主要产品单位成本变动的因素。

（一）主要产品单位成本计划完成情况的分析

根据表 7-13 中的数据，编制的 JC-18 机床单位产品成本分析表如表7-14 所示。

表 7-13

JC-18 机床单位成本分析表

2019 年 12 月 31 日

项　目	上年实际平均	本年计划	本年实际平均	本年实际比上年实际		本年实际比本年计划	
				升降额	升降率/%	升降额	升降率/%
	(1)	(2)	(3)	(4)=(3)-(1)	(5)=(4)/(1)	(6)=(3)-(2)	(7)=(6)/(2)
直接材料	102	100	108	6	5.88	8	8.00
直接人工	22	22	23	1	4.55	1	4.55
制造费用	19	16	14	-5	-26.32	-2	-12.50
合　计	143	138	145	2	1.40	7	5.07

制表：蒋凤君

利用下面公式还可以计算某成本项目对单位成本的影响：

$$某成本项目单位成本的影响 = \frac{某成本项目成本升降额}{单位产品成本升降额 \times 单位产品成本升降率 \times 100\%}$$

根据表 7 - 12 数据计算本年实际与本年计划对比中各成本项目对单位成本的影响如下：

$$直接材料对单位成本的影响 = 8 \div 7 \times 5.07\% = 5.80\%$$

$$直接人工对单位成本的影响 = 1 \div 7 \times 5.07\% = 0.72\%$$

$$制造费用对单位成本的影响 = -2 \div 7 \times 5.07\% = -1.45\%$$

从上述计算数据中可以看出，该企业 JC - 18 机床本年实际单位成本比上年实际单位成本增加 2 元，成本上升 1.4%；比本年计划增加 7 元，成本上升 5.07%。成本上升主要由直接材料费用超支造成，其次是直接人工费用提高也在一定程度上使产品单位成本上升，本年制造费用相对下降，但因其升降额度在单位成本中所占比重较小，对单位成本影响也较小，未能从总体上拉下成本。对直接材料上升过快问题，应进一步查明原因。

（二）影响主要产品单位成本变动的因素分析

1. 直接材料成本项目的分析

根据表 7 - 12 中的相关数据资料，整理计算后如表 7 - 14 所示。

表 7 - 14

JC - 18 机床单位材料成本资料

2019 年 12 月 31 日

材料名称	本 年 计 划			本年实际平均		
	单耗/千克	单价/元	材料成本/元	单耗/千克	单价/元	材料成本/元
1#钢材	10	5.8	58	10.25	5.503	56.41
2#钢材	21	2	42	21.5	2.4	51.60
合　　计			100			108.01

制表：蒋凤君

根据表 7 - 14 的资料，计算分析 JC - 18 机床单位材料成本的变动情况如下：

单位产品材料成本变动额：$= 108.01 - 100 = 8.01$（元）

单耗变动对单位材料成本的影响 $= (10.25 - 10) \times 5.8 + (21.5 - 21) \times 2 = 1.45 + 1 = 2.45$（元）

单价变动对单位材料成本影响 $= 10.25 \times (5.503 - 5.8) + 21.5 \times (2.4 - 2)$

$$= -3.044 + 8.6 = 5.56（元）$$

上述分析说明，JC - 18 机床材料成本实际比计划上升 8.01 元，是单耗与材料单价两个因素共同变动影响的结果。其中：单耗变动使单位材料成本比计划上升了 2.45 元，单价变动使单位材料成本比计划上升了 5.56 元。

2. 直接人工成本项目的分析

根据表 7 - 12 中的相关数据，并补充下列数据并整理计算如表 7 - 15 和表 7 - 16 所示。

表 7 - 15

JC - 18 机床总产量、总工时、工资总额资料

2019 年 12 月 31 日

项　　目	本年计划	本年实际	差　　异
产品产量	9 000	9 987	987
总工时	72 000	81 894	9 894
工资总额	198 000	229 703	31 703.00

制表:蒋凤君

表 7 - 16

JC - 18 机床单位产品人工费用分析资料

2019 年 12 月 31 日

项　　目	本 年 计 划	本 年 实 际	差　　异
单位产品工时	8	8.20	0.20
小时薪酬率	2.75	2.8049	0.0549
单位产品人工成本	22	23	1.00

制表:蒋凤君

单位产品工时变动对单位产品人工成本的影响 $=(8.2-8)\times2.75=0.55$(元)

小时薪酬率变动对单位产品人工成本的影响 $=8.2\times(2.8049-2.75)=0.45$(元)

从上述计算结果可以看出,甲产品单位人工成本实际比计划增加了,是由单位产品工时上升和小时薪酬率上涨两个因素共同影响所致。

3. 制造费用成本项目的分析

根据表 7 - 12 中的相关数据资料,整理计算后如表 7 - 17 所示。

表 7 - 17

JC - 18 机床单位产品制造费用分析资料

2019 年 12 月 31 日

项　　目	本年计划	本年实际	差　　异
单位产品工时	8	8.02	0.20
小时费用率	2.00	1.71	-0.29
单位产品制造费用	16	14	-2.00

制表:蒋凤君

单位产品工时变动对单位制造费用的影响 $=(8.2-8)\times2=0.4$(元)

小时费用率变动对单位制造费用的影响 $=8.2\times(1.71-2)=-2.4$(元)

以上计算结果表明,JC - 18 机床单位成本中,制造费用节约 2 元,这一节约主要归因于小时费用率的下降。对造成单位产品制造费用增加的单位产品工时变动应当进一步查

明原因。

任务四　制造费用明细表的编制与分析

 任务描述

（1）了解制造费用明细表的含义及结构。

（2）掌握制造费用明细表的编制。

（3）掌握制造费用明细表的分析。

 相关知识

一、制造费用明细表的含义

制造费用明细表是反映制造企业在一定会计期间内发生的制造费用及其构成情况的报表。本表只反映基本生产车间的制造费用，表内的各明细项目，包括企业各个生产单位为组织和管理生产所发生的各项费用。

利用制造费用明细表提供的资料，可以考核费用计划执行情况；可以分析各项费用的构成情况和超支或节约的原因；为编制计划和预测未来水平提供依据。

二、制造费用明细表的结构

制造费用明细表的构成，除了按规定的费用项目反映，还应按生产单位反映。表内应提供"本年计划数"、"上年同期实际数"、"本月实际数"、"本年累计实际数"的数据。企业管理者可以通过对表中数据的对比分析，了解制造费用的构成与变动情况，加强对制造费用的管理。制造费用明细表的格式和内容，如表7-18所示。

表7-18

制造费用明细表

编制单位：　　　　　　　　　　年　　月　　日　　　　　　　　金额单位：元

费用项目	行次	本年计划数	上年实际数	本月实际数	本年累计实际数
工　资	1	（略）	（略）		
福利费	2				
折旧费	3				
修理费	4				
办公费	5				
水电费	6				
差旅费	7				
运输费	8				

（续表）

费 用 项 目	行次	本年计划数	上年实际数	本月实际数	本年累计实际数
保险费	9				
租赁费	10				
设计制图费	11				
试验检验费	12				
在产品盘亏与毁损	13				
停工损失	14				
其他	15				
合计	16				

三、制造费用明细表的编制方法

制造费用明细表内各部分，按下列方法填列。

（1）"本年计划数"栏的各项数字，根据制造费用预算中的有关项目数字填列。

（2）"上年同期实际数"栏的各项数字，根据上年本表的"本年累计实际数"填列。如果表内所列费用项目和上年度的费用项目的名称或内容上不相一致，应对上年的各项数字按照本年度的规定进行调整。

（3）"本月实际数"栏的各项数字，根据制造费用明细账中的本月发生数填列。

（4）"本年累计实际数"栏的各项数字，填列自年初至编报月末止的累计实际数，根据制造费用明细账的记录计算填列，或根据本月实际数加上上期本表的本年累计实际数填列。

四、制造费用明细表的分析方法

对制造费用明细表的分析主要采用对比分析法，这是通过实际数与基数的对比来揭示它们之间的差异，用以了解经济活动的成绩和问题的一种分析方法。

在采用对比分析法进行分析时，通常先将本月实际数与上年同期实际数进行对比，揭示本月实际与上年同期实际之间的增减变化。在表中列有本月计划数的情况下，则还应与计划数对比，以便分析和考核制造费用月度计划的执行结果。

在将本年累计实际数与本年计划数进行对比时，如果数据不是来自 12 月份的制造费用明细表，则这两者的差异只反映年度内某一期间计划执行的情况，据以发出信号，提醒企业应注意的问题。如果数据来自 12 月份的制造费用，则本年累计实际数与本年计划数的差异，就是全年费用计划执行的结果。

为了具体分析制造费用增减变动和计划执行好坏的情况及原因，上述对比分析应按照费用项目进行。由于制造费用项目很多，可以选择变化较大、差异较大或费用比重较大的项目有重点地进行分析。

【例 7 - 3】 制造费用明细表的编制与案例分析

一、资料

武汉阳光制造有限责任公司设有一个基本生产车间,2019 年 12 月 31 日成本会计李贵整理生产车间制造费用有关资料如表 7 - 19 所示。

表 7 - 19

制造费用明细资料

2019 年 12 月 31 日 金额单位:千元

项 目	上年同期实际数	本年计划数	本月实际数	本年累计实际数
职工薪酬	21.2	230		257
福利费	2.8	30		33
折旧费	12	140		120
保险费	7.72	79.6		56.5
办公费	2.2	40		86.74
水电费	20.43	225		240
劳动保护费	2.12	24		24.8
运输费	2.6	30		29.9
机物料消耗费	1.4	13.4		13.6
租赁费	1.64	18		16.46
合 计	74.11	830		878

制表:李贵

二、制造费用明细表的编制

武汉阳光制造有限责任公司根据上述资料情况,编制 2019 年 12 月份制造费用明细表如表 7 - 20 所示。

表 7 - 20

制造费用明细表(按制造费用项目)

编制单位:武汉阳光制造有限责任公司 2019 年 12 月 31 日 金额单位:千元

费用项目	行次	本年计划数	上年同期实际数	本月实际数	本年累计实际数
工 资	1	230	21.2	(略)	257
福利费	2	30	2.8		33
办公费	3	40	2.2		86.74
折旧费	4	140	12		120
水电费	5	225	20.43		240
修理费	6	79.6	7.72		56.5

（续表）

费用项目	行次	本年计划数	上年同期实际数	本月实际数	本年累计实际数
运　费	7	30	2.6		29.9
租赁费	8	18	1.64		16.46
劳动保护费	9	24	2.12		24.8
机物料消耗	10	13.4	1.4		13.6
合　计	11	830	74.11		878

制表：李贵

三、制造费用明细表的分析

根据上述武汉阳光制造有限责任公司 2019 年 12 月份的制造费用明细表资料，分析该公司制造费用的年度计划执行情况。根据表 7 - 21 中的数据，对比实际数与计划数，分析计算差异，如表 7 - 21 所示。

表 7 - 21

制造费用明细表分析资料

2019 年 12 月 31 日　　　　　　　　　　　　金额单位：千元

费用项目	工资	福利费	办公费	折旧费	水电费	修理费	运输费	租赁费	劳动保护费	机物料消耗	合计
本年计划数	230	30	40	140	225	79.6	30	18	24	13.4	830
本年累计假数	257	33	86.74	120	240	56.5	29.9	16.46	24.8	13.6	878
差　异	27	3	46.74	−20	15	−23.1	−0.1	−1.54	0.8	0.2	48

制表：李贵

从表 7 - 21 可以发现，本年实际数与本年计划数相比有很多超支项目，也有很多节约项目。由于各制造费用项目的性质和用途不同，评价各项费用超支或节约时，不能简单地将一切超支都看成不合理的和不利的，也不能简单将一切节约都看成是合理的和有利的。例如，劳动保护费的节约，可能导致缺少必要的劳动保护措施，影响安全生产。修理费支出的减少，可能是维修不及时，机器设备没有在正常运转。又如，机物料消耗的超支，也可能是由于追加了生产计划导致的结果，这样的超支也是合理的。

任务五　期间费用明细表的编制与分析

 **任务描述**

（1）了解期间费用明细表的含义及结构。

（2）掌握期间费用明细表的编制方法。

（3）掌握期间费用明细的分析方法。

 相关知识

一、期间费用明细表的含义

期间费用明细表是反映企业在一定时期内各项期间费用的发生额及其构成情况的报表,包括管理费用明细表、销售费用明细表和财务费用明细表。

根据期间费用明细表提供的资料可以考核期间费用计划执行情况;可以分析费用项目超支或节约及原因;可以为编制计划和预测未来水平提供依据。

二、期间费用明细表的结构

期间费用明细表是按规定的费用项目设置,并分栏反映各项费用的上年同期实际数、本年计划数、本月实际数和本年累计实际数。利用期间费用明细表,可以分析该项期间费用的构成及增减变动情况。管理费用明细表、销售费用明细表、财务费用明细表的格式及内容如表7-22、表7-23、表7-24所示。

表7-22

管理费用明细表

编制单位：　　　　　　　　　　年　　月　　　　　　　　　金额单位：元

项　　目	本年计划	上年同期实际	本月实际	本年累计实际
1. 工　资		（略）	（略）	
2. 福利费				
3. 折旧费				
4. 办公费				
5. 差旅费				
6. 运输费				
7. 保险费				
8. 租赁费				
9. 修理费				
10. 咨询费				
11. 诉讼费				
12. 排污费				
13. 绿化费				
14. 物料消耗				
15. 低值易耗品摊销				

（续表）

项　　　目	本年计划	上年同期实际	本月实际	本年累计实际
16. 无形资产摊销				
17. 递延费用摊销				
18. 坏账损失				
19. 研究开发费				
20. 技术转让费				
21. 业务接待费				
22. 工会经费				
23. 职工教育经费				
24. 待业保险费				
25. 劳动保险费				
26. 税　金				
27. 材料、产成品盘亏和毁损（减盘盈）				
……				
其他				
管理费用合计		0	0	

表 7 - 23

销售费用明细表

编制单位：　　　　　　　　　　　年　　月　　　　　　　　　金额单位：元

项　　　目	本年计划	上年同期实际	本月实际	本年累计实际
1. 工　资		（略）	（略）	
2. 福利费				
3. 业务费				
4. 运输费				
5. 装卸费				
6. 包装费				
7. 保险费				
8. 展览费				
9. 广告费				
10. 差旅费				
11. 租赁费				

（续表）

项　　目	本年计划	上年同期实际	本月实际	本年累计实际
12. 低值易耗品摊销				
13. 物料消耗				
14. 折旧费				
15. 委托代销手续费				
16. 销售部门办公费				
17. 其他				
销售费用合计				

表 7 - 24

财务费用明细表

编制单位：　　　　　　　　　　　　年　月　　　　　　　金额单位：元

项　　目	本年计划	上年同期实际数	本月实际	本年累计实际
1. 利息支出（减利息收入）				
2. 汇兑损失（减汇兑收益）				
3. 调剂外汇手续费				
4. 金融机构手续费				
5. 其他筹资费用				
财务费用合计				

三、期间费用明细表的编制

1. 管理费用明细表的编制

管理费明细表的编制方法如下。

（1）"本年计划数"栏和各项数字，根据公司或企业行政管理部门的管理费用计划填列。

（2）"上年同期实际数"栏的各项数字，根据上年本表的数据填列。如果表内所列费用项目和上年度的费用项目的名称或内容上不相一致，应对上年的各项数据按本年规定的项目进行调整。

（3）"本月实际数"栏的各项数字，根据管理费用明细账中的本月合计数填列。

（4）"本年累计实际数"栏的各项数字，填列自年初至编报月末止的累计实际数，根据管理费用明细账的记录计算填列，或根据本月实际数加上上期本表的本年累计实际填列。

2. 销售费用明细表的编制

销售费用明细表的编制方法如下：

（1）"本年计划数"栏的各项数字，根据销售费用计划填列。

(2)"上年同期实际数"栏的各项数字,根据上年本表的数据填列。如果表内所列费用项目和上年度的费用项目的名称或内容上不相一致,应对上年的各项数据按本年规定的项目进行调整。

(3)"本月实际数"栏的各项数字,根据销售费用明细账中的本月合计数填列。

(4)"本年累计实际数"栏的各项数字,填列自年初至编报月末止的累计实际数,根据销售费用明细表账的记录计算填列,或根据本月实际数加上上期本表的本年累计实际数填列。

3. 财务费用明细表的编制

(1)"本年计划数"栏的各项数字,根据本年财务计划填列。

(2)"上年同期实际数"栏的各项数字,根据上年本表的数据填列。如果表内所列费用项目和上年度的费用项目的名称或内容上不相一致,应对上年的各项数据按本年规定的项目进行调整。

(3)"本月实际数"栏的各项数字,根据财务费用明细账中的本月合计数填列。

(4)"本年累计实际数"栏的各项数字,填列自年初至编报月末止的累计实际数,根据销售费用明细表账的记录计算填列,或根据本月实际数加上上期本表的本年累计实际数填列。

四、期间费用明细表的分析方法

对期间费用的分析主要采用对比分析法和构成比率分析法。

首先应采用对比分析法,选择各费用明细表中的某项数字为基数,将本期实际数与基数进行对比,确定它们之间的差异;分析时,也可以将各项费用的本期实际数与计划数进行对比,分析计划执行的结果;还可以将各项费用的本期实际数与上期实际数进行对比,了解其增减变化,分析发展趋势。

其次应采用构成比率分析法,以各项费用的总额为基数,分别用各项费用的各个项目与总额进行计算,求出所占比重,以找出影响费用总额的重点项目,确定控制和管理的重点环节。

(一)管理费用明细表的分析

管理费用发生在行政管理部门,费用的发生与产品生产无直接联系,费用项目多,大部分费用是固定费用,应当编制预算加以控制。在分析时,首先应对费用按性质进行分类,分析哪些费用的发生是正常的,哪些是不正常的;哪些是管理上的原因,哪些不是管理上的原因。管理费用各项目按性质不同一般可分为如下几类:

(1)管理性费用。如工资及福利费、办公费、修理费、业务招待费、差旅费等,这类费用的高低一般反映企业的管理水平,应从管理上找原因。

(2)发展性费用。如研究开发费、职工教育经费等这类费用的高低与企业未来发展相关,不能简单地与管理水平挂钩,应将费用支出与带来的效益相比较进行分析。

(3)保护性费用。如保险费、劳动保护费等,这类费用的高低与企业防范生产经营风险和劳动保护条件改善有关,可以避免未来损失,应将费用支出与带来的效益相比较进行分析。

（4）非生产性费用。如材料与产成品盘亏和毁损的净损失、产品"三包"损失等，这类费用的发生与管理有直接的关系，必须从管理上找原因。

（二）销售费用明细表的分析

销售费用明细表的分析方法与管理费用明细表分析基本相同，在进行销售费用明细表分析时应注意，联系当期市场需求变化的情况和企业销售业务的开展、销售规模的大小等业务背景。特别是与销售变动和开展业务有关的变动性或半变动性费用，一定要结合销售业务情况进行分析，在满足开展业务、扩大销售的前提下再考虑节支问题。

（三）财务费用明细表的分析

财务费用明细表的分析方法与前述期间费用明细表分析基本相同。在分析评价财务费用时应考虑企业融资对生产经营资金需求的满足程度以及外汇市场上汇率变化的风险情况（有外币业务的企业需要考虑）。

【例 7-4】　期间费用明细表的编制与分析案例

一、管理费用明细表的编制与分析

（一）珠江有限责任公司成本会计吴英根据有关数据资料，编制公司 2019 年 12 月份的管理费用明细表如表 7-25 所示。

表 7-25

管理费用明细表

编制单位：珠江有限责任公司　　　　　2019 年 12 月 31 日　　　　　单位：元

项　目	本年计划	上年同期实际	本月实际	本年累计实际
1. 工　资	985 000	（略）	（略）	985 732
2. 福利费	137 900			138 002
3. 折旧费	325 000			325 000
4. 办公费	113 100			113 200
5. 差旅费	282 000			297 359
6. 运输费	482 100			483 500
7. 保险费	198 000			198 000
8. 租赁费				
9. 修理费	326 000			317 000
10. 咨询费				
11. 诉讼费				
12. 排污费	178 000			178 900
13. 绿化费	14 000			14 000
14. 物料消耗	89 000			88 745
15. 低值易耗品摊销	71 800			71 800

（续表）

项 目	本年计划	上年同期实际	本月实际	本年累计实际
16. 无形资产摊销	68 000			68 000
17. 递延费用摊销	78 000			78 000
18. 坏账损失	39 000			39 000
19. 研究开发费	480 000			400 000
20. 技术转让费				
21. 业务接待费	386 000			377 560
22. 工会经费	19 700			19 715
23. 职工教育经费	246 250			251 000
24. 待业保险费				
25. 劳动保险费	272 000			272 000
26. 税 金	102 000			102 000
27. 材料、产成品盘亏和毁损（减盘盈）	6 000			7 200
其他	4 800			4 888
管理费用合计	4 903 650	0	0	4 830 601

制表：吴英

（二）根据上表的资料，分析该公司管理费用的执行情况。

以表 7 - 26 中的数据为例，对管理费用明细表进行分析，分析计算数据如表 7 - 26 所示。

表 7 - 26

管理费用明细分析表

2019 年 12 月 31 日   金额单位：元

项 目	本年计划	本年累计实际	实际比计划		各项目占总体比重	
			增减金额	变动/%	计划数/%	实际数/%
1. 工 资	985 000	985 732	732	0.07	20.09	20.41
2. 福利费	137 900	138 002	102	0.07	2.81	2.86
3. 折 旧	325 000	325 000	0	0.00	6.63	6.73
4. 办公费	113 100	113 200	100	0.09	2.31	2.34
5. 差旅费	282 000	297 359	15 359	5.45	5.75	6.16
6. 运输费	482 100	483 500	1 400	0.29	9.83	10.01
7. 保险费	198 000	198 000	0	0.00	4.04	4.10
8. 租赁费						

（续表）

项 目	本年计划	本年累计实际	实际比计划		各项目占总体比重	
			增减金额	变动/%	计划数/%	实际数/%
9. 修理费	326 000	317 000	−900	−2.76	6.65	6.56
10. 咨询费						
11. 诉讼费						
12. 排污费	178 000	178 900	900	0.51	3.63	3.70
13. 绿化费	14 000	14 000	0	0.00	0.29	0.29
14. 物料消耗	89 000	88 745	−255	−0.29	1.81	1.84
15. 低值易耗品摊销	71 800	71 800	0	0.00	1.46	1.49
16. 无形资产摊销	68 000	68 000	0	0.00	1.39	1.41
17. 递延费用摊销	78 000	78 000	0	0.00	1.59	1.61
18. 坏账损失	39 000	39 000	0	0.00	0.80	0.81
19. 研究开发费	480 000	400 000	−80 000	−16.67	9.79	8.28
20. 技术转让费						
21. 业务接待费	386 000	377 560	−8 440	−2.19	7.87	7.82
22. 工会经费	19 700	19 715	15	0.07	0.40	0.41
23. 职工教育经费	246 250	251 000	4 750	1.93	5.02	5.20
24. 待业保险费					0.00	0.00
25. 劳动保险费	272 000	272 000	0	0.00	5.55	5.63
26. 税 金	102 000	102 000	0	0.00	2.07	2.11
27. 材料、产成品盘亏和毁损（减盘盈）	6 000	7 200	1 200	20.00	0.12	0.15
其他	4 800	4 888	88	1.83	0.10	0.10
管理费用合计	4 903 650	4 830 601	−73 049	−1.49	100.00	100.00

制表：吴英

从表 7-26 可以看出，该企业在预算执行上总体较为理想，实际支出比计划减少了73 049 元。但个别项目需要进一步分析，如差异较大项目，包括节约和超支的项目。就绝对数来看，与计划相比变动差异较大的五个项目依次是："研究开发费"较计划节约 80 000元，"差旅费"超出计划 15 359 元，"修理费"节约 9 000 元，"业务接待费"节约 8 440 元，"职工教育经费"超支 4 750 元。对前述五个项目可作为重点分析对象，查找节约和超支的原因。就相对数来看，"产成品盘亏和毁损（减盘盈）"的变动比率超出计划数的 20%，是与计划相比差异变动最大的项目，但由于其仅占总体比重 0.1%，比重较小，对企业整体管理费用控制的影响较小，企业可视情况决定是否对其进行重点分析，如超支的性质等情况。

二、销售费用明细表的编制与分析

（一）珠江有限责任公司成本会计吴英根据有关数据资料，编制了公司 2014 年 12 月份的销售费用明细表如表 7 - 27 所示。

表 7 - 27

销售费用明细表

编制单位：珠江有限责任公司　　　　2019 年 12 月 31 日　　　　　　　　单位：元

项　　目	本年计划	上年同期实际	本月实际	本年累计实际
1. 工　资	280 000	（略）	（略）	280 800
2. 福利费	39 200			39 312
3. 业务费	100 000			100 300
4. 运输费	400 000			387 000
5. 装卸费	200 000			210 000
6. 包装费	365 000			367 000
7. 保险费	89 600			91 500
8. 展览费				
9. 广告费	412 000			457 600
10. 差旅费	120 000			128 796
11. 租赁费				
12. 低值易耗品摊销	54 000			54 000
13. 物料消耗				
14. 折旧费	89 600			89 600
15. 委托代销手续费				
16. 销售部门办公费	79 600			81 300
17. 其他				
销售费用合计	2 229 000			2 287 208

制表：吴英

（二）根据上表的资料，分析该公司销售费用的执行情况。

以表 7 - 26 中的数据为例，分析数据可参照表 7 - 25 格式设计计算，此处省略。

对销售费用明细表分析如下：本年销售费用实际支出较计划超出 58 208 元，超出计划的 2.61%。其中需要重点关注的指标主要有：运输费、装卸费、广告费、差旅费等，运输费节约 13 000 元，其他项目依次超支 10 000 元、45 600 元、8 796 元。广告费支出超出计划 11.07%，占总超支金额的 78.34%，需要特别予以注意。对上述费用指标节约或超支的原因作进一步分析查找原因。

三、财务费用明细表的编制与分析

（一）珠江有限责任公司成本会计吴英根据有关数据资料,编制了公司 2019 年 12 月份的财务费用明细表如表 7-28 所示。

表 7-28

财务费用明细表

编制单位：珠江有限责任公司　　　　　2019 年 12 月 31 日　　　　　　单位：元

项　　目	本年计划	上年同期实际数	本月实际	本年累计实际
1. 利息支出(减利息收入)	415 000	（略）	（略）	415 000
2. 汇兑损失(减汇兑收益)	228 000			237 981
3. 调剂外汇手续费				
4. 金融机构手续费	685 000			79 540
5. 其他筹资费用				
财务费用合计	711 500			732 521

（二）根据上表的资料,分析该公司财务费用的执行情况。

以表 7-28 中的数据为例,分析数据可参照表 7-28 格式设计计算,此处省略。

对财务费用明细表分析如下：本年实际财务费用较计划超支 21 021 元,超出计划的 2.87%。其中金融机构手续费超支 11 040 元,占总超支金额的 52.52%;汇兑损失超出计划 9 981 元,占总超支金额的 47.48%。企业可进一步分析金融机构手续费超支和汇兑损失超支的原因。

 引导案例分析

在引导案例中,价格战是市场成熟期过后,过度竞争导致的必然结果,而战略成本策划安排将使企业在未来的价格战中立于不败之地。大投入必须有大产出,大量的产品在全世界范围内如何消化？市场在哪里？如果仅仅配置一个成本结构而不与战略配合,就不仅仅是纸上谈兵的问题了,而是会把企业带入无底的深渊。成本管理不是在总裁、CFO、财务总监和经理人员的办公桌上发挥作用的,而是在生产工人的放大镜下、在采购人员的谈判桌上、在市场人员的推广活动中、在研发人员的电脑上产生作用;而这些行为是通过成本管理责任的分解和落实形成,要将这些意识和观念融入员工的脑子里和行动中。

 认知实习

选择一家工业制造企业,组织学生进行实践教学。了解企业的发展历程、目前的运营状况和公司产品的有关情况。实地参观企业车间的工作环境及产品的生产工艺流程。收集企业近期产品成本核算的有关资料,掌握企业成本核算的基本方法。要求学生编制该企业的成本会计报表,进行成本分析,写出成本分析报告。